봉인된
천안함의 **진실**

**봉인된 천안함의 진실** ©김보근 외, 2010

**초판 1쇄 인쇄** 2010년 10월 22일  **초판 1쇄 발행** 2010년 10월 25일  **지은이** 김보근 외  **펴낸이** 이기섭  **편집주간** 김수영
**편집** 한겨레출판 편집부  **디자인** DesignZoo  **마케팅** 조재성, 성기준, 한성진  **관리** 김미란, 강혜정  **펴낸곳** 한겨레출판(주)
**등록** 2006년 1월 4일 제313-2006-00003호  **주소** 121-750 서울시 마포구 공덕동 116-25 한겨레신문사 4층  **전화** 영업관리
02)6383-1602~1604 편집 02)6383-1607  **팩스** 02)6383-1610  **홈페이지** www.hanibook.co.kr  **이메일** book@hanibook.co.kr
• 값은 표지에 있습니다. • 파본은 서점에서 교환하여 드립니다.    ISBN 978-89-8431-427-6  03300

# 봉인된 천안함의 진실

## 20개의 키워드로 읽는 천안함 사건

# 냄새가 난다, 봉인을 풀자

　'진정한 천안함 최종보고서'가 나오기를 바라는 마음들이 이 책엔 담겨 있다. 2010년 9월 13일 국방부가 '천안함 피격사건 합동조사결과 보고서'(이하 최종보고서)를 발표했지만, 진실은 여전히 '봉인'돼 있는 것으로 보인다. 최종보고서는 2010년 3월 26일 밤에 일어난 '천안함 사건'을 "북한의 소형 잠수정이 발사한 중어뢰가 수중 폭발을 일으켜 천안함을 격침시킨 사건"으로 정리했다. 하지만 최종보고서엔 국방부의 이런 주장을 뒷받침할 만한 증거들이 보이지 않는다. 신기할 정도다.

　최종보고서는 중어뢰를 쐈다는 '북한의 소형 잠수정'이 어떤 것인지 특정하지 못했으며, 그 중어뢰의 폭발력(티엔티로 환산하면 350~500kg)과 사건 당일 발생한 지진파의 폭발력(리히터 규모 1.5로 티엔티로 환산하면 140~260kg)의 모순도 해명하지 못했다. 더욱이 수중 폭발 때 필수적으로 발생하는 높이 100m 이상의 물기둥과 관련한 증언에서는 '조작' 냄새마저 풍긴다. 물기둥을 본 적이 없다고 주장하는 사람의 증언을 마치 물기둥을 본 것처럼 바꾸어놓았기 때문이다.

천안함 최종보고서는 이밖에도 갖가지 모순으로 가득하다. 천안함을 두 쪽 낼 정도의 어뢰가 터졌다면, "승조원들이 총알처럼 튕겨나간다"는 민군합동조사단 자문위원의 증언이 있는데도 최종보고서는 '모르쇠'다. 폭발은 천안함의 왼쪽에서 일어났는데, 스크루는 왼쪽이 아닌 오른쪽이 휜 데 대해 제대로 설명을 못한다. 선체에 붙은 흡착물은 폭발물질이 아니라는 주장이 나오는가 하면, 폐쇄회로텔레비전(CCTV)은 국방부가 주장하는 사고 시각보다 짧게는 4분 가까이 일찍 끊겼다. 사건 발생 장소에 대한 논란도 끊이지 않는다.

국방부가 '북한 어뢰설'의 결정적 증거라고 내놓은 녹슨 어뢰추진체는 더욱 많은 문제를 안고 있는 듯하다. 합조단이 이 어뢰추진체의 것이라며 5월 20일 발표한 실물 설계도가 가짜임이 밝혀져 국민들을 놀라게 했지만, 그것은 시작에 불과했다. 〈한겨레〉가 특종보도한 러시아 천안함 보고서 요약본에 따르면, 러시아 조사단은 이 추진체가 "6개월 이상 수중에 있었다"고 판단하고 있다. 2개월간 물속에 있었다고 판단한 국방부와는 차이가 너무 크다.

다시 살펴봐도 국방부가 펴낸 천안함 최종보고서엔 "북한이 했다"는 주장은 있는데 그 주장을 뒷받침할 만한 증거들은 지극히 빈약하다. 달리 표현하면, 국방부는 천안함이 북한에 의해 공격당해 침몰했다는 가설을 내놓았으나 최종보고서에서도 이를 제대로 증명하지 못한 셈이다.

그런데도, 이명박 정부는 가설 단계의 '북한 어뢰설'을 기정사실화하면서, 대내외 정책들을 펴나가고 있다. 대내적으로는 '북풍몰이'를 해 6·2 지방선거에서 승리하고자 했고, 북한에 대해서는 개성공단 이외의 경협을 전면 중단시켰다. 또 미국과 서해에서 대규모 군사훈련을 하는 등 확연한 미국 일변도의 외교정책을 펴나간다. 이런 모습에 중국은 경계심을 표시하면서, 산둥반도에서 대규모 맞대응 군사훈련을 실시하기도 했다. 중국에 진출해 있는 남한 대기업들은 중국 정부가 각종 인허가를 늦추고 있는 현상이 천안함 사건 이후 우리 정부의 이런 편향된 외교정책과 무관하지 않은 것으로 판단하고 있다.

현재의 상황이라면 천안함이 한반도의 안정을 급격하게 흔드는 요인이 될 수 있다. 천안함 사건의 '진실'을 놓고 한반도 주변국들이 다른 해석을 내놓고 있는 탓이다. 심지어 2010년 9월 서울대 통일평화연구소가 발표한 설문조사에 따르면 남한 국민들도 32.5%만이 정부의 '북한 어뢰설'을 믿고 있는 것으로 나타날 정도로 이 사건을 바라보는 인식의 차이는 국내외를 막론하고 크다.

이런 인식 차이를 보여주는 한 예가 9월 29일 유엔 총회에 참석 중이던 박길연 북한 외무성 부상의 발언이다. 그는 "천안함 사건을 이용해 미국과 남한이 한반도와 그 주변 지역에서 대규모 무력을 이용한 군사적 위협을 하고 있다"고 비판했다. 박 부상은 또 "남조선 당국은 사건 진상에 대한 과학적이고 객관적인 확인을 위하여 피해 당사자인 우리가 제기한 검열단의 현지 파견을 한사코 거부하고 있다"고 천안함 사건에 대한 검열단 수용을 재차 촉구했다. 하지만 남한은 "북한이 천안함을 격침시켰다"는 주장을 공식화하고 있고, 북한에 대한 대규모 지원 등 정책 변화를 '북한의 천안함 공격 사과'와 연계시키고 있다. 천안함과 관련해서 둘 사이에는 결코 넘을 수 없는 강이 흐르고 있는 듯하다.

이렇게 인식의 차이가 좁혀지지 않으면 무엇보다도 갈등이 심화됐을 때 중재에 이르기가 어렵다. 한반도 정세가 '한·미·일'과 '북·중·러'의 대립 구도로 짜이는 가운데 남북한과 미국·일본·중국·러시아가 각각 자신들의 이익을 극대화하기 위해 행동한다. 그런데 이들은 이런 이익 추구 행동들을 자신들의 천안함 해석에 빗대어 정당화할 것이기 때문이다. 많은 이들이 천안함 사건의 최대 수혜자로 지목하고 있는 미국의 행보를 이런 시각에서 설명하고 있다. 중국 또한 크게 다르지 않다. 하지만 오로지 자국의 이익에만 관심이 있을 뿐인 주변국들이 '천안함의 봉인'에 기대어 자신들의 이해관계를 숨기는 이런 구도에서 분쟁과 갈등은 필연적이다. '봉인된 천안함의 진실'을 바라보며 한반도의 장래를 우려하는 이유다.

따라서 이 책에 담긴 천안함의 진실을 바라는 마음들은, '진실'을 확인함으로써 천안함과 관련한 인식의 간극을 줄이고 그것을 통해 한반도의 불안정성이 제거·완화되기를 바라는 마음이기도 하다. 이 책의 필자들은 지난 몇 개월 동안 천안함의 진실에 다가가기 위해 누구보다도 노력했다. 천안함 사건을 취재했던 〈한겨레〉 기자들을 포함해서, 시민사회활동·군사평론·언론감시 등의 영역에서 천안함 사건과 관련한 은폐·왜곡 시도에 누구보다도 앞장서 문제 제기를 했던 이들의 마음을 한데 모은 것이다.

하지만 이 책의 필자들은 여기에 모인 글들이 천안함의 '봉인'을 모두 풀었다고 생각하지 않는다. 천안함의 봉인은 오늘도 활발히 활동하는 이름 없는 블로거들에 의해 한꺼풀씩 벗겨지고 있으며, 내일 친구들 사이의 술자리에서 또 한꺼풀 벗겨져나갈 것이다. 천안함에 대한 국민들의 지속적인 관심은 결국 감춰져 있는 '천안함의 진실'을 온전히 드러낼 것이다. 이런 과정을 거쳐 우리 국민들은 '진정한 천안함 최종보고서'를 만들어낼 것이라고 생각한다.

책은 총 3부로 나뉜다. 우선 1부에서는 3월 26일 천안함 침몰 사건 이후의 국내외 흐름을 〈한겨레〉 기사를 토대로 쭉 살펴보았다. 1부의 글을 통해, 남북한과 주변 강대국, 그리고 남한 내 시민단체에 이르기까지 천안함과 관련한 활동 주체들이 어떻게 움직여왔고, 또 어떤 입장 변화가 있었는지 큰 틀에서 파악할 수 있을 것이다.

제2부에서는 국방부가 발표한 천안함 최종보고서의 모순들을 20개의 키워드로 본격적으로 집중 해부한다. 이를 통해 남한 정부가 '북한 어뢰설' 등 아직까지 가설에 불과한 주장을 진실로 통용시키고자 하면서 어떤 일들이 벌어지고 있는지 짚어보았다. 제3부에서는 천안함 사건이라는 의혹의 중심에서 취재활동을 해온 〈한겨레〉 기자들의 취재기를 담았다.

부디 이 책에 실린 글들이 '진정한 천안함 최종보고서'를 완성하는 데 작은 보탬이나마 되었으면 하는 바람이다.

2010년 10월 12일
엮은이 김보근

# 차례

# 1부

# 사건의 개요

천안함 사건의 발생에서 국방부가 최종보고서를 발표한 이후까지 한반도 주변의 흐름을 다룬다.

2010년 3월 26일 밤 남한 초계함인 천안함이 백령도 서쪽 앞바다에서 침몰했다. 1,200t급 군함이 한미 연합훈련 기간 중에 북방한계선 남쪽에서 침몰한 초유의 사태를 맞아 남한 국민들은 그 원인에 촉각을 곤두세웠다.

청와대는 초기 신중한 모습을 보였지만, 점차 보수 언론과 우익단체의 '북한 연계설'에 휩싸이기 시작했다. 마침내 이명박 정부는 6·2 지방선거를 앞두고 조급하게 "천안함이 북한 어뢰에 의해 피격됐다"고 발표한다.

하지만 남한 정부의 이런 결정은 한반도 전체를 혼란의 구렁텅이로 몰아넣었다. 급조한 결론은 여러 가지 모순을 내포하면서 국내외의 반발을 불렀고, 천안함을 자국의 이익을 위해 활용하려는 강대국의 전략이 갈등을 더욱 부추겼기 때문이다.

# 근거가 실종된 시간들 2010. 3. 26 ~ 10. 12

2010년 3월 26일 밤 남한 해군 초계함인 천안함이 백령도 서쪽 해안에서 침몰했다. 승조원 104명이 타고 있는 1,200t 초계함이 두 토막이 나 바다에 가라앉은 초유의 사건이 일어난 것이다. 더욱이 천안함 사건은 사고 지점이 북한과 접해 있는 백령도 근처라는 점과 사고 날짜가 한미 해군이 서해상에서 실시한 '2010 한미합동 독수리 훈련'의 마지막 날이라는 점에서 더욱 관심을 끌었다.

### 천안함 침몰

천안함은 사고 당일 오전 8시 20분부터 침몰 시각까지 백령도 서쪽 해안을 하루 종일 상하좌우로 기동하며 움직이고 있었다. 백령도 서쪽 해안은 수심이 얕아 평소 큰 배가 잘 지나다니지 않는 곳이라는 점에서 천안함이 '독수리 훈련'과 관련해 모종의 임무를 맡았던 것이라는 추측도 나오고 있다. 사건이 발생한 지 두 달이 지난 6월 6일 주한미군은 천안함 침몰 직전까지 천안함 침몰 지점으로부터 75해상마일(139㎞) 떨어진 곳에서 남한 잠수함을 가상적으로 설정한 뒤 추적하는 대잠훈련을 한미가 함께 벌였다고 공식적으로 밝히기도 했다. 이에 따라, 천안함 침몰을 놓고 단순 사고, 훈련 중 사고, 북한의 공격 등 여러 가능성이 제기됐다.

2010년 3월 26일
서해 백령도와 대청도 사이 해상에서 침몰한 1,200t급 해군 초계함 천안함. 이 사건 이전 운항 모습.

## 초기 청와대와 미국의 '신중 모드'

초기 청와대는 신중한 모습이었다. 사건 직후 이명박 대통령 주재로 열린 안보관계장관회의 뒤 김은혜 당시 청와대 대변인은 "현재로선 북한 연계 여부는 확실치 않다"며 신중한 태도를 보였다. 이명박 대통령도 4월 1일 대통령 특사로 외국을 다녀온 한나라당 의원들과 오찬을 하는 자리에서 천안함 침몰 원인에 대해 "모든 가능성을 열어두고 점검하고 있지만, 북한이 개입했다고 볼 만한 증거는 아직 없다"고 말했다. 이 대통령은 또 천안함이 두 동강 난 것과 관련해 4월 1일 "내가 배를 만들어봐서 아는데 파도에도 그렇게 될 수 있다. 사고 가능성도 있다"고 말한 것으로 알려졌다. 이 대통령은 사고 원인 규명과 관련해서는 "굉장히 오래 걸릴 수 있다. 1년이 더 걸리는 경우도 있다"는 말도 했다고 한다.

군과 정보기관도 신중했다. 이기식 합동참모본부 정보작전처장은 3월 27일 국회 보고에서 "북한 함정이 포착되지 않고 사고 해역에 접근할 가능성은 없다"고 밝혔다. 군은 이밖에도 북한군 움직임에 대한 감청 결과 등을 바탕으로 '특이 동향'이 없다고 여러 차례 강조했다. 원세훈 국가정보원장도 4월 6일 국회에서 북한 연계 가능성을 부인하면서 "(이번과 같은 일에) 김정일 위원장 승인이 있었다고 보기 어렵다"고 밝혔다.

미국 역시 북한 개입 가능성에 대해서는 분명한 선을 그었다. 미 국무부는 천안함 침몰 뒤 열린 정례 브리핑에서 기자들이 천안함 침몰에 북한이 관련돼 있을 가능성을 묻자 "그런 영향을 뒷받침할 어떤 증거도 알지 못한다"(3월 26일), "선체 자체 이외의 다른 요인에 대해서는 파악하고 있는 바가 없다"(3월 29일)고 밝혔다. 제임스 스타인버그 미 국무부 부장관도 3월 29일 열린 워싱턴 외신기자클럽 간담회에서 "(북한 개입이) 사고 원인이라고 믿거나 우려할 근거는 없다"고 강조했다. 첨단장비를 통해 북한군의 움직임을 면밀히 파악하고 있는 미국이 초기에 북한 관련설을 낮게 평가한 것은 주목해봐야 할 대목이다.

### 잦은 말 바꾸기와 여론의 질타

국방부는 초기부터 천안함 침몰과 관련해 잇따른 말 바꾸기로 여론의 비판을 받았다. 국방부는 우선 사건 발생 시각부터 오락가락했다. 군은 사건 당일 밤 11시 40분에 낸 첫 보도자료에서는 사건 발생 시각을 밤 9시 45분이라고 밝혔다. 하지만 그 다음날인 3월 27일 국회 보고 때는 발생 시각을 밤 9시 30분으로 바꿨고, 3월 29일 김태영 국방장관의 국회 보고 때는 밤 9시 25분으로 다시 말을 바꿨다. 국방부는 이어 4월 1일 또다시 밤 9시 22분으로 사건 시각을 정정했는데, 이렇게 변경한 데는 3월 말 한국지질자원연구원(지질연)이 천안함 침몰 당일 밤 9시 21분 58초에 리히터 규모 1.5의 지진파가 측정됐다고

**2010년 3월 31일**
트위터 이용자들이 서울 중구 대한문 앞에서 핸드폰의 촛불을 들고 천안함 침몰로 인한 실종자 무사 구조 기원 및 사고진상 규명을 촉구하고 있다. 이들은 촛불을 들고 촛불 모임을 하던 중 경찰이 입으로 바람을 불어 촛불을 끄고 초를 빼앗아가자 즉석에서 핸드폰을 이용해 촛불 모임을 계속했다.

공개한 것이 주요 근거로 작용했다.

국방부는 또 천안함 침몰 정황을 담은 열상감시장비(TOD)¹⁾ 녹화 자료에 대해서도 계속 말을 바꿨다. 군은 "(해병이) 폭발음을 듣고 녹화를 시작한 것"이라며 TOD 영상을 3월 30일 처음 공개했다. 군은 이 자료 이외에 다른 동영상은 없다고 주장했지만, 이후 세 차례나 말 바꾸기를 해 국민의 불신만 높였다. 합조단은 특히 4월 7일 천안함 정상 기동 장면(밤 9시 4분 6초~9시 4분 9초), 함수와 함미가 분리된 장면(9시 24분 18초~9시 25분 19초), 함수 침몰 장면(9시 25분 20초~10시 9분 3초) 등이 포함된 TOD의 새 영상을 공개하면서, "이 영상은 서버에 자동 녹화됐던 것으로, 해병 6여단 동시영상 체계를 점검하던 중 새로 발견했다"고 뒤늦게 공개한 이유를 설명했다.

군이 이렇게 사건 시각 및 TOD와 관련해 여러 차례 말을 바꾼 것은 군 당국이 경계 실패와 초동 대처 잘못에 대한 비난 등을 피하기 위해 거짓말을 한 것으로 6월 10일 감사원 감사 결과 드러났다. 감사원에 따르면, 합참은 해군작전사령부(해작사)로부터 애초 사건 시각을 밤 9시 15분으로 통보받았으나 이를 9시 45분으로 수정해 김태영 장관에게 보고했다.

## 대규모 구조 작업

사건 당일 천안함 승조원 104명 중 해경 등에 의해 구조된 이는 58명에 불과했다. 이에 따라 군은 나머지 실종된 승조원 46명을 수색하기 위한 대규모 구조 작업을 벌였다. 기뢰탐색함, 구조함 등이 진해 해군기지를 떠나 사건 현장인 백령도에 도착했으며, 해경과 민간선박도 구조 작

1) Thermal Observation Device. 사물의 고유 온도에서 발생하는 복사에너지인 열 적외선을 감지하여 전기적 신호 처리로 영상화하는 장비로 군에서는 주로 적의 주요 접근로와 사각지역을 감시하기 위해 쓰인다.

2010년 4월 1일

3월 30일 TOD 동영상을 발표하며 "밤 9시 33분 이전 동영상은 없다"던 국방부가 4월 1일 추가로 밤 9시 26분 TOD 동영상을 발표했다. 국방부는 이때도 역시 더 이상 동영상이 없다고 주장했지만, 의혹이 잇따르자 이후 4월 7일과 5월 28일 TOD 동영상을 추가로 공개해 국민들로부터 '정보 은폐 시도'라는 비판을 받았다.

업을 도왔다.

하지만 이 과정에서 희생도 잇따랐다. 3월 30일에는 해군 특수전여단 수중파괴팀(UDT) 소속의 한주호 준위가 실종자 수색을 위한 잠수 도중 숨졌다. 또 4월 2일에는 천안함 수색 작업을 마치고 귀항하던 쌍끌이 저인망어선 99금양호가 대청도 서방 30마일 공해상에서 캄보디아 국적의 화물선 타이요 호와 충돌하면서 침몰해 선원 9명이 사망·실종되는 사건이 벌어졌다.

이렇게 수색요원들의 희생이 잇따르자, 천안함 실종자 가족들은 4월 4일 "또 다른 죽음을 부를 것을 우려한다"며 수색 작업 중단을 요청했다. 이후 군은 실종자 수색에서 천안함 선체 인양으로 활동의 초점을 바꾸었다. 이어 4월 15일 사건 발생 20일 만에 먼저 함미가 인양됐고, 4월 24일에는 함수가 인양됐다. 이런 구조 작업을 거쳐 군은 함미 등에서 총 40구의 시신을 수습했으나, 나머지 6구의 주검은 끝내 발견하지 못했다.

### 합동조사단 구성

국방부는 3월 31일 천안함 사고 원인을 조사하기 위해 민군합동조사단을 꾸렸다. 애초 군은 박정이 당시 육군 중장을 단장으로 하는 82명의 조사단(군 59명, 관 17명, 민 6명)으로 합조단을 구성했으나, "조사를 받아야 할 군이 조사 주체가 되는" 데 대한 비판 여론이 높아졌다. 이에 이명박 대통령은 4월 6일 "현재 군이 맡고 있는 민군합동조사단의 책임자는 누구나 신뢰할 수 있는 민간 전문 인사가 맡도록 해야 한다"고 말했다. 그 결과 국방부는 4월 11일 합조단의 민간 조사단장에 미국 하버드대 출신인 윤덕용 한국과학기술원 명예교수(재료공학)를 위촉했다. 이에 따라 합조단은 4월 12일 박정이 중장과 윤덕용 교수의 공동단장 체제로 재편됐다. 재편된 합조단에는 4월 16일 15명의 미국 조사단이 합류하는 등 외국 조사단이 참여했다.

하지만 합조단은 여전히 비밀주의적 운용으로 비판을 면하지 못했다. 무엇보다 합조단은 그 구성원조차 공개하지 않았다. 원태재 국방부 대변인은 잇따른 공개 요청에도 불구하고 4월 21일 구성원 공개 불가 방침을 재확인했다. 그는 "조사 결과가 나와야 떳떳하게 얘기할 수 있는

2010년 4월 5일
**천안함 침몰 관련 한·미 군 고 위급회의가 서울 용산동 국방 부 지휘부 회의실에서 열렸다. 이상의 합참의장(왼쪽)과 월터 샤프 주한미군사령관이 인사 말을 하고 있다.**

것이지, 조사단 구성은 상당히 지엽적인 문제"라고 말했다. 이런 비밀주의에 반발해 천안함 실종자가족협의회도 합조단 참가를 거부했다. 당시 이정국 실종자가족협의회 대표는 기자회견에서 "제대로 알지 못한 상태에서 합조단의 들러리 구실을 하기보다는 조사 결과를 지켜본 뒤 의혹이 풀리지 않으면 다른 방법을 강구해보겠다"고 말했다.

합조단에 참여한 외국 조사단의 역할도 불분명하다는 지적이 높았다. 이에 대해 스웨덴 사고조사국은 지난 8월 〈한겨레〉의 확인 요청에 "스웨덴은 지원팀(support team)으로 참여했다"고 밝혀왔다. 또 6월 초에는 주한 미대사관 관계자가 참여연대 쪽에 "미국이 공동조사를 한 것은 아니며 (not joint investigation) 한국의 요청으로 전문가를 보냈고, 전문가들이 참여한(participate) 것"이라고 말했다.

## 희생 승조원 영웅 만들기

천안함 침몰 원인 조사가 진행되는 가운데, 정부와 언론은 희생 승조원 영웅 만들기에 나섰다. 우선 정부와 한나라당은 4월 18일 천안함 침몰 사고와 관련해 순국한 장병들에게 전사자에 준하는 최고의 예우를 해주기

로 했다. 이명박 대통령도 4월 19일 '천안함 희생 장병 추모 라디오·인터넷 연설'을 하면서 희생 장병들의 이름을 일일이 부르기도 했다. 방송에서는 천안함 장병들에 대한 애도를 이유로 한국방송(KBS) 〈개그콘서트〉를 비롯한 오락 프로그램들이 줄줄이 결방되는 사태를 맞았다.

추모 분위기 조성을 위해 국가의 행정력까지 동원됐다. 행정안전부는 4월 20일 전국의 모든 광역·기초자치단체와 공공기관에 공문을 보내 천안함 사망자 유족 돕기 성금을 내도록 독려했다. 행안부가 단체에 보낸 공문을 보면, '고위 공무원 이상 5만 원, 3급 4만 원, 4급 3만 원, 5급 2만 원, 6급 이하 자율참여' 등 직급별 액수까지 구체적으로 특정하고 있다.

이에 따라 사실상 '강제 모금' 아니냐는 비판이 일기도 했다. 그러나 여러 차례에 걸친 한국방송의 모금방송과 기업들의 적극적인 성금 기탁으로 성금은 총 381억 원에 이르렀다. 사회복지공동모금회는 이사회 결의를 거쳐 6월부터 국가보상금과 별도로 전사자 1인당 5억 원씩의 성금을

2010년 4월 24일
**침몰 29일 만에 백령도 남쪽 해상에서 천안함의 함수가 인양돼 바지선에 올려지고 있다. 함수의 절단면은 그물망에 덮인 채 제한적으로 언론에 공개됐다.**

©서진공동취재단

지급했다. 하지만 정부·여당과 보수 언론이 주도한 이런 영웅 만들기는 2002년 제2연평해전 전사자와 비교할 때도 형평에 맞지 않다는 비판이 일었다. 당시 전사자는 공무상 사망자로 처리돼 부사관 기준으로 3700만 원의 보상금만 받았기 때문이다. 더욱이 제2연평해전 때는 교전 중 전사한 것인 데 반해, 천안함 희생자들의 사망 원인은 여전히 완전히 규명되지 않은 상태이다.

### 함미 인양 뒤 북한 겨냥 목소리 높아져

4월 15일 천안함 함미가 인양되면서 침몰 원인과 관련해 '북한 연루설'이 점차 힘을 얻었다. 합조단은 그 다음날인 4월 16일 '함미 인양에 따른 현장 조사 결과 발표'를 통해 "선체 절단면과 선체 내·외부에 대한 육안 검사 결과 외부 폭발의 가능성이 매우 높다"고 밝혔다. 합조단의 윤덕용 단장은 이날 발표 뒤 기자들과 만나 버블제트에 의한 침몰로 보인다면서 "기뢰인지 어뢰인지는 아직 모른다"고 밝혔다.

하지만 정부·여당은 이미 '북한 어뢰' 쪽으로 여론전을 시작했다. 같은 날 한나라당 서울시장 예비후보였던 나경원 의원은 "지난 10년 동안 4조 원을 북한에 퍼준 것이 어뢰로 돌아왔을 가능성이 높다"고 햇볕정책을 비난했다. 또 이틀 뒤인 4월 18일에는 정병국 한나라당 사무총장이 당사에서 기자회견을 열고 "천안함은 외부 세력에 의한 피격 사건으로 보인다"며 "이는 대한민국이 공격당한 것"이라고 말했다. 그는 '북한 연루설'을 묻는 질문에 "우리나라 상황으로 볼 때 가장 가능성이 크다"고 대답했다.

이명박 대통령도 애초 신중하던 태도에서 벗어나 북한을 겨냥한 발언들을 쏟아냈다. 이 대통령은 5월 4일 건군 이후 처음으로 전군주요지휘관회의를 열고 "현재까지 분명한 사실은 천안함은 단순한 사고로 침몰

©사진공동취재단 ©사진공동취재단

하지 않았다는 것"이라고 말했다. 그는 또 "국민들도 불과 50km 거리에서 장사포가 우리를 겨누고 있음을 잊고 산 것도 사실"이라고 밝혔다. 국민들에게 천안함이 북한에 의해 격침됐을 것이라는 메시지를 강하게 전달하는 발언들이다. 정부와 한나라당의 이런 움직임에 대해 6·2 지방선거를 앞두고 북풍이 거세지는 것 아니냐는 우려의 목소리가 높아지기 시작했다.

### 비판 목소리 겁박하는 정부

그러나 천안함 침몰을 북한 소행으로 몰아가는 이런 움직임에 대한 비판 목소리도 함께 높아지고 있었다. 특히 인터넷에서는 천안함 사건 초기부터 군이 신뢰를 잃게 되자 미군오폭설·좌초설·피로파괴설 등 천안함 침몰을 설명하려는 다양한 추론들이 등장한 상태였다.

이에 대해 대검찰청은 4월 28일 천안함 침몰과 관련한 의혹 제기를 겨냥해 "입증되지 않은, 근거 없는 유언비어로 국민 불안을 초래하고 국론까지 분열시키는 경우가 있다"며 "관련 사건을 우선적으로 빨리 수사해 엄정히 처리할 것을 일선 검찰청에 지시했다"고 밝혔다. 검찰은 또 5월 7일에

2010년 4월 28일
경기도 평택시 해군2함대 사령부에 마련된 고 천안함 46용사 합동분향소에서 한 조문객이 눈물을 흘리고 있다(왼쪽).

2010년 4월 29일
경기도 평택시 해군2함대 사령부에서 열린 고천안함 46용사 합동영결식(가운데).
천안함 희생 장병들의 영결식이 치러진 날 오전 분향소가 차려진 서울 시청 앞 광장에서 시민들이 희생된 장병들을 추모하고 있다(오른쪽).

는 노무현 정권 때 청와대 통일안보전략비서관을 지낸 박선원 씨가 방송에서 한 발언을 문제 삼아 간첩 등 대공수사를 전담하는 서울중앙지검 공안1부에 배당했다. 박 전 비서관은 4월 22일 문화방송(MBC) 라디오에 출연해 "사고가 났다고 하는 9시 15분부터 22분 사이에 천안함이 어디에서 어디로 이동하고 있었는지 정확한 정보를 공개하지 않고 있다"고 주장한 바 있다. 5월 21일에는 좌초설을 주장해온 민주당 추천 천안함 민군합동조사단원인 신상철(《서프라이즈》 대표) 위원도 박 전 비서관과 같은 서울중앙지검 공안1부에 배당됐다. 신상철 대표는 8월 26일 불구속 기소됐다.

### 6·2 지방선거 '북풍 전략'과 천안함 사건 졸속 결론

이렇게 비판적 목소리를 강압적으로 억누르면서 정부 당국은 천안함 사건 조사 결과를 5월 20일 발표하기로 결정했다. 정부의 이런 결정은 이 대통령 스스로가 4월 1일에 했던 "굉장히 오래 걸릴 수 있다. 1년이 더 걸리는 경우도 있다"는 발언을 뒤집는 것이다. 이렇게 발표 날짜가 정해진 상황에서 군은 발표일을 닷새 남겨둔 5월 15일 백령도 근해에서 수색 작업을 벌이던 쌍끌이어선이 소위 '결정적 증거물'을 건져 올렸다고 발표했다.

야당과 시민단체는 이런 움직임에 강하게 반발했다. 민주당 등 야당과 시민단체 대표들은 5월 17일 국회에서 기자회견을 열고, 정부가 천안함 사건을 지방선거에 정치적으로 악용할 것을 우려하면서 조사 결과를 선거 뒤에 발표하라고 촉구했다. 이들은 또 천안함 사건의 책임을 물어 국방장관·합참의장 등 군 지휘라인을 즉각 해임할 것을 요구했다. 그러나 이 대통령은 5월 18일 버락 오바마 미 대통령과 전화통화를 하고 다음날인 19일에는 하토야마 유키오 당시 일본 총리와 전화통화를 해 20일 결과 발표와 관련한 공조 문제를 논의하는 등, 조사 결과 발표를 강행해나갔다.

합조단은 5월 20일 "천안함이 북한의 연어급 잠수정(130t)이 쏜 어뢰에 의해 격침됐다"는 조사 결과를 공식 발표했다. 합조단은 특히 며칠 전 물속에서 건져 올렸다는 어뢰추진체를 공개하면서, 그것이 북한의 해외 수출용 무기 카탈로그에 나와 있는 CHT-02D 어뢰의 설계도면과 정확히 일치한다고 주장했다. 또 어뢰추진체 뒷부분 내부에서 발견된 '1번' 글씨 또한 이 어뢰추진체가 북한산이라는 주요 증거로 제시됐다. 하지만 합조

**2010년 5월 19일**
국방부는 천안함 인양 뒤 선체를 공개하지 않다가 합조단의 사건 조사 결과 발표 전날인 5월 19일에야 이를 언론에 공개했다. 아래 사진은 국방부가 6월 29일 오후 경기도 평택시 해군2함대 사령부에서 전국언론노조와 한국기자협회, 피디(PD)협회 등 3개 언론단체 회원들을 상대로 연 '천안함 언론인 설명회'에 참가한 기자와 피디들이 천안함의 절단면을 살펴보고 있다.

ⓒ한겨레 김명진

단은 그 뒤 6월 29일에 있었던 천안함 조사결과 언론보도 검증위를 대상으로 한 설명회 때 이날 제시한 CHT-02D 어뢰의 실물 크기 설계도가 해당 어뢰의 것이 아니었다고 뒤늦게 밝혔다.

## 북한의 반발

북한은 천안함 사건 초기에는 천안함 사건에 반응을 보이지 않다가 점차 화살이 자신들을 겨냥하자, 천안함 관련설에 대해 적극 부인해나갔다. 북한은 4월 17일 천안함 침몰 사건 뒤 처음으로 관영 〈조선중앙통신〉에서 군사논평원 발언을 통해 "남조선 괴뢰군부 호전광들과 우익보수정객들을 비롯한 역적패당은 함선 침몰 원인을 규명할 수 없게 되자 불상사를 우리와 련계시켜보려고 획책하고 있다"며 "최근에는 외부 폭발이 어뢰에 의해 일어났으며 그 어뢰는 우리 잠수정이나 반잠수정에 의해 발사됐을 가능성이 크다는 '북 관련설'을 날조해 류포하고 있다"고 비난했다.

북한은 또 합조단이 조사 결과를 발표한 5월 20일에는 국방위원회 '대변인 성명'을 내 "국방위원회 검열단을 남조선 현지에 파견할 것"이라고

2010년 5월 20일
서울 용산구 이태원로 국방부에서 열린 민군합동조사단 천안함 조사 결과 발표에서 '결정적 증거물'이라는 북한 어뢰추진체가 공개되고 있다.

ⓒ한겨레 신소영

밝혔다. 북한은 또 성명에서 "역적패당은 검열단 앞에 함선 침몰이 우리와 연계돼 있다는 물증을 내놓아야 하고, 물증에는 단 한 점의 사소한 의혹도 없어야 함을 미리 상기시킨다"고 밝혔다. 다음날인 5월 21일에는 북한 조국평화통일위원회(조평통)가 "이 시각부터 현 사태를 전쟁 국면으로 간주하고 북남관계에서 제기되는 모든 문제들에 대해 그에 맞게 단호히 대처해나갈 것"이라고 밝혔다. 조평통은 "괴뢰패당이 함선 침몰 사건을 구실로 '대응'과 '보복'으로 나오는 경우 북남관계 전면 폐쇄, 북남불가침 합의 전면 파기, 북남협력사업 전면 철폐 등 무자비한 징벌로 강력히 대응해나갈 것"이라고 말했다.

북한은 또 연어급 잠수정의 경우 존재 자체를 강력하게 부인했다. 조선중앙텔레비전과 평양방송은 5월 28일 북한 국방위원회 박림수 정책국장이 평양 인민문화궁전에서 내외신 기자회견을 열어 "우리에게는 연어급 잠수정이요, 무슨 상어급 잠수정이 없고 130t짜리 잠수정도 없다"고 말했다고 보도했다. 그는 또 '1번' 글씨와 관련해 "우리는 무장장비에 번호를 매길 때 기계로 새긴다"며 '조작'이라고 주장했다.

### 전쟁기념관에서 대북 강경 정책 발표

하지만 남한은 국방부에서 5월 21일 북한의 검열단 제안에 대해 북한-유엔군사령부 장성급회담에서 논의하자고 역제안하는 한편, 정부 차원에서 대북 제재 선언을 준비해나갔다. 이명박 대통령은 5월 24일 서울 용산 전쟁기념관에서 대국민 담화를 발표해 개성공단 사업을 제외한 남북 경제협력 및 교류협력을 전면 중단하고, 북한 선박의 남한 해협 통과를 봉쇄하겠다고 밝혔다. 이날 대책에는 또 휴전선 일대에 확성기를 설치하는 등 심리전을 재개하고 서해에서 한미 대잠훈련을 실시한다는 내용도 포함됐다.

2010년 5월 24일
이명박 대통령이 서울 용산 전쟁기념관에서 천안함 관련 대국민 담화를 발표하고 있다.

이 대통령은 "대한민국은 앞으로 북한의 어떠한 도발도 용납하지 않고 적극적 억제 원칙을 견지할 것"이라며 "앞으로 우리의 영해·영공·영토를 무력 침범한다면 즉각 자위권을 발동할 것"이라고 밝혔다. 이 선언은 남북관계를 노태우 정부가 북한과의 교류를 천명한 1988년 '7·7 특별선언' 발표 이전으로 돌리겠다는 선언이다. 이에 따라 통일부는 같은 날 인천세관 쪽에 북한에서 들여오는 물품을 통관시키지 말라고 통보했다. 군은 그 다음날인 5월 25일 제주해협에 진입하는 북한 상선을 막기 위해 한국형 구축함인 문무대왕함(4,500t)을 투입했다.

유명환 당시 외교통상부장관은 5월 24일 김태영 국방부장관, 현인택 통일부장관과 함께 기자회견을 열고 그 머리발언으로 "북한의 도발은 국제 평화와 안전에 직결되는 사안"이라며 "유엔 안보리가 이 문제를 다루는 것이 필요하다"고 주장했다. 남한 정부가 천안함 사건을 안보리로 가져갈 것임을 공개적으로 밝힌 것이다.

하지만 북한은 5월 26일 남북 장성급회담 단장 명의의 대남 통지문을 통해 "남측이 (대북 심리전) 방송 재개를 위해 전연(군사분계선) 일대에 확성

2010년 5월 26일
경기도 파주시 도라산남북출
입사무소에서 개성공단에서
쫓겨난 남북경제협력협의사
무소 이수영 사무소장이 기자
들의 질문을 받으며 굳은 표정
으로 차량을 기다리고 있다(왼
쪽).
도라산남북출입사무소 앞 도
로에는 개성행 길 표시만 덩그
러니 남아 있다(오른쪽).

기까지 설치한다면, 우리 측은 확성기가 설치되는 족족 조준격파사격으
로 없애버리기 위한 군사적 조치를 취하게 될 것"이라고 밝혔다. 이에 김
태영 국방장관은 5월 26일 "북한이 우리 영토에 있는 대북 확성기에 위해
를 가하면 교전규칙상 비례성의 원칙에 따라 대응하겠다"며 한 치도 물
러서지 않았다. 북한은 이에 같은 날 개성공단 안의 남북경제협력협의사
무소를 폐쇄하고 관계자 8명을 추방하는 것으로 맞섰다. 한반도 불안정
지수가 위험수위까지 올라가고 있었다. 이런 상황에서 월터 샤프 주한미
군사령관은 '5·24 대북조처' 발표 직후 이상의 당시 합참의장을 만나 한
국군의 대북 확성기 방송 재개 방침에 사실상 반대한다는 의견을 밝힌
것으로 알려졌다.

## 한나라당의 지방선거 패배

그러나 정부·여당의 이런 '북풍몰이'에도 불구하고, 6·2 지방선거는 한
나라당의 패배로 끝났다. 6·2 지방선거는 선거 전에는 정부·여당의 북
풍몰이와 한나라당에 우호적인 여론조사 결과 등으로 한나라당의 압승
이 예상됐다. 하지만 막상 투표함을 열어보니, 민주당이 광역자치단체장

7곳을 차지해, 6곳에서 승리한 한나라당을 눌렀다. 또 서울 구청장 선거의 경우도 한나라당은 강남 3구를 제외하곤 사실상 완패했다. 이런 선거 결과와 관련해, 정부·여당이 취한 북풍몰이가 오히려 역풍으로 작용했다는 분석이 많았다. 정부가 천안함 정국을 지나치게 남북 대결구도 쪽으로 몰고 감으로써 젊은 층들을 중심으로 오히려 전쟁에 대한 공포와 정부 대응에 대한 거부감을 낳았다는 것이다. 이와 관련해 7월 24일 아세안 지역포럼(ARF) 참석차 베트남 하노이를 방문한 유명환 당시 외교통상부 장관은 현지에서 기자들과 만나, "젊은 애들이 전쟁이냐 평화냐 하면서 한나라당을 찍으면 전쟁이고 민주당을 찍으면 평화라고 해서 다 (민주당으로) 넘어갔다"며 "그렇게 (북한이) 좋으면 김정일 밑에 가서 어버이 수령하고 살아야지"라고 말해, 고위공직자로서 올바른 언행이 아니라는 비난을 사기도 했다.

## 유엔으로 간 천안함, 남남 대립의 격화

남한 당국이 6·2 지방선거 패배 뒤 천안함 사건을 본격적으로 유엔 안보리로 가져가면서 유엔을 무대로 남북의 외교전이 치열하게 전개됐다. 우선 6월 4일 남한의 박인국 주유엔대사가 유엔 안전보장이사회에 서한을 보내 "북한의 군사적 도발에 엄중하게 대응해달라"고 요청했으며, 합조단원 10여 명도 6월 9일 안보리 이사국들에게 조사 결과를 설명하기 위해 출국했다. 이에 대해 북한 〈조선중앙통신〉은 북한 쪽에서도 6월 9일 "국방위원회 검열단 파견을 통해 남한 조사 결과 확인이 먼저 이뤄져야 한다"는 내용의 편지를 안보리 의장 앞으로 보냈다고 보도했다.

이런 상황에서 참여연대는 6월 10일 천안함 조사 결과에 의문점이 있다는 내용의 의견서를 당시 유엔 안보리 의장국인 멕시코와 15개 이사국에 전자우편으로 보냈다. 참여연대는 이 편지에서 "유엔 안보리가 모든 사

2010년 6월 17일
서울 종로구 참여연대 사무실 앞에서 고엽제전우회 회원들이 참여연대가 유엔 안보리에 서한을 보낸 것을 규탄하는 집회를 여는 동안 일부 회원들이 가스통을 들고 집회장에 나타나자 경찰이 이를 저지하고 있다.

안을 감안해 한반도의 평화를 위해 합리적이고 공정한 결정을 내려주길 바란다"고 밝혔다. 그러나 참여연대의 서한 발송 사실이 보수 언론에 보도되면서 남한 사회는 극심한 남남갈등을 겪게 된다. 보수 언론들은 일제히 참여연대의 서한 발송이 비애국적 행동이라고 목소리를 높였고, 정운찬 당시 국무총리까지 6월 14일 국회에서 "어느 나라 국민인지 의문이 든다"고 참여연대를 비판했다.

이렇게 정부와 언론이 자락을 깔면서 6월 15일부터는 서울시재향군인회, 고엽제전우회 등 보수단체들이 직접적으로 행동에 들어갔다. 이들은 서울시 통인동 참여연대 사무실 앞에서 "이적단체인 참여연대를 박살내자" 등의 구호를 외치며 시위를 벌였다. 이들은 시위 도중 경찰과 충돌하는가 하면, 시너가 가득 담긴 소주병 10여 개를 싣고 엘피가스통까지 매단 승합차량을 몰고 참여연대 건물로 향하다 경찰의 제지를 받기도 했다. 6월 18일 참여연대 앞 집회에선 결국 오물까지 등장했다. 검찰도 6월 16일 참여연대 사건을 간첩 등 대공사건 전담인 서울중앙지검 공안1부에 배당해 남남갈등의 한 주체로 나섰다는 비판을 자초했다.

이에 대해 시민사회단체들은 정부와 여당, 보수 세력이 의도적으로 참여연대를 '마녀사냥'하고 있다고 비판했다. 조대엽 고려대 교수(사회학)는 〈한겨레〉와의 인터뷰에서 "지방선거 참패의 책임에서 벗어나려고 정부가 천안함 외교에 올인하면서 애국주의와 국가주의를 강조하는 등 냉전적 사고방식으로 대응하고 있다"고 비판했다.

국제앰네스티도 6월 17일 검찰이 참여연대를 대상으로 한 수사에 착수한 것과 관련해 성명을 내어 "한국 정부가 안보 우려를 갖고 있는 점은 이해하지만, 이런 우려가 개인이나 단체의 인권 행사와 정치적 견해를 표현할 권리를 제약하는 데 이용돼서는 안 된다"고 강조했다.

## 승리하지 못한 유엔 안보리 천안함 외교

남북이 치열한 외교전을 벌이는 가운데 유엔 안보리는 7월 9일(현지 시각) 천안함 침몰 사건과 관련한 의장성명을 채택했다. 중국을 포함한 유엔 안보리 15개 이사국은 이날 오전 9시 30분 미국 뉴욕 유엔본부에서 전체회의를 열어 천안함 침몰을 초래한 공격을 규탄하는 내용의 의장성명에 합의했다. 그러나 북한을 공격의 주체로 명시하지는 않았다.

안보리는 모두 11개항으로 구성된 의장성명에서 "천안함 침몰과 46명의 인명 손실을 초래한 공격을 개탄한다"면서 "북한이 천안함 침몰에 책임이 있다는 결론을 내린 '민군합동조사단'의 조사 결과에 비춰 깊은 우려를 표명한다"고 밝혔다. 성명은 그러나 이와 함께 "안보리는 이번 사건과 관련이 없다고 하는 북한의 반응, 그리고 여타 관련 국가들의 반응에 유의한다"고 적시했다.

## 기뢰 가능성 유력하게 보는 러시아 보고서

성명에 나타나는 '여타 관련 국가들'에는 러시아가 반드시 포함될 듯하다. 러시아는 지난 5월 31일부터 6월 7일까지 남한에 독자적인 천안함 사고 조사단을 파견했고, 그 뒤 독자적인 천안함 보고서를 작성한 것으로 알려졌다. 그리고 이 보고서의 내용이 남한 주도의 합조단이 내린 결론과 상이하다는 사실도 잇따라 보도됐다.

러시아 조사단이 조사를 마치고 귀국한 뒤인 6월 8일 러시아 〈인테르팍스 통신〉은 이 러시아 전문가팀이 북한의 관여를 입증할 만한 확정적인 증거를 발견하지 못했다고 보도했다. 열흘 뒤인 6월 18일에는 관영 〈리아 노보스티 통신〉이 "드미트리 메드베데프 러시아 대통령도 6월 18일 북한에 대해 어떤 조처를 취하기에 앞서 천안함 사건에 대한 철저한 조사를 촉구했다"고 보도했다. 이 통신에 따르면, 메드베데프 대통령이 미국의 〈월스트리트 저널〉과의 회견에서 "(사건에 대한) 하나의 견해만이 폭넓게 유포되고 있지만, 우리는 이를 즉각적으로 당연한 것으로 받아들여서는 안 된다"고 말했다.

도대체 러시아의 천안함 보고서는 어떤 내용이기에 이렇게 남한 합조단의 조사 결과를 부정하는 듯한 보도가 잇따르는 것일까. 〈한겨레〉 이용인 기자는 그 보고서 축약본 전문을 단독으로 입수해 〈한겨레〉 7월 27일자에 보도했다. 러시아가 미국에 제공한 것을 입수한 것이다. 이에 따르면, 러시아 조사단은 사고 원인이 '외부의 비접촉 수중 폭발'에 의한 것이지만, 어뢰가 아니라 기뢰 폭발일 가능성이 높다고 결론 내렸다. 러시아 조사단은 특히 사고 시각과 관련해 천안함 내부의 폐쇄회로티브이(CCTV) 마지막 촬영 시각(3월 26일 밤 9시 17분 3초) 등을 근거로 한국의 민군합동조사단이 북한의 어뢰 공격으로 천안함이 피격됐다고 발표한 시각(밤 9시 21분 58초)에 의문을 나타냈다.

이에 따라 남한 내에서는 러시아 쪽이 원본 보고서를 공개해야 한다는 목소리가 높아졌다. 러시아가 어떤 근거로 어뢰보다 기뢰에 무게를 두고 있는지 파악하는 것이 천안함 침몰 사건을 푸는 데 중요한 구실을 할 수 있다는 것이다. 하지만, 알렉세이 보로다브킨 러시아 외무차관은 9월 21일 러시아는 천안함 조사 결과 보고서를 남한에 넘기지 않을 것이라고 밝혔다. 이에 따라, 이명박 대통령이 예정에 없이 9월 9~10일 러시아를 방문한 이유에 대한 궁금증이 높아지고 있다. 외교통상부 당국자는 이에 대해 "양자 방문 형식이 아니라 메드베데프 러시아 대통령의 특별 초청에

2010년 9월 13일
윤덕용 천안함 민군합동조사단
민간 단장과 윤종성 군 측 단장
이 서울 용산구 국방부 브리핑
실에서 '천안함 피격사건 합동
조사결과 보고서' 발표 기자회
견을 마친 뒤 기자회견장에서
기자들의 질문을 듣고 있다.

따른 것"이라고 설명했지만, 러시아 쪽 얘기는 다르다. 한-러 관계에 밝은 외교 소식통은 "러시아 정부 관계자가 '사실은 우리가 먼저 초청한 게 아니고 남한 정부 쪽에서 야로슬라블 세계정책포럼에 참석하겠다고 먼저 알려와 이 대통령의 러시아 방문이 성사된 것'이라고 말했다"고 전했다.

## 최종보고서 발표, 그리고 계속되는 논란

이런 논란 속에서 국방부는 9월 13일 천안함 최종보고서를 발표했다. 하지만 이 천안함 최종보고서는 침몰 사건 이후 계속됐던 논란을 전혀 해소하지 못했다는 비판을 받았다. 천안함 최종보고서는 북한이 천안함 침몰의 주범이라는 주장을 여전히 굽히지 않았다. 하지만 최종보고서는 △5월 20일 북한의 신형 잠수정이라고 발표했던 연어급 잠수정을 공격 주체로 적시하지 못했고, △북한 어뢰라고 주장한 CHT-02D의 폭발력이 티엔티로 350~500kg인데, 사건 당일 감지된 지진파의 폭발력은 티엔티 140~260kg밖에 안 되는 점, △그 어뢰추진체에서 폭약 성분이 전혀 검출

**2010년 7월 29일**
'천안함 사건 진실규명과 한반도 평화를 위한 공동행동' 회원들이 서울 종로구 세종로 정부중앙청사 앞에서 천안함 사건 국정조사와 4개국 공동조사 실시를 요구하는 기자회견을 하고 있다(왼쪽).

**2010년 9월 14일**
백기완 통일문제연구소장이 오전 국방부 앞에서 천안함 사건 진실규명을 위한 전면 재조사와 국정조사를 요구하는 사회단체 공동 기자회견 도중 국정조사를 요구하는 손팻말을 들고 있다(오른쪽).

되지 않은 점, △수중 폭발 때 필수적인 100m 이상의 물기둥과 관련한 증언이 전혀 없는 점 등 기존에 제시됐던 의혹을 설명하지 못했다.

이에 따라 국방부가 발표한 천안함 최종보고서는 오히려 새로운 출발점이 되었다. 남한 정부가 주장하는 '북한 어뢰설'이 얼마나 모순된 것인지를 보고서 자체가 보여주기 때문이다.

이에 따라 민주노동당, 민주사회를 위한 변호사모임 등 40여 단체로 구성된 '천안함 사건 진실규명과 한반도 평화를 위한 공동행동'은 최종보고서 발표날 국방부 앞에서 기자회견을 열어 "이번 보고서는 '최종보고서'라는 제목이 무색한 수준으로, 5월 발표한 보고서에 분량만 더했을 뿐 그동안 제기된 반론에 대한 반박 근거들도 내놓지 못함으로써 국민의 의혹을 전혀 해결하지 못하고 있다"며 국정조사 및 관련자 처벌 등을 촉구했다.

또 박선원 브루킹스연구소 초빙연구원도 서재정 존스홉킨스대 교수, 이승헌 버지니아대 교수와 함께 10월 10일 워싱턴에서 기자회견을 열어 북한 잠수정이 천안함을 공격했다는 국방부의 주장에 모순점이 많다고 거듭 비판했다. 박 연구원은 특히 "최종보고서는 북한의 잠수함이 천안함 침몰 지점 2.5km 남서쪽에서 어뢰를 발사했다고 설명했으나, 그 지역은 천안함이 불과 몇 시간 전에 머물렀던 곳"이라고 주장했다. 이 경우 "만일 북한 잠수정이 그곳으로 침투했다면 천안함에 장착된 소나(바닷속 물체를 음향으로 탐지하는 장치)를 통해 적발되지 않을 수 없었다"고 주장했다. 박 연구원은 천안함 항적 일지를 입수해 천안함의 움직임을 파악한 뒤 이런 결론을 내렸다고 주장했다.

유엔 총회에 참석 중인 박길연 북한 외무성 부상은 9월 29일(현지 시각) "천안함 사건을 이용해 미국과 남한이 한반도와 그 주변 지역에서 대규모로 무력을 이용한 군사적 위협을 하고 있다"고 비판했다. 박 부상은 또 "남조선 당국은 사건 진상의 과학적이고 객관적 확인을 위하여 피해 당사자인 우리가 제기한 검열단의 현지 파견을 한사코 거부하고 있다"며 천안함 사건에 대한 검열단 수용을 재차 촉구했다. 북한은 9월 30일 천안함 사건 뒤 처음 열린 제38차 남북군사실무회담에서 남한이 천안함 공격에 대한 사과를 요구하자, "남쪽의 천안함 조사 결과를 인정할 수 없고, 조사 결과에 대한 북쪽 검열단 파견을 수용하라"고 맞받았다. 이렇게 최종보고서가 발표된 뒤에도 천안함 사건에 대한 남한 내부의 의혹 제기가 끊이지 않고 남북 간의 인식 차이도 전혀 좁혀지지 않고 있다.

천안함 사건은 앞으로 어떤 결론이 날지 모르는 여전히 현재진행형인 사안이다.

김보근 〈한겨레〉 스페셜콘텐츠부장

● 이 글은 2010년 3월 26일 천안함 사건 발생부터 9월 13일 국방부의 천안함 최종보고서 발표, 그리고 10월 중순까지 이어진 그 이후의 논쟁까지 〈한겨레〉 기사를 토대로 작성됐다.

# 2부

# 20개의 키워드로 읽는 천안함 사건

봉인된 천안함의 진실에 접근하기 위해 '20개의 키워드'로 천안함 사건을 다시 조망한다.

국방부는 천안함 최종보고서를 발표하면서 "북한 소형 잠수정이 발사한 중어뢰가 수중 폭발을 일으켜 천안함을 격침시켰다"고 주장하지만, 이런 주장을 뒷받침할 근거를 찾기는 쉽지 않다. 우선 폭발이 있었는지부터가 의문이다. 수중 폭발 때 나타나는 충격파의 흔적도 안 보이고, 폭발로는 천안함 스크루와 같은 휨 현상이 나타나지 않는다는 주장도 잇따른다. 폭발의 증거로 제시됐던 흡착물질도 과학자들로부터 거센 도전을 받는다.

북한과의 연관성을 찾는 것은 더욱 만만찮은 주제다. 중어뢰를 쐈다는 '연어급 잠수정'은 사라졌고, 북한의 수출용 카탈로그 속에서 찾았다는 CHT-02D 어뢰는 크기만 제시됐을 뿐 기초적인 성능조차 드러내지 못한다. 또 인양된 어뢰추진체의 폭발력은 천안함 사건 당일 일어난 지진파의 폭발력을 훨씬 상회하는 것이다. 그런데도 이명박 정부는 천안함 사건 뒤 더욱 강경한 대북정책으로 한반도의 긴장도를 높이고 있다.

# 01
## 충격파 100G

# 어뢰 파격이면 승조원 총알처럼 날아가

"어뢰를 맞고도 사람이 저렇게 멀쩡할 수 있나?"

2010년 5월 20일 민군합동조사단이 천안함 침몰 원인에 대한 조사 결과를 발표했을 때 많은 시민들이 가졌던 의문이다. 시민들은 한 달 전 국군수도병원 기자회견장에 모습을 드러냈던 천안함 생존 장병들을 기억하고 있었다. 사건 발생 12일 만인 지난 4월 7일, 장병들은 사건 당시의 상황에 대해 또박또박 증언했다. 그 누구에게도 큰 외상은 보이지 않았다. 어뢰를 맞았다고 하기에는 장병들이 너무나 '멀쩡'해 보였다.

자연히 상식적 의문과 논란이 생겼다. 그러나 시민단체와 언론이 제기한 의문에 대해 합조단은 명쾌한 답을 하지 못했다. 합조단은 "일반 시민의 상식과 전문가의 상식은 다르다"고 말했다.

하지만 전문가의 상식도 크게 다르지 않았다. 전문가들은 천안함을 침몰시킬 정도의 수중 폭발이 발생하면 승조원들이 '총알처럼 날아갈' 정도의 큰 충격을 받아 심각한 외상을 입거나 죽게 된다고 지적했다. '총알처럼 날아갈' 것이라는 표현을 쓴 전문가는 합조단 자문위원인 신영식 카이스트 교수다.

## 합조단 자문위원의 '충격파' 증언

그는 국제적인 수중 폭발 전문가로, 미국 해군대학원에서 28년간 교수를 지냈으며 교육과학기술부의 '세계 수준의 연구중심대학(WCU)' 프로그램 후원으로 현재 카이스트 해양시스템공학부에서 연구와 강의 활동을 하고 있다. 〈한겨레〉는 천안함 및 승조원들이 어뢰 폭발로 받게 되는 영향에 대해 알아보기 위해 8월 초부터 9월까지 그와 몇 차례에 걸쳐 대면 및 전화 인터뷰를 가졌다.

신 교수는 "(물속에서 폭발로 발생한) 충격파는 공기 중으로 나오지 못한다"며 "천안함의 승조원들이 일하고 생활하는 방에는 공기가 있어 (충격파가) 뚫고 들어가지 못한다"고 설명했다. 여기까지가 합조단이 인용해 최종보고서에 수록한 신 교수의 발언이다.

그러나 신 교수는 뒤이어 "승조원들은 공중에 붕 떠 있지 않고 의자에 앉아 있든 서 있든 선체에 달려 있는 (철로 된) 구조물에 접해 있다"며 "이 때문에 의자에 앉아 있다가 충격을 받으면 사람이 총알같이 날아간다"고 말했다. 충격파가 공기를 통해서는 충격을 전파하지 못하지만 승조원이 철로 된 구조물에 닿아 있다면 커다란 충격을 받게 된다는 것이다.

신 교수는 승조원이 '총알같이 날아갈' 정도로 강력한 충격을 받게 되는 이유에 대해 "충격파가 철을 따라가는 속도가 물에서의 속도보다 5배 내지 6배가 빠르기 때문"이라고 설명했다. 이는 수중 폭발 때 발생한 충격

최종보고서에서 설명한 천안함 폭발 과정. 국방부는 북한 어뢰가 수중에서 일으킨 버블 제트에 의해 천안함이 격침됐다고 주장하고 있다.

파가 선체에 닿으면 물속에서보다 이동 속도가 오히려 급격히 빨라져, 승조원들이 상당한 충격을 받을 수밖에 없음을 의미한다.

어뢰·기뢰 등이 수중에서 폭발할 때 발생하는 효과는 가스버블, 충격파 두 가지 측면에서 위력적이다. 그간 가스버블이 수면에 닿아 물기둥이 솟아오르는 현상, 즉 워터제트(Water Jet) 효과는 익히 알려졌지만 충격파의 영향은 상대적으로 잘 알려지지 않았다. 그러나 신 교수의 설명에 따르면 가스버블은 전체 폭발 에너지의 47%를 차지하는 반면, 충격파는 이보다 큰 나머지 53%의 에너지에 해당한다. 가스버블보다 충격파가 더 위력적이라는 것이다.

신 교수는 수중 폭발이 발생하면 워터제트의 원인이 되는 가스버블이 팽창하기 전에 충격파가 먼저 선체에 도달한다고 말했다. 이 충격파는 물속에서 구형의 압력파 형태로 전파되는데, 약 1,500m/s의 속도로 퍼지다가 선체에 닿는 순간 그 전파 속도가 7,500m/s로 빨라진다.

신 교수는 또 "현대전에 있어서 어뢰의 목적은 배를 침몰시키는 것이 아니라 컴퓨터 기반 전자 시스템을 다운시키는 것"이라며 "스트레스웨이브 형태의 충격파가 철로 된 선체 속에서 7,500m/s로 돌아다니니 설사 배가 물기둥에 의해 파괴되지 않는다 해도 그 전에 전자 시스템이 온전할 수 없다"고 설명했다.

이 충격파는 승조원에게 어떤 영향을 줄까? 신 교수는 "(천안함 침몰로) 죽은 사람(장병)들이 얼마만큼의 충격을 받았을지 계산은 안 해봤지만, 과거 경험으로 추측컨대 중력가속도 100G 정도의 충격을 받았을 것"이라며 "(중력가속도가) 100G보다 더 높아질 수도 있다"고 덧붙였다. 그는 "이로 인해 그냥 벽이나 천장에 꽝 부딪히면, 찢어지고 부러지고 죽게 되는 것이다"라고 지적했다.

G는 중력가속도 단위로, 1G는 어떤 물체가 공중에서 지상으로 추락

하는 정도의 가속도를 뜻한다. 따라서 100G는 사람이나 물체가 떨어질 때 받는 충격(1G)보다 100배나 큰 힘이 승조원들한테 작용했다는 것을 뜻하며, 폭발이 선체 아래에서 발생했다면 승조원들이 엄청난 속도로 '총알처럼' 튀어오르게 된다.

수중 폭발을 연구한 국내 한 민간연구소의 ㄱ 연구원도 〈한겨레〉와의 통화에서 "18G와 50G 이상의 하중을 받을 경우 각각 머리와 척추의 인체 보호 안전성이 확보되지 않는다"고 말했다. 그는 "이 수치는 미국항공우주국(NASA)에서 실험한 기준값에 근거하는 것이며 독일에서도 관련 연구가 있었다"고 설명했다.

이 연구원은 '승조원이 100G의 충격을 받는다면 어떻게 되느냐'는 질문에 "100G는 너무 큰 값이라 (승조원들이 받을 충격은) 상상에 맡겨야 될 것 같다"고 말했다. 두 전문가의 의견을 종합해보면 천안함 승조원들은 인체 보호 안전성을 훨씬 넘어서는 충격을 받은 셈이다. 당시 다수의 승조원들이 취침하기 위해 누워 있었다고 증언한 바 있으며, 이 경우 승조원들은 머리와 척추에 직접 충격을 받은 것으로 해석할 수 있다.

4월 7일 경기도 성남시 분당 국군수도병원에서 열린 기자회견에서 최원일 천안함 함장이 굳은 표정으로 기자들의 질문에 답하고 있다.

천안함 생존 승조원들이 4월 7일 성남시 국군수도병원에서 기자회견을 열어 사건 발생 순간을 증언하고 있다.

6월 24일 민주당 최문순 의원은 천안함 사망자들의 사인에 대해 국방부가 제출한 자료를 공개한 바 있다. 이 자료를 보면 국립과학수사연구소는 4월 15일 함미, 23일 연돌, 24일 자이로실에서 수습된 시신 총 40구에 대해 사체 검안한 결과 '외상 또는 질식에 의한 사망 가능성은 희박하고 정황상 익사로 추정된다'는 종합소견을 국방부에 제출한 것으로 돼 있다.

또한 국방부는 "천안함 생존자 58명 중 중상자 8명이 요추, 늑골, 우쇄골, 경추 부위에 골절상을 입었고, 기타 인원들은 타박상 등으로 치료를 받았다"고 밝혔다. 이들은 사건 당시 '쿵' 하는 소리와 함께 몸이 30cm~1m 정도 공중으로 붕 떠올랐다고 진술했다. 그러나 천안함 갑판에서 경계를 서고 있던 견시병은 안전벨트도 매지 않은 상황이었지만 바다로 떨어지지 않았다.

이런 사실들은 신 교수 등 전문가들이 설명한 충격에 비하면 초라하기 짝이 없는 것이다. 티엔티 200~300kg 규모의 수중 폭발이 있었다면 사망자들의 사인은 '익사'가 아니라 '머리·척추 등의 심각한 외상'이어야 한다. 또한 생존자들 역시 중대한 부상을 입었어야 하고, 30cm~1m가 아니라 천장까지 몸이 솟구쳤어야 한다.

합조단은 애초 5월 20일 천안함의 손상 정도를 감안해 시뮬레이션 (모의실험)한 결과 폭발 위치는 천안함 좌현 3m, 수심 6~9m로, 폭약량은 티엔티 200~300kg으로 판단한다고 세 달 넘게 주장해왔다. 한국 쪽 시뮬레이션 결과는 250kg 규모, 미국 쪽 시뮬레이션 결과는 200~300kg 규모라고 구체적으로 밝히기도 했다. 신 교수가 추정한 100G도 이 티엔티 200~300kg에 근거한 것이다.

그러나 합조단이 천안함을 격침시킨 것으로 지목한 소위 '1번 어뢰'로 불리는 CHT-02D 어뢰의 폭발력은 합조단이 그간 주장해온 폭발력보다 1.4~2배가량 강한 것으로 〈한겨레21〉의 9월 10일 보도로 밝혀졌다. 이에 따라 국방부는 지난 9월 13일 발표한 천안함 최종보고서에서 폭발 규모를 티엔티 360kg으로 올려놨다. 시뮬레이션을 다시 해보니 360kg으로 했을 때 천안함 파괴 현상과 더 잘 맞는다는 것이다. 하지만 국방부의 말이 맞다면 당연히 승조원들이 받았을 충격은 신 교수가 설명한 것보다도 훨씬 컸을 것으로 추정된다.

**폭발 규모를 360kg으로 늘린 것은 '1번 어뢰'의 폭발량과 맞추기 위한 것**

신 교수는 합조단의 일원이기도 하다. 그는 천안함 승조원이 100G의 충격을 받았을 것이라고 하면서도 천안함의 침몰 원인이 수중 폭발에 의한 것이라는 결론에 대해서는 신뢰한다고 말했다. 그는 "그렇다면 생존자들의 상태가 저렇게 멀쩡할 수 있는 것이냐, 지금 모순된 말을 하고 있는 것 아니냐?"고 따져 묻자 "내가 인체 구조를 전공한 것이 아니어서 모르겠다"고 한걸음 물러났다.

그는 "그러나 선체의 손상 형태를 볼 때 (어뢰든 기뢰든) 수중 폭발에 의한 것은 맞다고 생각한다"고 말했다가, "그런데 천안함 사망자들의 사인이 전부 다 익사라니, 사실이냐?"라고 되묻기도 했다. 그는 이렇게 우왕

좌왕하는 모습을 보이면서 "국방부가 일을 너무 성급하게 추진해서 국민으로서 안타깝다"며 "거듭된 말 바꾸기로 인해 깨진 신뢰의 여파가 커 마음속으로 '이럴 수가 있을까' 하고 생각했다"고 말했다.

한편 국방부는 오히려 천안함 승조원의 부상 상태가 수중 폭발이 있었다는 증거라고 주장하고 있다. '생존자들이 폭발음을 1~2회 들었다고 진술하고 있고, 파편상이 없는 골절 등으로 미뤄 충격파 및 버블 효과에 의한 것으로 파악했다'는 것이다. 승조원들의 고막 등 귀에 부상이 없는 것도 수중 폭발 현상과 일치한다고 주장했다. 국방부의 이런 주장은 충격파에 대한 신 교수의 설명 중 일부만을 근거로 사용하고 있는 것이다. 국방부는 9월 13일 내놓은 천안함 침몰 원인 조사 결과 최종보고서에서도 이런 기존 입장을 재확인했다.

국방부는 또한 그간 승조원의 부상 정도가 너무 경미한 것 아니냐는 논란에 대해서는 두어 가지 공식·비공식 해명을 내놓았지만, 설득력은 떨어진다. 첫째, 선체가 충격을 흡수할 수 있도록 설계돼 있다는 것이다. 이와 관련해 ㄱ 연구원은 "군함에 내충격 설계가 도입된 것은 얼마 안 됐다"고 밝혔다. "천안함은 설계 자체가 오래된 배이기 때문에 내충격 설계가 안 된 것으로 알고 있다"는 것이다. 신 교수 역시 "요새 나온 배들은 내충격 설계가 돼 있지만 천안함은 20년 된 배라 모르겠다"라고 말했다. 또한 "내충격 설계라는 것은 컴퓨터 기반 시설을 보호하기 위해 선저(船底)에 마운트를 설치하는 것"이라며 "승조원들이 머무는 침실과 같은 곳에는 적용되지 않는다"고 설명했다.

둘째, 합조단은 그동안 "충격파는 빨리 소멸되기 때문에 선체에 가해지는 충격이 크지 않다"고 주장해왔다. 충격파가 빨리 소멸되는 것은 사실이지만, 그것은 그만큼 가속도가 붙어 선체에 영향을 주는 힘도 크다는 것을 의미한다. 게다가 수중 폭발에 대한 국내외의 논문을 살펴보면, 충격파의 지속 시간보다는 충격파의 최대 크기가 승조원들한테 직접적인 영향을 미치는 것으로 나와 있다. 이에 대해 ㄱ 연구원은 "중요한 것은 폭발의 최대 중력가속도량"이라며 "내충격 설계도 이 최대 충격을 (머리의 인체 보호 안전성을 확보할 수 있는) 18G 이하로 낮추는 것을 기준으로 해야 한다"고 설명했다.

국방부가 9월 13일 천안함 최종보고서 발표에 맞춰 폭발 규모를 티엔티 250kg에서 티엔티 360kg으로 늘린 것은 소위 '1번 어뢰'로 불리는 CHT-02D 어뢰의 폭발량과 맞추기 위한 것이었다. 그러나 그럴수록 충격파에 대한 국방부의 해명은 진실과 거리가 멀어진다. 결국 국방부는 충격파의 영향을 과소평가했거나 축소하려 했다는 지적을 피할 수 없게 됐다.

**김도성** 〈한겨레〉 하니TV부 피디

# **02**
## 스크루 휨 현상

# 폭발은 왼쪽인데 왜 오른쪽이 엿가락?

천안함 우현(오른쪽) 스크루가 안쪽으로 휘었다가 끝부분은 다시 바깥으로 휜 '두 번 휨' 현상은 '어뢰폭발설'로는 가장 설명이 안 되는 부분이어서, 지속적인 논란거리다. 국방부가 2010년 9월 13일 최종보고서를 발표하면서 함께 내놓은 스크루 두 번 휨 현상에 대한 2차 시뮬레이션도 의혹을 풀기엔 역부족이라고 전문가들은 지적했다. 결국 국방부가 발간한 최종보고서에서 스크루 손상 부분은 빠졌다. 국방부가 여전히 스크루 휨 현상을 제대로 설명하지 못하고 있고, 스크루 손상이 좌초 근거라는 주장도 수그러들지 않고 있는 상태다.

### 극한값 시뮬레이션 분석과 회전 관성력

국방부는 그간 스크루 휨 현상에 대해 여러 차례 말을 바꾸었다. 처음에는 천안함 함미가 침몰하면서 해저에 닿아 휘었다고 주장했다. 그러다 5월 20일 발표 때는 스크루가 폭발 당시 급작스럽게 멈추면서 생기는 이른바

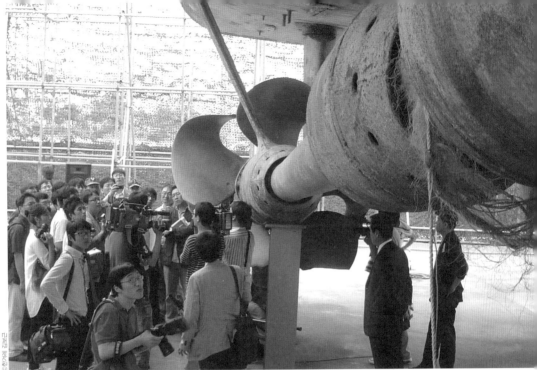

©시사IN 정재흥

'회전 관성력'이 작용해 휘었다며 1차 시뮬레이션을 공개했다.

　　그러나 사고 당시 천안함이 시속 6.7노트(약 12.4km)의 정상 속도로 기동하고 있었는데도 당시 시뮬레이션은 최대 속도로 전진할 때를 가상하는 등 극단적인 값을 대입했다. 민군합동조사단(합조단) 민간위원으로 활동한 노인식 교수(충남대)는 "천안함이 최대 속도로 전진할 때를 가상하고, 정지속도는 '0'에 가깝게 데이터를 입력했다"고 밝혔다. 그런데도 시뮬레이션에서 스크루는 실물에 못 미치게 약간 휘는 데 그쳤다.

　　합조단에 따르면, '회전 관성력'으로 스크루가 휠 수 있다는 것은 스웨덴 조사단이 제시한 가설이라고 한다. 박정이 합조단 조사단장은 "그때 프로펠러가 견딜 수 있는 힘이 400메가파스칼(MPa)[1]로 제시됐다. 그러나 갑작스럽게 정지할 때 프로펠러에 적용된 관성력은 700메가파스칼"이라고 밝혔다. 이에 대해 노종면 천안함 조사결과 검증위 연구위원은 "처음에는 시뮬레이션을 스웨덴에서 한 것처럼 했다가 말을 슬쩍 바꿨다"고 비판했다.

6월 29일 국방부가 언론 3개 단체 천안함 조사결과 검증위를 대상으로 연 설명회 현장. 천안함 우현 프로펠러축에 러시아 천안함 보고서가 지적한 그물이 걸려 있다.

1) 메가파스칼은 단위 면적당 작용하는 압력의 단위로 1메가파스칼(MPa)은 단위 면적 1cm²당 10kg의 하중이 전해지는 압력을 말한다.

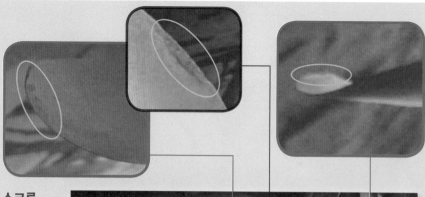

## 우측 스크루
## 날개 끝 손상과
## 기타 손상 사례

국방부가 6월 29일 '천안함 조사결과 언론보도 검증위원회'를 대상으로 벌인 설명회에서 드러난 천안함 우현 스크루의 변형들. 이날 언론인들로 구성된 검증위원들에게 공개된 천안함 스크루는 국방부가 밝혔던 휨 현상 이외에도 여러 가지 손상이 있는 것으로 드러났다. 특히 스크루의 끝부분을 중심으로 부러진 부분이 많은 것으로 드러났다. 이에 따라 우현 스크루가 폭발 충격에 급정지하면서 휘게 됐다는 국방부의 주장은 설득력을 크게 잃게 됐다.

인양 후 파손

또 회전 관성력으로 프로펠러가 휘었다고 주장할 때 나온 관성력 '700메가파스칼'은 이후 합조단이 '축 관성력' 얘기를 꺼내면서 슬그머니 자취를 감췄다.

국내 프로펠러 전문가들은 함정에서는 프로펠러 날개의 각도를 급작스럽게 바꾸어도 프로펠러가 전혀 손상을 입지 않는다고 주장한다. 함정에는 급정지(Crash Stop) 기능이 있기 때문이다. 급속한 역회전 기능이 있는 함정에서 급정지만으로 프로펠러가 흰다는 합조단의 주장은 상식적으로 납득할 수 없는 부분이다. 함정에서 급정지는 전진 날개 각도를 빠른 시간에 후진 날개 각도로 전환하는 것(피치 전환)을 말하다. 이런 가변피치 프로펠러(CPP)를 장착한 함정은 프로펠러축의 회전 방향은 바꾸지 않으면서 날개 각도를 바꾸어 전진이나 후진을 할 수 있다. 프로펠러가 실질적으로 역회전을 하지는 않지만, 피치각을 바꾸면서 이런 효과를 내는 것이다.

오른쪽 스크루를 예로 들면, 함정 뒤쪽에서 스크루를 바라봤을 때 전진 피치각은 '／', 중립 피치각은 '—', 후진 피치각은 '＼' 방향이다. 송준태 울산대 교수는 "프로펠러는 함정이 고속으로 달리고 있을 때 날개 각도를 전진에서 후진 피치로 바꿀 때 생기는 저항력을 견딜 수 있도록 설계돼 있다"고 밝혔다. 송 교수는 "갑자기 엔진이 멈추었을 때 프로펠러도 감속기어에서 힘을 전달받지 못해 금방 멈춘다"면서 "하지만, 관성에 의해서 몇 바퀴 돌아간다"고 말했다. 이창섭 충남대 교수는 "피치각을 바꿀 때 걸리는 시간은 15~30초 정도"라며 "30초 동안에 걸쳐 피치를 바꾸더라도 함정이 요동함으로써 웬만한 사람은 다 쓰러진다"고 밝혔다. 이 교수는 "급정거 때는 알피엠(RPM)[2]은 그대로 유지한 채 피치를 바꾸기 때문에 엄청난 힘이 걸린다"고 말했다. 김문찬 부산대 교수는 "선박이 갑자기 뒤로 후진하기 위해 서는 것을 크래시 어스턴(Crash Astern)이라고 한다"고 말했다. 이런 크래시 어스턴을 견디는 함정이 단지 정지한다고 해서 프로펠러가 휘는 것이

2) Revolutions per minute, 즉 1분 간의 회전 수로 내연기관의 효율을 나타내는 지표다.

**스크루 실제 변형**

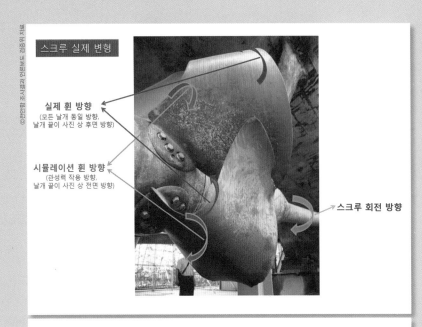

**실제 휜 방향**
(모든 날개 동일 방향,
날개 끝이 사진 상 후면 방향)

**시뮬레이션 휜 방향**
(관성력 작용 방향,
날개 끝이 사진 상 전면 방향)

**스크루 회전 방향**

## 참고5  좌우 스크루 날개 비교

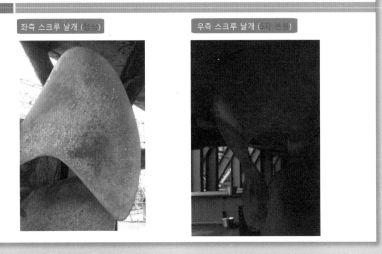

좌측 스크루 날개 (정상)

우측 스크루 날개 (S자 변형)

시뮬레이션 결과와 비교하면 천안함 스크루
날개가 실제로는 관성력과 반대 방향으로 휘
어진 것을 확인할 수 있다.

말이 되느냐는 지적들인 셈이다.

합조단에서 민간위원으로 활동한 조상래 울산대 교수도 "처음 미국 쪽에서 스크루가 해저에 닿아 날개가 휘었다고 했지만, 다섯 개가 모두 휜 것이 설명이 안 돼 회전 관성력으로 휠 수 있다는 스웨덴 쪽 주장을 받아들였다"며 회전 관성력이 나온 배경을 설명했다. 합조단 위원들은 대부분 "스크루는 처음에는 폭발 원인과 관련성이 적어 조사를 하지 않았다"면서 "나중에 스크루 휨에 대해 문제 제기가 나왔지만, 제대로 설명이 안 되는 사안"이라고 밝혔다.

## 축 관성력의 등장, 말 바꾸기의 완결인가

국방부는 이런 비판을 의식한 탓인지 9월 13일 발표에서 이른바 '축 관성력'에 의한 변형을 추가했다. 폭발의 힘으로 변속을 담당하는 우현 기어박스가 뒤로 10cm 정도 밀렸고, 기어박스와 맞물려 있는 스크루의 축도 함께 밀려나면서 이 충격으로 스크루가 안쪽으로 휘어졌다는 것이다. 바람개비를 바깥쪽으로 확 밀면, 바람개비의 날개들이 안쪽으로 휘어지는 것과 같은 이치다.

국방부는 이를 증명하기 위해 스크루 휨 시뮬레이션을 다시 했다. 하지만 국방부가 9월 13일 공개한 2차 스크루 휨 시뮬레이션에서도 스크루는 5월 20일 발표 때보다 좀더 휘기는 했지만, '두 번 휨' 현상을 재현하지는 못했다. 시뮬레이션을 진행한 노인식 교수는 이날 "실제 천안함 스크루 휨 상태와 똑같지는 않지만 거의 유사한 결과가 나왔다"면서 "하지만 한번 꺾인 것까지는 나왔는데, 2중으로 꺾인 것은 재현하지 못했다"고 밝혔다. 노교수는 스크루 축이 선미 쪽으로 98mm 밀려난 속도를 0.01초로 가정했는데, 이에 대해 "망치로 꽝 때렸다고 생각하면 이해하기 쉽다"고 설명했다.

스크루가 두 번 휠 정도로 엄청난 '축 관성력'이 작용할 수 있는지에 대해 전문가들의 반응은 회의적이다. 한 군함 전문가는 "스크루가 배를 앞으로 밀어주는 엄청난 힘이 있는데, 이런 스크루의 힘을 잡아주지 않으면 스크루 축이 선체를 뚫고 지나간다"며 "이 때문에 기어박스와 축 사이에는 배가 전진하거나 후진할 때 스크루가 선체를 간섭하지 않도록 잡아주는 베어링 장치가 설치돼 있다"고 전했다. 기어박스에 강한 충격이 전달됐어도 베어링 장치에 의해 크게 감속될 것이란 얘기다. 함정에는 프로펠러 추진축의 힘을 선체에 전달하고, 프로펠러축이 앞이나 뒤로 움직이는 것을 방지하는 베어링이 있는데 이를 스러스트 베어링(thrust bearing)이라 한다. 폭발 충격으로 감속기어가 뒤로 밀리면서 프로펠러축도 뒤쪽으로 10cm 밀려났다면, 프로펠러축의 움직임을 방지하는 스러스트 베어링도 손상을 입어야 한다. 천안함 스크루를 제작한 가메와 사의 한국지사 관계자는 "천안함 스러스트 베어링은 직경이 500mm 정도인데, 그 힘이 굉장히 강해 웬만한 충격은 모두 견딘다"고 말했다.

이 스러스트 베어링이 파손이나 손상됐는지 여부에 대해 국방부는 제대로 확인하지도 않았다. 국방부 관계자는 "스러스트 베어링은 강도 자체는 상당히 센 것을 사용한다"면서 "파손 여부를 확인하려면 케이지를 뜯어야 되는데, 그럴 수 없었다. 파손 여부는 알 수 없다"고 밝혔다. 시뮬레이션을 담당한 노인식 교수도 "감속기 손상과 스러스트 베어링이 파손됐는지는 직접 보지 않아 모르겠다"고 말했다.

### 왼쪽은 '멀쩡', 오른쪽은 '엿가락', 그리고 다른 손상들

이밖에도 폭발은 좌현 쪽에서 발생했는데, 실제 스크루의 휨 현상은 폭발 지점에서 멀리 떨어진 우현 쪽에서 일어난 점도 설명이 안 되는 부분이다. 합조단 주장대로 어뢰 폭발이 천안함 가스터빈실 좌현 3m, 수중 6~9m에서 일어났다고 하자. 이때 왼쪽 스크루가 오른쪽 스크루보다 폭발 지점

천안함 민군합동조사단 선체 구조분과장 박정수 해군 준장이 6월 29일 경기도 평택시 해군2함대 사령부에서 열린 언론인 설명회에서 "급정거로 인한 관성으로 스크루가 안쪽으로 휘었다"고 설명하고 있다.

에 더 가깝다. 하지만 웬일인지 천안함 스크루는 왼쪽보다 오른쪽이 더 심하게 손상을 입었다.

노인식 교수는 최종보고서 발표날 "저희들이 폭발 현장에 있지 않았기 때문에 정확하게 알 수는 없다"며 "추정하기로는 좌현 쪽이 우현보다 (기어박스가) 빠져나올 때 속도가 조금 느리지 않았겠는가 싶다"고 말했다. 하지만 똑 부러지는 설명이라고 보기엔 어렵다. 합조단 민간위원으로 참여한 조상래 울산대 교수는 "폭발 지점에서 가까운 왼쪽 스크루는 손상이 적은 데 비해 상대적으로 멀리 있는 오른쪽 스크루가 손상을 입은 것은 어떻게 설명할 수 없다"고 말했다. 또 기어박스 근처 디젤엔진실이나 탄약고 등은 멀쩡한 점을 고려할 때, 왜 유독 기어박스에만 커다란 충격이 가해졌는지도 의문이다.

합조단은 프로펠러에 난 다른 손상들에 대해서도 여전히 설명하지 못하고 있다. 스크루 손상이 폭발 때문이라면, 폭발이 일어나고 스크루가 휜 상태에서 끝나야 한다. 그렇다면 스크루의 여러 가지 다른 상흔들이 생길수 없다. 그러나 노종면 검증위원장은 "프로펠러에 있는 상흔들은 프로펠러가 멈추기 전에 발생한 흔적"이라고 주장했다.

노인식 교수도 "(우현 스크루에서 떨어져나간) 따개비에 좀 놀랐다"면서 "손상된 우현에서 많이 떨어져 나가 있었고 (스크루가) 반짝반짝 광택이 나더라"고 말했다. 하지만 "모래에 긁혔다면 가느다란 스크래치들이 있어야 하는데, 그런 흔적은 없었다"고 덧붙였다.

## 좌초 가능성도 있다

합조단은 좌초설과 관련해 "우현 스크루 변형 분석 결과 좌초됐을 경우에는 스크루 날개가 파손되거나 전체에 긁힌 흔적이 있어야 하는데 그런 손상 없이 5개 날개가 함수 방향으로 동일하게 굽어지는 변형이 발생했다"며 "스웨덴 조사팀은 이런 변형은 좌초로 발생할 수 없고 스크루의 급작스런 정지와 추진축의 밀림 등에 따른 관성력에 의해 발생될 수 있는 것으로 분석했다"고 주장했다.

하지만 좌초 가능성을 주장하는 쪽의 얘기는 다르다. 검증위는 "합조단이 스크루의 손상 상태에 대해서도 거짓말을 해왔다"고 밝혔다. 합조단은 5월 20일 조사 결과 발표 이후 줄곧 스크루 날개에 파손이나 국부적 손상, 표면에 긁힌 흔적이 없다는 입장을 견지해왔다. 언론 3단체 검증위는 이에 대해 "6월 29일 국방부가 실시한 언론 3단체 설명회 때 현장 확인과 근접 촬영 등을 통해 천안함 스크루에는 여러 가지 종류의 매우 심각한 손상이 모든 날개에서 발견되었음을 확인했다"고 주장했다. 최문순 의원도 "오른쪽 스크루에 따개비가 붙었던 흔적들이 다 떨어져 있고, 3분의 1 지점까지 모래가 가해진 흔적이 있다"면서 "안쪽에는 그물도 많이 걸려 있었다"고 국회 특위에서 밝혔다.

한 군함 건조 전문가도 프로펠러 휨은 "경험적으로 봤을 때 폭발은 아니다"라며 "개펄이나 모래 바닥에 닿으면 휜다"면서 좌초 가능성을 제기했다.

러시아 해군 전문가들은 2010년 5월 31일부터 6월 7일까지 한국에 머물면서 조사 활동을 펼쳤다. 〈한겨레〉가 단독 입수한 천안함 사고와 관련한 러시아 천안함 보고서 요약본 내용(이 책 242~243쪽 참조)은 민군합동조사단의 조사 결과와 크게 다르다. 러시아 조사단은 천안함 스크루의 손상 원인에 대해 해저면에 접촉돼 손상을 입었다고 결론 내렸다. 이는 어뢰 공격으로 프로펠러축이 순간적으로 멈춰 관성력에 의해 날개가 변형됐다는 합조단의 조사 결과와 완전히 다른 것이다.

### 러시아 보고서도 일침을 가하다

합조단 위원들은 대부분 스크루 손상에 대해서는 충분한 과학적 검증이 이뤄지지 못했다는 사실을 인정했다. 그럼에도 국방부는 스크루 날개에 긁힘 등의 흔적이 없다면서 좌초·충돌 가능성을 배제하고 기존 주장을 되풀이해왔다. 천안함 스크루 변형 형태는 '교본'에도 없는 생소한 것이다. 정부는 여전히 스크루 변형은 좌초나 충돌 등 다른 사고 원인과는 직접적인 관련이 없다며 애써 무시하고 있다. 하지만 스크루 변형이 이들과 관련이 있다는 의혹들이 잦아들지 않고 있다.

**이충신** 〈한겨레〉 e-뉴스부 기자

**03**
**흡착물**

# 그 모래와 소금, 폭발과 무관

천안함 선체와 어뢰추진체에 붙은 흡착물은 천안함 사건의 진실 규명 과정에서 민군합동조사단(합조단)의 과학적 분석에 오류가 있다는 논란을 불러왔던 사안이다. 다른 의혹과는 달리 이 사안에 대해 국방부가 적극적으로 해명하고 나선 것은 흡착물 분석 오류는 곧 '어뢰 폭발은 없었다'는 의혹과 직결되기 때문이었다. 이 사안은 실제로 사건의 결정적 증거로 지목됐던 '1번 어뢰'의 진실성 문제 등 정부 발표의 신뢰가 무너지는 아킬레스건으로 작용할 수 있는 문제였다. 하지만 천안함 최종보고서는 이 사안을 부록에 언급하는 수준으로 처리했다. 그리고 그 수록 내용에는 기존에 자신들의 해명에 동원한 논리를 스스로 뒤집는 내용도 포함됐다. 흡착물질은 과연 어디에서 왔는가, 이것이 과연 폭발물질인가. 이 물음에 대한 답을 내놓는 방법은 철저한 재조사뿐이다.

이에 따라 천안함 조사결과 언론보도 검증위원회가 10월 12일 기자회견을 열고 "천안함 사건 재조사가 절실하다"고 강조하면서 제일 먼저 꼽은 이유도 이 흡착물질이었다.

먼저 국방부의 최종보고서를 살펴보자. 최종보고서 222~225쪽에 실린 '소형 수중폭발 시험'도 의혹을 받고 있는 대표적 사례 중 하나다. 소형 수중 폭발 시험에 대해 국방부는 "수중 폭발의 이해를 용이하게 하고 천안함 절단 부위 및 연돌 내부에 다량으로 흡착된 흰색 흡착물질의 성분을 분석하기 위해 소형 수조(2×1.5×1.5m³)에 해수(4.5t)를 충전한 뒤, 알루미늄 함유 고성능 화약 15g, Booster 6g, RP87 기폭관(Detonator)을 결합하여" 시행한 폭발 시험이라고 밝히고 있다. 국방부는 "이러한 소형 수조 시험으로부터 알루미늄 판재에 흡착된 흰색 흡착물질을 얻을 수 있었으며, 이들 물질들을 정밀분석하고 비교함으로써 천안함 침몰에 대한 중요한 단서를 찾게 되었다"고 주장했다.

하지만 10월 12일 천안함 사건과 관련한 자체 최종보고서를 발표한 검

어뢰추진체 프로펠러에 흡착물이 붙어 있다.

## 3. Al-O-S 함량비에 근거한 정부 분석결과 해석

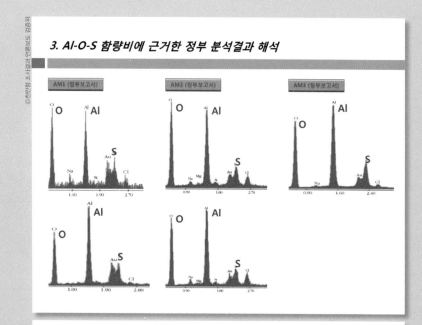

정부보고서에 나오는 천안함 선체와 '1번 어뢰' 추진체에서 나온 흡착물의 에너지분광기 분석표(AM1, AM2, AM3)와 양판석 교수가 분석한 알루미늄산화물(Al2O3) 및 바스알루미나이트[Al4(OH)10(SO4)4H2O]의 에너지분광기 분석표. 천안함과 관련된 흡착물들의 성분이 알루미늄 산화물이 아니라 상온에서 형성되는 바스알루미나이트의 성분과 비슷함을 알 수 있다. 양판석 교수는 정부보고서에 나오는 흡착물과 바스알루미나이트 성분이 약간 차이가 나는 것은 천안함 흡착물에 소금 등 이물질이 존재하기 때문이라고 해석했다.

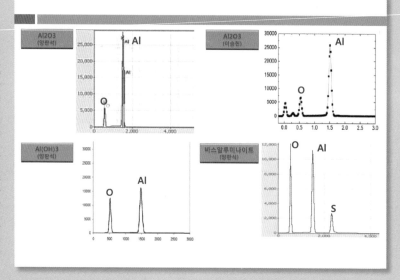

증위는 천안함 선체와 어뢰추진체의 프로펠러에서 발견된 흡착물질이, 폭발과 무관하게 상온에서 생성되는 '비결정질 바스알루미나이트'라고 강조했다. 검증위는 '비결정질 바스알루미나이트'가 상온 또는 저온에서 생성되는 수산화물이라고 밝혔다. 폭발 등으로는 형성되지 않는다는 것이다. 따라서 흡착물질이 폭발로 인한 고온 탓에 형성됐다면서 '어뢰설'의 주요 근거로 발표했던 국방부의 주장은 설득력을 크게 상실한 것이라고 주장했다.

검증위는 흡착물질을 캐나다 매니토바 대학 지질과학과 분석실장으로 있는 양판석 교수에게 보내 분석한 결과 이런 결론을 내렸다고 밝혔다. 검증위는 이 물질을 이정희 민주노동당 의원실의 도움을 받아 확보했다고 밝혔다. 양 교수는 이를 받아 9월 24일부터 10월 7일까지 엑스선회절분석(XRD), 에너지분광분석(EDS) 등 국방부가 진행한 조사 이외에도 적외선분광분석(FT-IR), 전자현미분석(EMP), 레이저라만(Laser Raman) 분광분석, 주사전자현미경(SEM) 관찰 등의 추가적인 조사방법으로 흡착물

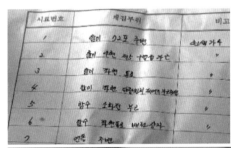
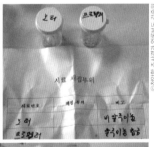

천안함 조사결과 언론보도 검증위가 이정희 민주노동당 의원실로부터 입수한 천안함 흡착물질들. 검증위는 이들을 캐나다 매니토바 대학의 양판석 교수에게 의뢰해 분석했다.

질을 분석했다.

검증위는 양 교수가 이런 추가적인 조사를 마친 결과 흡착물질의 주요 원소가 알루미늄(AI), 황(S), 염소(CI)인 것으로 확인했으며, 이들이 결합된 분자식은 '비결정질 바스알루미나이트[AI4(OH)10(SO4)4H20]'와 대단히 흡사하다는 결론을 내렸다고 전했다.

### 폭발물질은 어디에 있나

폭발물질 논란이 촉발된 것은 이승헌 버지니아대 교수(물리학)와 서재정 존스홉킨스대 교수(정치학)가 보낸 한 보고서 때문이었다. 두 교수가 보고서를 낸 시점은 합조단의 '흡착물' 분석 결과 발표가 있은 지 열흘이 지난 6월 초였다. '합조단의 흡착물 분석 결과만 봐도 천안함 사건에서는 어뢰의 폭발이 없었음이 입증된다'는 내용이었다.

여기서 흡착물은 폭발 뒤 천안함과 어뢰추진체에 남은 물질 등 폭발 증거를 의미한다. 두 교수는 합조단이 에너지분광기(EDS)와 엑스선회절기(XRD)[1]를 사용한 분석에서 오류를 발견하고 문제를 제기한 것이었다. 문제의 핵심은 알루미늄으로서 이는 충격파와 버블제트 효과를 만들어내는 현존하는 모든 어뢰에 들어가는 물질이었다.

문제의 출발점은 합조단 발표문의 경우 알루미늄 원자가 에너지분광기 분석에서는 보이지만 엑스선회절기 분석에서는 나타나지 않는다는 것이다. 두 학자는 에너지분광기와 엑스선회절기 분석 결과가 일치해야 천안함과 어뢰추진체에서 발견된 흡착물과, 실험실에서 폭발 실험으로 형성된 흡착물의 구성 원자와 화합물의 결정 구조가 동일하다는 증거가 된다고 전제했다. 물론 이것만으로 천안함과 어뢰추진체의 흡착물이 동일한 폭발체에서 형성된 것이라는 충분한 증거가 되지 않을 수도 있다. 하지만 최소한 천안함이 어뢰의 폭발로 침몰했다는 결론을 내릴 수 있다

1) 에너지분광기는 샘플에 전자빔을 쪼여 샘플에서 나오는 엑스레이의 에너지를 분석해 물질의 원자를 규명하는 장치이고, 엑스선회절기는 샘플에 엑스레이를 쪼여 엑스선이 회절되는 패턴으로 물질의 화학구조를 규명하는 장치다.

는 것이다.

　그런데 합조단이 △함수·함미·연돌 등 천안함 선체에서 발견된 흡착물질(이하 '선체물질'), △결정적 증거라고 합조단 스스로 표현하는 어뢰추진체의 흡착물질(이하 '어뢰물질'), △자체 수중 폭발 실험 뒤 검출된 물질(이하 '실험물질') 등을 대상으로 진행한 에너지분광기와 엑스선회절기의 분석 결과가 일관성을 보이지 않는다는 것이다. 에너지분광기에서 보이는 알루미늄이 선체물질과 어뢰물질 두 가지를 대상으로 한 엑스선회절기 실험에서는 보이지 않는 것이다.

　합조단은 엑스선회절기 분석 결과가 일치하지 않는 이유가 시험 폭발 조건과 실제 어뢰 폭발의 조건이 다르기 때문이라고 설명했다. 즉 "(어뢰의) 폭발 직후에만 생기는 알루미늄의 용해와 급냉각으로 비결정질(amorphous)의 알루미늄 산화물이 생기기 때문"에 엑스선회절기 분석에서 알루미늄이 발견되지 않았다는 것이다.

　이에 대해서도 두 교수는 모순점을 발견했다. 합조단의 논리처럼 실험과 실제 폭발 조건이 달라서 결과가 다르게 나왔다면 그 결과를 비교·제시하는 것은 아무런 의미가 없게 된다. 선체와 어뢰에서 나온 물질이 어떻게 해서 생성된 것인지 실험으로 확인할 수 없기 때문이다. 결론적으로 실험 조건과 비슷한 현상에 의해 나온 물질이 아니라는 것이다. 두 교수는 합조단의 실험이 폭약과 물의 양을 축소한 수조에서 실시했고 그 실험 조건에서 알루미늄과 산화물이 결정질화했다면 폭발량과 바닷물의 양이 비례적으로 늘어난 실제 상태에서는 당연히 결정질화한다고 가정하는 것이 과학적인 논증이라고 밝혔다. 결국 천안함 선체와 어뢰의 흡착물질에서 알루미늄 결정질이 발견되지 않았다는 것은 실험과 유사한 폭발이 없었다는 것을 스스로 증명한 꼴이 됐다는 것이다.

　또 이 교수는 합조단의 에너지분광기 분석에서 천안함과 어뢰에서 발

2) 엑스선 회절 이론을 개발한 브
랙 부자의 이름을 딴 것으로 피크
란 엑스선 데이터에 뾰족하게 나오
는 시그널을 말한다.

견된 흡착물에 알루미늄 원자가 있는 것이 확인되었으므로, 설사 폭발 과정에서 알루미늄이 비결정질화했더라도 엑스선회절기 분석에서 알루미늄과 알루미늄 산화물의 브랙 피크(Bragg peaks)[2] 주위로 넓적하지만 유의미한 피크가 관찰되어야 한다는 의견도 덧붙였다. 이 교수는 엑스선회절기 분석과 연구에 있어 세계적인 권위자로 꼽힌다. 그리고 이러한 지적은 현재 학계의 정설로 알려져 있다. 이 교수는 "에너지분광기에서 원자 상태로는 관찰이 되는 알루미늄이 엑스선회절기에서는 그 흔적을 보이지 않는 것은 기존 학설로는 설명할 수 없는 세계 최초로 발견된 현상"이라고 의견을 내놓기도 했다.

**합조단, 이 교수 폭발 실험에서 알루미늄 나와**

이승헌·서재정 두 교수의 주장에 대해 국방부의 이어진 반박은 없었다. 이승헌 교수는 자신의 분석이 옳다는 것을 입증하기 위해 이번에는 합조단의 결과 분석이 아니라 직접 실험을 해보기로 했다.

2010년 6월 10일 〈한겨레21〉 취재진과 만난 자리에서 공개된 이 실험은 합조단의 말처럼 폭발에 따르는 고열과 용해, 급냉각이 이뤄질 경우 알루미늄이 전부 비결정질 알루미늄 산화물로 바뀌는지를 확인하는 것을 목표로 삼았다. 우선 99.9% 순도의 알루미늄 시료를 고열에도 녹지 않는 시험관에 담은 뒤 고열을 견디는 철사로 연결해 전기로에 집어넣었다. 열은 알루미늄의 녹는점인 660도보다 훨씬 높은 1,100도까지 올렸다. 그리고 그 온도에서 40분 정도를 유지했다. 그런 뒤 철사를 당겨 2초 이내에 상온의 찬물에 집어넣어 급속히 식힌 다음 에너지분광기와 엑스선회절기 분석을 한 것이다. 여기서 사용한 에너지분광기와 엑스선회절기는 대개의 물리학 연구소라면 보유하고 있는 범용성을 가진 장비다.

이 실험 결과를 보면 합조단의 폭발 실험과 이승헌 교수의 실험 결과가

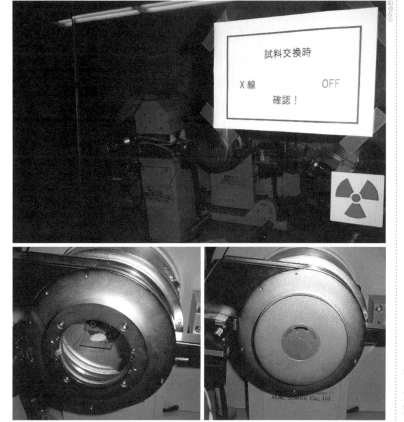

사진은 천안함 관련 엑스선회절기 실험 과정으로, 이승헌 교수는 천안함의 흡착물질과 비교하기 위해 자체적으로 실험했다.

거의 비슷하게 나왔다. 알루미늄이 상당 부분 검출된 것이다. 이 교수는 고열처리와 급속냉각 과정에서 알루미늄은 부분적으로만 산화된다는 것을 입증해 보인 것이다.

이 교수는 실험 뒤 "합조단의 발표처럼 알루미늄이 100% 산화할 확률은 0%에 가깝고, 그 산화한 알루미늄이 모두 비결정질로 될 확률 또한 0%에 가깝다"며 "합조단이 발표한 것처럼 모든 알루미늄이 100% 비결정질 알루미늄 산화물로 변해 엑스선회절기 분석에서 검출되지 않을 확률은 없다고 봐도 무방하다"고 말했다.

그렇다면 합조단이 발표했던 엑스선회절기 분석이 의미하는 바는 무엇일까. "모래와 소금밖에는 보이지 않아요. 폭발과는 상관없는 물질이죠."(이승헌 교수) 이는 알루미늄 성분이 애초에 존재하지 않았고 알루미늄이 들어간 폭발물의 폭발도 일어나지 않았다는 것이다. 실험을 통해 이 교수는 한 발짝 더 조심스럽게 내딛었다.

## 합조단 흡착물 데이터 조작 가능성

"에너지분광기에서 알루미늄이 검출됐으면 엑스선회절기에서도 알루미늄이 나와야 하고, 역으로 엑스선회절기에서 알루미늄이 나타나지 않았다면 에너지분광기에서도 알루미늄은 나타나지 않았어야 합니다. 제가 합조단 편을 들어 만약 조작 없이 합조단의 데이터가 도출됐다고 하려면 0.000001%처럼 불가능성을 의미하는 확률로 답할 수밖에 없습니다." 이 교수는 자신의 실험 결과를 논문으로 만들어 미국 코넬대에서 주관하는 과학논문 교류 사이트(www.arxiv.org)에 올려놓았다.

실험이 진행된 이튿날인 6월 11일, 국회에서는 이기봉 합조단 폭발분과장이 출석한 가운데 국회 천안함진상조사특위가 열렸다. 이 자리에서 이 과장은 "나중에 '왜 비결정질만 검출되느냐, 결정질도 나와야 한다'는 의혹이 제기됐고 추가 조사를 해 극소량의 알루미늄이 나왔다"고 답했다. 하지만 이 과장의 이런 답변은 최종보고서에 실리지 않았다. 최종보고서에는 "흡착물질의 엑스선분광기 분석 결과에서는 피크가 보이질 않으니 흡착물질에는 결정질이 존재하지 않는다"고만 밝히고 있다. 이는 폭발분과장이 국회에서 한 말을 다시 뒤집어놓은 것으로, 5월 20일 발표를 그대로 다시 옮겨놓은 것에 불과해 의혹을 더한다.

알루미늄 논란이 계속되던 6월 24일 검증위 종합보고서에 흡착물질이 폭발에 의해 이루어진 것이 아니라는 연구결과를 발표한 양판석 박사로부터 한 통의 메일을 받았다. 양 박사는 당시 메일에 담긴 보고서에서 "합조단이 내놓은 분석 결과를 검토하면 흡착물질은 폭발물질에서 발생하는 알루미늄 산화물이 아닌 것으로 보인다"는 것이었다. 양 박사의 분석은 간단하다. 흡착물질을 알루미늄 산화물(산화알루미늄)의 비율로 보기에는 알루미늄과 산소의 비율이 맞지 않는다는 것이다. 이어 양 박사는 〈한겨레21〉과 한 전화 인터뷰를 통해 "이승헌 교수가 알루미늄 용해와 급속냉각 실험에서 얻은 자료에서는 알루미늄을 1로 했을 때 산소 비율이 0.25가 되고, 미국표준기술연구소의 에너지분광기 시뮬레이션 프로그램을 사용해 얻은 산화알루미늄 분석에서도 0.23이 나왔다"며 "이 비율이 0.8~0.9로 나온 합조단의 실험물질을 폭발의 결과물인 알루미늄 산화물로 볼 수 없다"고 밝혔다.

**폭발물질, 수산화알루미늄 논란**

국방부는 이번에도 즉각적으로 반박했다. 합조단은 6월 29일 기자협회·언론노조 등 언론단체를 상대로 한 설명회에서 "양 박사의 주장은 흡착물질 안에 수분(습기)이 40% 정도 포함된 것을 간과한 결과"라며 "수분에 산소가 포함돼 있기 때문에 산소 비율이 높게 나온 것"이라고 반박했다. 합조단은 "수분은 발표 자료 가운데 에너지분광기 분석 그래프가 아닌 별도의 표에 나와 있다"고 말했다.

하지만 국방부의 수분과 관련된 반박은 자충수였다. 이번에는 이승헌 교수와 양판석 박사가 동시에 재반박에 나섰다. 양 박사는 국방부 발표 다음날인 6월 30일 〈한겨레21〉과의 전자우편 인터뷰를 통해 "합조단은 자신들이 발표한 자료에 기록된 수분 36~42%가 폭발물질이 함유하고 있는 '습기'인 것처럼 말한다"며 "하지만 이는 실험의 상식을 벗어난 말"이라고 지적했다. 왜냐하면 "에너지분광기 분석 실험을 진행하는 과정에서는 필연적으로 습기는 100% 제거"되기 때문이다. 양 박사는 우선 합조단의 에너지분광기 분석 결과에 금(Au)이 나타난 것을 지적했다. 그는 "에너지분광기 분석에서는 시료를 전도체로 만들기 위해 금으로 코팅을 한다. 합조단도 코팅을 했다는 증거"라며 "코팅을 하기 전에 시료의 습기를 없애기 위해 오븐(또는 드라이기)에서 건조를 한다"고 설명했다. 이어 "습기가 남아 있다고 하더라도 코팅을 하면서 습기는 사라지게 된다"며 "그다음이 전자선으로 시료를 쬐는 과정인데 전자선의 열은 빔 크기나 전류 세기에 따라 다르지만 물질 표면의 온도를 수백 도까지 높여 습기가 남아 있을 수 없다"고 말했다. 공동연구자인 이승헌 교수도 지난 6월 30일 〈한겨레21〉과의 전화 인터뷰에서 "합조단이 말하는 수분이라는 것은 수산화알루미늄으로 존재하는 수소와 산소를 착각한 것일 뿐"이라며 "또 에너지분광기 실험은 진공상태로 진행되기 때문에 습기가 존재할 수 없다"고 강조했다.

합조단이 제시한 자료인 엑스선회절기 분석 결과도 습기가 존재하지

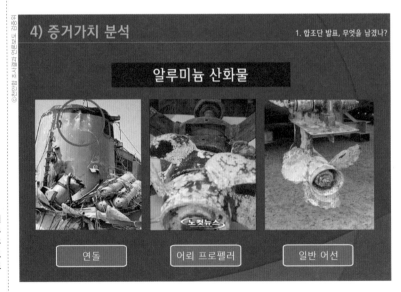

언론 3단체 검증위는 6월 4일 발표한 자료에서 '1번 어뢰' 추진체 프로펠러에 붙어 있는 흡착물과 같은 물질이 일반적으로 낡은 어선 프로펠러에서도 발견된다고 지적했다.

않음을 입증하는 근거다. 양 박사는 "합조단의 엑스선회절기 분석 결과를 보면 소금(NaCl)이 보이는데, 원래 소금은 물에서 이온 상태($Na^+$, $Cl^-$)로 있다가 수분을 증발시키면 소금의 결정이 된다"며 "이온 상태에서는 소금이 검출되지 않는 만큼 그 분석 결과에서 소금이 보이는 것은 흡착물질이 이미 건조됐다는 또 하나의 증거"라고 말했다.

과학잡지 〈네이처〉는 7월 8일 (영국 시각) '침몰한 한국 함정을 둘러싼 논쟁'이란 제목의 온라인판 뉴스를 실었다.

국방부는 더 이상 답하지 않았다. 그리고 최종보고서에는 이 논란의 과정은 실리지 않았다. 국방부 분석의 오류가 정정되지 않았음은 물론이고 해명 과정에서 나온 모순 또한 답을 내놓지 못했다.

하지만 알루미늄 성분을 둘러싸고 의혹은 계속되고 있다. 특히 해외 언론은 이승헌·서재정 교수의 실험과 주장에 호응하고 있다. 황우석 사건 당시 의혹 규명에 앞장섰던 세계적인 과학잡지 〈네이처〉뿐만 아니라 〈에이피〉 〈엘에이 타임스〉 등 세계적인 언론들이 두 교수의 의혹 제기를 비중 있게 다룬 것이다. 양 교수도 10월 12일 검증위를 통해 발표한 내용을 과학잡지 〈네이처〉에 실을 것이라고 밝혔다. 그럼에도 정작 국내 학계의 침묵은 계속됐다. 그래서였을까. 국방부는 이승헌 교수의 의혹 제기 이후 알루미늄 산화물의 존재에 대한 태도를 번복했으면서도, 정작 이 교수의 실험에 대해서는 "대장간에서 달군 쇠를 담금질한 수준"이라거나 "엉뚱한 조건에서 한 실험 결과"라고 폄하하기 바쁘다. 이승헌·서재정·양판석, 자신의 학자적 양심을 건 이 연구자들은 현재 국회 등 공신력 있는 제3자가 다시 실험을 할 것을 제안하고 있다. 국방부는 여전히 침묵하고 있다.

하어영 〈한겨레〉 한겨레21부 기자

# 카메라는 왜 9시 17분에 멈추었나

시시티브이(CCTV), 즉 폐쇄회로텔레비전은 관공서 등 특정 공간에 고정해놓은 카메라를 말하는 것으로, 주로 보안 및 감시용으로 사용된다. 해당 공간에서 범죄와 같은 유사 상황이 발생할 경우 용의자의 인상착의는 물론 정확한 시간과 장소, 상황 등을 확인할 수 있는 중요 증거 자료가 된다.

2010년 3월 26일 사고를 당한 천안함 내부에도 시시티브이가 설치돼 있었다. 국방부는 그동안 천안함 내부 열한 곳에 설치돼 있던 시시티브이 중여섯 대의 부분 복원에 성공했다고 밝혀왔고 최종보고서에도 그렇게 서술했다.

### 천안함 내 시시티브이는 모두 무용지물?

그 복원된 영상을 본 사람은 드물다. 영상을 복원한 업체는 "군 감시관 입회 하에 복원 작업을 한 데다 기밀 유지 계약을 했기 때문에 우리는 복원 작업만 했을 뿐 해당 영상을 전혀 보지 못했다"고 밝혔다. 합조단 민간위원으로 활동했던 노인식 충남대 교수도 "편집된 영상을 잠깐 봤을 뿐"이라고 말했다. 천안함 희생자 유가족들에게도 영상의 일부만이 편집된 채로 공개됐다.

국방부에 따르면 복원된 영상 속에 긴급한 상황은 없다. 장병들이 운동을 하고 당직근무를 하는 등 평소와 전혀 다를 바 없다는 것이다. 또한 이 상황은 밤 9시 20분 58초까지 지속된다고

합조단이 최종보고서에 발표한 천안함의 CCTV 사진. 이 6장의 사진 속에서 발견되는 박성균 하사는 얼룩무늬 작업복을 입고 있지만 4월 24일 함수인양 때는 CCTV 속 복장과 달리 검은색 동절기 근무복을 입고 있었던 것으로 알려졌다.

한다. 국방부는 천안함의 시시티브이가 전류가 끊기기 1분 전까지 녹화되도록 설정돼 있었다고 설명했다.

다시 말하자면 천안함은 국방부가 주장하고 있는 '공식 사고 시각' 9시 21분 58초까지 좌초 등 긴급한 상황 없이 평소대로 운행하고 있다가, 21분 58초에 모종의 이유로 일시에 전류가 끊겼다는 것이다. 또한 사고 순간 1분 전에 녹화가 끊겼으므로 정작 사고 순간을 담은 영상은 없다는 것이다.

그러나 〈한겨레〉 취재 결과 국방부는 천안함 내부 시시티브이와 관련한 정보를 상당 부분 왜곡·은폐한 것으로 드러났다. 이 정보들은 오히려 국방부 발표의 신뢰성을 심각하게 훼손시킨다. 이는 상당 부분 국방부가 자초한 측면이 크다.

우선 천안함 내부 시시티브이 영상은 '여섯 대만 부분 복원됐다'는 국방

부의 설명과 달리 '100%' 복구된 것으로 드러났다. 천안함의 시시티브이 통제용 컴퓨터 하드디스크를 복구한 데이터 복구 전문업체 '명정보기술'의 한 간부급 인사는 지난 8월 31일 〈한겨레〉와의 전화 인터뷰에서 "시시티브이 통제 용도로 쓰였던 컴퓨터 하드디스크 데이터를 100% 모두 복구했다"고 밝혔다. 군의 요구대로 사고 당시인 3월 26일 밤 9시에서 9시 30분 사이의 영상을 우선적으로 복구했으며, 이후 나머지 부분도 전부 복구하는 데 성공했다는 것이다. 그 분량은 500기가바이트에 달한다고 한다.

전류가 끊기기 1분 전까지 녹화된다는 설명에 대해서도 의문을 제기하는 목소리가 잇따른다. 한 시시티브이 설치 전문업체의 이아무개 대표도 이에 대해 "믿기 힘들다"고 말했다. 그는 "도둑이 들었다고 치면, 1분 이내에 범행을 저지르고 카메라 전선을 끊어버리면 전혀 증거가 남지 않는다는 얘긴데 그런 허술한 시시티브이가 어디 있느냐"고 반문했다.

또한 천안함 내부 시시티브이의 마지막 녹화 시각은 9시 20분 58초가 아니라 9시 17분 3초다. 이 사실은 7월 27일 〈한겨레〉가 단독 입수해 보도한 러시아 천안함 보고서 요약본에 의해 드러났다. 러시아 조사단은 시시티브이의 마지막 녹화 시각이 9시 17분 3초일 뿐 아니라 천안함 승조원이 12분께에 백령도 해안 초병과 통화하면서 동료의 부상 사실을 알렸다고 적시했다. 합조단의 공식 사고 시각에 의문을 제기한 것이다.

〈한겨레〉보도 뒤 국방부는 천안함 내부 시시티브이가 실제 시간과 3분 55초 오차가 난다고 해명했다. 총 열한 대의 시시티브이가 설치된 시점은 2009년 9월이고 '미드텍스'라는 업체가 설치했다. 미드텍스는 〈한겨레〉의 거듭된 취재 요청에도 끝내 인터뷰를 거절했다. 그러나 국방부 조사본부의 김옥련 중령은 "미드텍스에 물어보니 처음에 설치할 때는 정확히 실제 시각에 맞게 설정했다고 하더라"고 확인했다. 이를 종합하면 천안함 내부 시시티브이는 설치 6개월 만에 3분 55초나 더디게 가는 고장이 났다는 것이다. 이런 일이 가능할까?

시시티브이 업체 이아무개 대표는 시간 오차에 대한 합조단의 설명에 대해 "말이 안 된다"고 잘라 말했다. 그는 "(6개월 만에) 시간 오차가 나는 경우는 일반 기종의 경우 백 대 중의 한 대이고 천안함과 같은 군 시설에 납품하는 고성능 기종이라면 고장 확률은 천대 중의 한 대로 줄어든다"고 말했다. 그는 또 "그것도 10~20초 정도 오차가 나는 정도"라며 "어느 시시티브이 업체에 문의해봐도 답은 같을 것"이라고 덧붙였다. 군의 설명대로 시시티브이 여섯 대가 모두 고장 날 확률을 계산해보면 사실상 이는 불가능에 가깝다고 봐야 한다.

## 혼란만 가중시키는 시시티브이

미스터리는 이뿐이 아니다. 〈한겨레〉가 국회 천안함진상조사특위 위원이었던 민주당 최문순 의원실로부터 단독 입수한 자료에 따르면 국방부가 복구했다고 밝힌 시시티브이 여섯 대의 영상 길이와 최종 종료 시각이 제각각이며, 종료 시각은 최대 4분가량 차이가 나는 것으로 밝혀졌다. 국방부도 9월 13일 내놓은 천안함 최종보고서 안에 이런 내용을 짤막하게 포함시켰다.

러시아 조사단이 언급한 9시 17분 3초는 가스터빈실 후부에 설치된 시시티브이의 마지막 녹화 시각이다. 승조원들이 운동을 하고 있던 후타실 후부도 가스터빈실 후부와 비슷한 시간대인 9시 17분 1초에 영상이 끊겼다. 한편 디젤기관실 후부는 이보다 4분이 빠른 9시 13분 6초부터 영상이 저장되지 않았다.

이에 대해 국방부 조사본부의 김옥련 중령은 "(천안함 내부 시시티브이는) 움직임이 감지될 때만 저장하도록 (설정이) 돼 있다"며 "실제로는 가스터빈실 후부와 마찬가지로 모두 3분 55초 시간 오차가 나는 것인데 이곳을

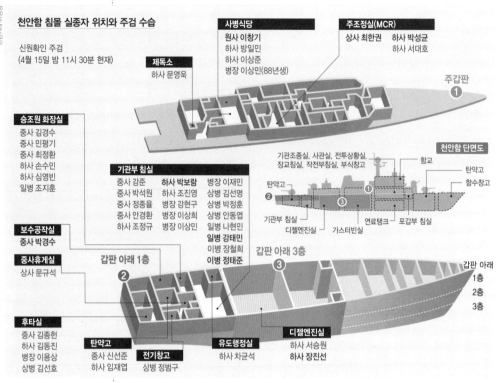

**천안함 침몰 실종자 위치와 주검 수습**

신원확인 주검
(4월 15일 밤 11시 30분 현재)

**사병식당**
원사 이창기
하사 방일민
하사 이상준
병장 이상민(88년생)

**주조정실(MCR)**
상사 최한권　하사 박성균
　　　　　　　하사 서대호

**제독소**
하사 문영욱

**주갑판**
① 

**승조원 화장실**
중사 김경수
중사 민평기
중사 최정환
하사 손수민
하사 심영빈
일병 조지훈

**기관부 침실**
중사 강준　　하사 박보람
중사 박석원　하사 조진영
중사 정종율　병장 강현구
중사 안경환　병장 이상희
하사 조정규　병장 이상민

병장 이재민
상병 김선명
상병 박정훈
상병 안동엽
일병 나현민
**일병 강태민**
이병 장철희
**이병 정태준**

**천안함 단면도**

기관조종실, 사관실, 전투상황실,
장교침실, 작전부침실, 부식창고

탄약고
②

함교

탄약고

함수창고

기관부 침실

디젤엔진실

가스터빈실

연료탱크

포갑부 침실

①

③

**보수공작실**
중사 박경수

**중사휴게실**
상사 문규석

**갑판 아래 1층**
②

**갑판 아래 3층**
③

갑판 아래
1층
2층
3층

**후타실**
중사 김종헌
하사 김동진
병장 이용상
상병 김선호

**탄약고**
중사 신선준
하사 임재엽

**전기창고**
상병 정범구

**유도행정실**
하사 차균석

**디젤엔진실**
하사 서승원
**하사 장진선**

제외한 나머지 다섯 곳에서 움직임이 감지되지 않아서 각각 다른 시각에 끊긴 것"이라고 해명했다. 이런 '모션 디텍트(motion detect)' 방식은 시시티브이 촬영 각도에 누군가 또는 무엇인가가 움직일 때만 기록에 남기 때문에 길이와 종료 시각이 각각 다를 수 있다. 사고 당일 밤 9시에서 9시 30분 사이에 천안함 내부에 설치된 시시티브이 열한 대 중 여섯 대에만 영상이 저장됐다는 것도 같은 맥락에서 이해할 수 있다. 영상이 저장되지 않은 다섯 곳은 주로 병기고나 창고 같은 곳으로, 움직임이 감지되지 않았을 가능성이 크다. 그러나 이 모션 디텍트 시스템을 감안해도 당시 천안함 내부의 정황과 비교하면 납득할 수 없는 부분이 여전히 존재한다.

　가장 늦은 시각까지 촬영된 가스터빈실 후부 영상은 당시 당직이 없었

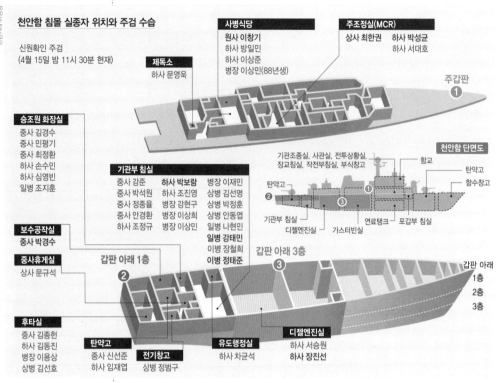

는데도 14분 43초 동안이나 촬영됐다. 천안함의 기관장 이채권 대위는 8월 20일 평택시 해군2함대 사령부에서 이뤄진 민주당 신학용 의원(국방위)과의 면담에서 "당시 가스터빈은 작동하지 않고 있었기 때문에 순찰자 외에는 가스터빈실에 갈 사람이 없었을 것"이라고 말했다. 한 전직 해군 장교도 "가스터빈실은 가동하지 않으면 당직이 없다"고 확인했다. 그런데도 가스터빈실 촬영이 이루어졌다면, '모션 디텍트' 방식으로 작동한다는 것을 감안할 때, 누군가 가스터빈실에서 사고 직전까지 예외적으로 무슨 일을 하고 있었다고밖에 해석할 길이 없다. 가스터빈실은 천안함 함수와 함미가 분리된 지점이다.

둘째, 가스터빈실과 반대로 당직자가 근무를 서고 있던 '디젤기관실 전부'의 영상은 밤 9시 13분 16초에 일찌감치 끊겼다. 국방부가 9월 13일 낸 천안함 최종보고서에 수록된 시시티브이 캡처 사진을 보면, 이곳에서 고(故) 서아무개 하사 등 2명이 근무를 서고 있었다. 특히, 서 하사의 주검은 천안함 함미 인양 때도 같은 장소에서 발견돼, 사망 순간까지 디젤기관실에 계속 머물렀던 것으로 추정된다. 그럼에도 시시티브이가 밤 9시 13분 16초를 마지막으로 촬영을 멈춰 의문이 증폭된다.

국방부 조사본부 김옥련 중령은 서 하사의 존재에도 불구하고 디젤기관실 전부의 영상이 밤 9시 13분 16초에 끊긴 이유를 묻자 "그건 시간 오차라고밖에 판단이 안 된다"고 밝혔다. 그러나 이는 국방부가 실제 사고 시각이라고 주장하는 밤 9시 21분 58초와 큰 차이가 난다. 이 큰 차이를 정말 시간 오차 때문이라고 봐야 하는 것일까?

시시티브이 캡처 사진 여섯 곳 중 다섯 곳에 등장하는 박아무개 하사의 행적도 의문을 자아낸다. 사진 속에서 박 하사는 얼룩무늬 군복을 입고 안전 순찰을 돌고 있다. 그런데 그의 주검은 함수 쪽 자이로실에서 나왔다. 함수 쪽에서 발견된 시신은 그가 유일하다. 문제는 그의 복장인데,

박 하사의 시신은 사진 속 복장과 달리 검은색 동절기 근무복을 입은 채 발견됐다. 사진 속 상황과 그가 사망한 상황 사이에 일정한 시간 간격이 있음을 알 수 있다.

국방부는 국회 천안함특위가 해체되기 전에 특위위원들에게 이 사진을 별첨으로 첨부한 문서를 공개하면서 시시티브이와 관련해 다음과 같이 설명했다.

"정전(21시 22분) 1분 전인 21시 21분 상황으로 추정되는 영상에는 가스터빈실과 디젤기관실의 모습, 안전당직자 순찰 모습, 후타실에서 체력단련 중인 모습이 확인되었으며, 관찰된 격실의 정상적인 모습, 인원들의 복장과 표정, 함정의 안정적 운항 상태 등으로 볼 때, 천안함은 사건 발생 직전에 좌초 등 비상상황 없이 일상적인 상태였던 것으로 분석되었다."

그러나 시시티브이가 끊긴 시간들을 고려할 때 무엇을 근거로 이것을 '21시 21분 상황'으로 추정했는지 알 길이 없다. 국방부가 공개한 사진이 복원 영상의 마지막 장면을 보여주고 있다고 믿기도 어렵다. 모든 시시티브이가 어뢰 등의 강력한 충격에 의해 한꺼번에 전류가 끊긴 것인지도 의문이다.

공교롭게도 이 13분에서 17분 사이는 문화방송(MBC)이 공개한 바 있는 해군 및 해경 상황일지의 최초 상황 발생 보고 시각과 유사하다. 이에 따르면 해군과 해경은 모두 밤 9시 15분에 최초 상황 발생 보고를 한 것으로 돼 있다. 해양경찰청은 사고 이틀 뒤인 지난 3월 28일 사고 시각을 26일 밤 9시 15분이라고 적은 보도자료를 내기도 했다. 또한 천안함 사망자 차아무개 하사가 여자친구와 32분간 주고받은 핸드폰 문자 메시지의 최종 발신 시각은 밤 9시 16분이다. 때문에 사건 초기 한동안 실제 사고 시각이 15~16분 사이가 아니냐는 관측이 돌기도 했다. 그러나 4월 초 합조단이 백령도에서 지진파가 관측된 시각이 밤 9시 21분 58초라고 밝히면서 사고 시각에 대한 논란은 한동안 가라앉았다.

정확한 사고 시각을 밝히는 것이 중요한 이유는 사고 시각이 사고 장소와 밀접한 관계가 있기 때문이다. 공식적으로 알려진 천안함의 사고 당시 속도는 시속 11.34km다. 1분에 189m를 이동한다고 볼 수 있다. 만일 시시티브이의 마지막 녹화 시각인 밤 9시 17분에 긴급한 상황이 발생했다면 사고 장소는 현재의 '공식 폭발 원점'으로부터 역 진행 방향으로 945m 후퇴한다. 만일 밤 9시 13분에 1차로 긴급한 상황이 벌어졌다고 가정하면 1차로 발생한 긴급 상황 장소와 공식 폭발 원점과의 거리는 1,701m나 차이 난다.

국방부는 공식 폭발 원점은 수심도 깊을 뿐 아니라 근처에 암초 등이 없어 좌초의 가능성이 없다고 주장해왔다. 결정적 증거라는 '1번 어뢰' 파편도 공식 폭발 원점에서 최대한으로 잡아도 250m도 안 되는 곳에서 수거했다. 사고 시각이 국방부 주장과 다르면 사고 장소도 어긋나게 되고, '스모킹 건(smoking gun)[1]'의 증거 능력도 상실될 수밖에 없다.

국방부는 13분에서 17분까지 다양한 시시티브이의 최종 녹화 시각을 처음부터 명시하지 않은 이유에 대해 "실제 시각과 시시티브이에 설정돼 있는 시각에 많은 차이가 있어 일부 오해를 살 수 있을 것 같아 명시하지 않았다"고 밝혔다. 납득하기 힘든 대목이다. 최문순 의원은 "시시티브이는 정확한 사고 시각 및 사고 원인을 밝히는 데 중요한 단서임에도 합조단이 고의적으로 자료를 선별해 공개하거나 의미를 깎아내리는 등 의혹을 키우고 있다"고 지적했다.

**김도성** 〈한겨레〉 하니TV부 피디

## 05
# 엇갈리는 장소

# 지진파, 초병 진술, KNTDS 항적은
# 다른 곳을 가리킨다

천안함 사고 발생 지점은 사고 원인을 규명하는 데 있어 가장 정확해야 할 요소다. 그래야 제대로 된 원인을 규명할 수 있기 때문이다. 하지만 사건 초기부터 시간과 장소는 의혹투성이였다. 국방부는 민군합동조사단이 지난 4월 7일 백령도 서남쪽 2.5km 해역을 사고 발생 지점으로 공식 발표하기 전까지 사고 지점을 몇 차례나 바꾸었다. 하지만 천안함 최종보고서가 나온 뒤에도 사고 발생 지점에 대한 의혹은 여전히 가시지 않고 있다.

### 군-해경, 누가 진실을 말하나

군과 해경은 사고 발생 당일인 지난 3월 26일부터 천안함 최초 사고 지점을 놓고 혼선을 일으켰다. 합조단은 4월 7일 사고 발생 지점 좌표(124-36-02E, 37-55-45N)를 공식 발표했다. 천안함 사건 당일 발생한 지진파가 일어난 것으로 추정되는 지점이다. 이 지점 자체도 현재 많은 논란을 불러오고 있지만, 국방부가 이 지점을 사고 발생 장소로 공식 발표하는 데까지도 혼선은 적지 않았다.

우선 해경은 3월 26일 최초 사고 접수 때 사고 지점 좌표(37-50N, 124-36E)를 발표했는데, 백령도 남서쪽 6.5마일 해상이라고 밝혔다. 이곳은 백령도 남서쪽이라기보다는 대청도 서쪽이라고 해야 맞는 지점이다. 백령도와는 10km 정도 떨어져 있지만, 대청도와는 5km 정도 떨어져 있다. 국방부는 사고 발생 직후 사고 발생 지점을 '백령도 서남쪽 1.8km'라고 발표했는데, '37-55N, 124-37E' 지점이다. 이곳은 수심이 약 20~30m 정도로 통상적인 초계함의 작전 항로가 아니다. 해경이 발표한 지점은 해군이 발표한 지점과 거리 차이가 꽤 났다. 해경은 이날 2차 상황보고서에서 백령도 남서방 2마일 지점(124-37-12E, 37-55-00N)을 사고 지점으로 발표해 사고 발생 좌표를 해군과 같은 좌표로 정정했다. 초기 이 같은 차이가 난 데 대해 해경은 "단순한 착오였다"고 해명했다.

사고가 발생한 지점과 침몰 지점에 대한 군과 해경의 설명도 서로 엇갈린다. 해경은 "신고를 받고 현장에 도착해 보니 애초 신고받은 지점에서 5km가량 해류에 휩쓸려 떠내려가 있었다"고 밝혔다. 하지만 합참 관계자는 3월 28일 밤까지 "사고 발생 지점과 침몰 지점은 거의 같은 곳"이라고 다른 말을 했다.

군이 실종자 가족들에게 최초로 침몰 사고를 설명할 때, 해도 위에 '최초 좌초위치 분석결과'라고 적혀 있던 것도 논란거리다. 이 지점(124-36-50E, 37-56-30N)은 평균 수심이 6.4m다. 이에 대해 해군은 "유족이 독자 판단으로 적은 듯하다"고 해명했다. 하지만 유가족 대표는 "군 관계자가 적은 게 맞다"고 상반된 입장을 폈다.

해군이 공식 발표한 사고 장소는 이후 지속적인 논란에 휩싸였다. 우선 해군전술지휘통제시스템(KNTDS) 좌표와의 차이다. 이 좌표는 천안함 항적을 알 수 있는 유일한 자료다. 군은 여전히 해군전술지휘통제시스템

## 천안함 사고 발생 추정 지점들

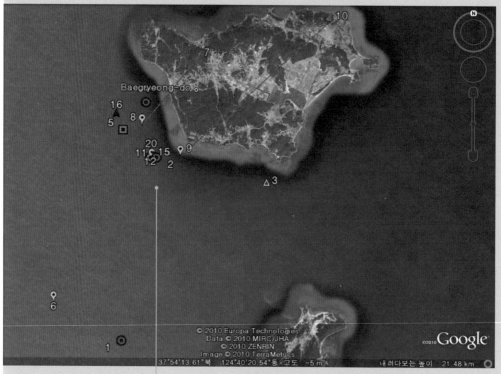

천안함 사고와 관련된 좌표 위치를 구글어스를 이용해 표시했다. 천안함 사고 초기 군과 해경에서 발표한 사고 지점, 한국지질자원연구원과 기상청에서 추정한 지진 발생 지점, 천안함 항적, 새로운 지진파 발생 추정 지점 위치다.

1 해경 상황보고서 최초 사고 지점(3월 26일)
2 해경 2차 상황보고서 사고 지점(3월 26일)
3 해경 상황보고서 부표 설치 지점(3월 26일)
4 실종자 가족 설명회에서 '최초 좌초 위치 분석 결과'라고 적혀 있던 지점
   (3월 27일)
5 합조단 발표 폭발 원점(4월 7일)
6 지질연 지진파 발생 추정 지점(3월 27일 보고서)
7 지질연 지진관측소 중앙센서 위치
8 지질연 공중음파 추정 지진 발생 지점(3월 30일 보고서)
9 기상청 추정 지진 발생 지점(3월 27일)
10 기상청 백령도 지진관측센서 위치
11 천안함 항적(21시 11분)
12 천안함 항적(21시 12분 11초)
15 ㅎ 교수가 3곳의 지진관측소 자료로 분석한 지진파 발생 지점
16 KNTDS 신호 소멸 지점(21시 25분)
20 해군에서 발표한 초기 사고 발생 지점

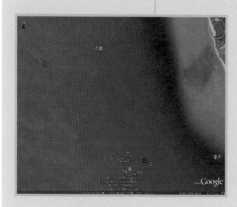

에 나타난 천안함 전체 항적을 군사기밀이라며 공개하지 않고 있다. 하지만 민주당 박영선 의원은 5월 24일 국회 천안함특위에서 김태영 장관에게 "KNTDS상에 나와 있는 사고 발생 지점의 좌표와 해군이 발표한 좌표가 차이가 난다"며 해명을 요구했다. 해군전술지휘통제시스템의 좌표(124-35-47E, 37-56-01N)와 해군이 발표한 좌표(124-36-02E, 37-55-45N)는 무려 600m나 차이가 난다는 것이다. 좌표가 서로 다르다는 박 의원의 질문에 김태영 장관은 "좌표가 틀렸다면 저희가 다시 시정을 하겠습니다"고 답변해 해군전술지휘통제시스템 좌표의 신뢰성을 의심받게 했다.

### KNTDS 좌표가 말하는 것

해군전술지휘통제시스템에서 천안함이 소멸한 시점도 불분명하다. 21시 21분 57초에 배가 침몰했다고 발표했는데 통제시스템에는 천안함이 침몰했다는 시각 이후에도 21시 25분까지 3분 동안 정상적인 속도(6.5노트)로 항해한 것으로 데이터가 나와 있다. 이에 대해 김태영 장관은 5월 28일 천안함 특위에서 "(KNTDS는) 21시 25분 소멸했다"며 그 이유에 대해 시스템의 특성상 침몰한 뒤 3분여를 더 표시하게 돼 있다는 것이다. 즉 소멸은 21시 25분에 했지만, 침몰한 것은 그보다 3분 전인 21시 21분 57초라는 말이다. 24일 국회 천안함특위에서 박영선 의원이 해군 발표 사고 좌표와 KNTDS 좌표가 다르다고 문제를 제기했을 때, 박 의원이 제시한 KNTDS 좌표는 천안함이 3분 더 기동한 21시 25분 좌표였다는 것이다. 하지만 3분이면 군사작전상 큰 상황 변화가 있을 시간이라는 점을 들어 소멸된 뒤 3분여를 더 표시한다는 국방부 해명에 의혹이 잇따라 제기되기도 했다.

천안함 사고 위치와 관련해 또 하나 참고할 만한 진술은 천안함 사고 당시 백령도 서쪽 해안 ○○○초소에서 근무한 박아무개 상병과 김아무개 상병의 진술이다. 두 상병이 천안함 사고 지점으로 지목하는 곳은 국방부가 밝힌 공식 장소보다 해안 쪽에 더 가깝다.

## 거짓말탐지기까지 동원해놓고 백령도 초병 진술 왜곡

우선 두 상병은 "두무진 쪽에서 하얀 빛을 봤다"고 같은 진술을 하고 있다. 박 상병은 3월 28일 1회, 김 상병은 4월 2일과 4월 4일 2회에 걸쳐 자필진술서를 제출했다. 합조단은 5월 2일 두 병사에 대해 거짓말탐지기 검사를 실시한 결과 진실 반응을 보였다고 밝혔다. 박 상병은 "21시 23분에 낙뢰 소리와 비슷한 소리를 들었고 쿵 소리와 함께 하얀 불빛이 ○○○초소 기준 방위각 280도 4km 지점에서 보였다"고 진술했다. 방위각 280도는 정확한 서쪽 방향보다 북쪽으로 기운 북서쪽이다. 박 상병은 "좌쪽이 더 밝았고, 우쪽은 두무진 돌출부에 불빛이 가려진 상태였다"고 말했다. 박 상병은 이어 "그 후 21시 30분경 ○○○초소 기준 방위각 170도, 2km 지점에서 해군 함정 3척이 와서 구조했다"고 밝혔다.

김 상병도 "쾅 하는 소리와 동시에 4~5km로 추정되는 거리에서 하얀 빛이 퍼졌다가 소멸하는 것을 보았다"고 진술했다. 김 상병은 "사고 발생 지점은 평소 관측 범위로 두무진 돌출부 쪽이었다"고 증언했다. 김 상병은 2차 진술에서도 1차 진술 때와 같은 진술을 했다.

두 초병의 증언대로라면 사고 발생 지점은 두무진 돌출부 쪽과 가깝거나 해군함정이 와서 구조한 지점인 백령도 서남쪽이다. 특히 백령도 서남쪽 방향인 '○○○초소 기준 방위각 170도, 2km 지점'은 사건 초기 해군과 해경이 밝힌 사고 지점과 비슷한 곳이다.

하지만 초병의 진술은 최종보고서에서 교묘하게 바뀌었다. 보고서에 담긴 초병의 주요 진술 내용에는 "해안초소 경계근무 중, '쿵' 하는 소리를 듣고 해상 전방 약 4km, 방위각 270도를 쳐다보니 하얀색 섬광 불빛(폭

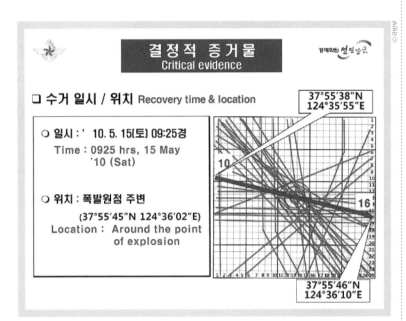

결정적 증거물
Critical evidence

전예위원 신상철

□ 수거 일시 / 위치 Recovery time & location

○ 일시 : ' 10. 5. 15(토) 09:25경
Time : 0925 hrs, 15 May
'10 (Sat)

○ 위치 : 폭발원점 주변
(37°55′45″N 124°36′02″E)
Location : Around the point
of explosion

37°55′38″N
124°35′55″E

37°55′46″N
124°36′10″E

오른쪽 그래프의 수많은 선들은 결정적 증거물을 건져 올리기 위한 쌍끌이어선의 동선을 나타낸다. 국방부가 주장하는 폭발 원점을 중심으로 어선이 움직였음을 확인할 수 있다. 그러나 실제 사고 지점이 몇 백m만 바뀌어도 이런 작업을 통해 '1번 어뢰' 추진체를 건져 올린다는 것은 불가능하다.

20~30m, 높이 약 100m)이 보였다가 2~3초 후 소멸됨(상병)"이라고 실었다. 애초 초병이 진술한 방위각 '280도'를 '270도'로 슬쩍 바꿔놓았고, '두무진'이라는 단어는 아예 사라졌다. 북서쪽 두무진 돌출부보다는 합조단이 밝힌 폭발 원점과 더 관련성이 있는 것처럼 보이기 위한 의도가 짙다. 최종보고서에는 섬광 목격 진술을 물기둥의 존재를 뒷받침하는 증거로 버젓이 기록해놓고 있다.

### 천안함 항적, 진술, 지진파의 엇갈린 상관관계

천안함은 사고 당일 백령도 서쪽 해역에서 기동하고 있었다. 천안함은 3월 16일 평택항을 출항해 백령도 부근에 배치됐다. 사고 전날인 3월 25일에는 기상 악화로 잠시 대청도로 피항했다. 합조단은 4월 7일 생존 장병 기자회견에서 "천안함은 3월 25일 서해 풍랑주의보로 경비구역을 이탈해 대청도로 피항했다가 사고 당일인 3월 26일 아침 일찍 다시 정상 위치로 돌아가 작전을 수행 중이었다"고 밝혔다. 천안함은 사건 당일 21시쯤에 백령도 서쪽 해역에서 남동쪽으로 움직이고 있었다. 천안함은 이날 21시 7분부터 좌현 쪽으로 선회해 21시 9분에 진로를 완전히 북서쪽으로 바꿔 다시 북서쪽으로 올라갔다.

국방부에서 초기에 사건 발생 위치로 추정한 지점은 바로 천안함이 남동쪽으로 내려오다가 다시 북서쪽으로 올라가기 위해 좌현 쪽으로 돌며 방향을 전환하는 지점과 거의 일치한다. 기상청도 초기에는 이 지점을 지진파 발생 지역으로 추정했다. 기상청 관계자는 "사고 초기 국방부에서 사고 지역으로 발표했기 때문에 지진파 발생 지점으로 잡았다"고 설명했다. 이 지점과 기상청 백령도 지진관측소와의 거리는 약 10km 정도다.

## 지진파, 사고 발생 지점 확인 열쇠

지진파 또한 천안함 사고의 원인을 규명할 수 있는 중요한 열쇠다. 기상청 백령도 지진관측소는 지난 3월 26일 밤 9시 21분 58초께 리히터 규모 1.5의 지진파를 감지했다. 사고 지점과 지진관측소 사이의 거리는 10km 정도다. 사고 지점과 5km 정도 떨어진 한국지질자원연구원(지질연) 관측소에서도 지진파·공중음파가 관측됐다. 지질연과 기상청은 사고 발생 뒤 지진파·공중음파를 분석한 자료를 군에 제출했다. 이날 발생한 지진파 자료는 천안함 사고 지점과 시간을 특정하는 데 결정적 역할을 했다. 전문가들은 지진파의 파형을 볼 때 자연지진은 아니라는 데에는 대부분 동의했다. 그러나 이 파형으로 천암함 사고 원인을 추정할 수 있는지에 대해서는 견해가 엇갈렸다. 지진관측소가 사고 지점과 너무 가까운데다 관측된 파형이 하나뿐이어서 명확한 판단을 하기에는 불충분하다는 견해가 많았다. 지진파로 지진이 발생한 지점과 규모를 측정하려면 최소 세 곳의 관측 자료가 있어야 하기 때문이다.

최근 지질연이나 기상청과는 다른 연구 결과가 확인됐다. 지진파 취재 도중 만난 ○대학교 ㅎ아무개 교수는 백령도 지진파와 관련하여 아직 언론에 알려지지 않은 새로운 사실들을 밝혔다. ㅎ 교수는 지진파 연구를 하게 된 이유에 대해 "과학자로서 천안함 침몰 원인이 뭔지, 지진파로 무엇을 알아낼 수 있는지를 학문적으로 규명하기 위한 것"이라고 말했다. ㅎ 교수는 백령도 지진파가 관측된 지진관측소 세 곳의 자료를 확보해 이를 분석했다고 한다. 기상청이 제공한 지진 관측 자료는 백령도를 포함해, 덕적도와 강화도에서 관측된 것으로 사고 지점에서 덕적도는 152km, 강화도는 164km 정도 떨어져 있다. ㅎ 교수는 "처음에는 백령도 자료 하나만 있는 줄 알았는데, 기상청에서 관측소 몇 개를 더 공개했다"면서 "모두 다섯 곳의 자료를 받았다"고 말했다. 이는 기상청이 백령도 지진파와 관련해 백령도 이외 다른 관측소에서 잡힌 지진파는 없다고 밝혀온 것과는 상충되는 말이었다. ㅎ 교수의 말이 사실이라면 기상청도 천안함 침몰 당시 발생한 지진파에 대해 국민들을 상대로 무엇인가 은폐하고 있다는 말이 된다.

　　ㅎ 교수가 노이즈가 심한 두 곳을 뺀 나머지 세 곳의 지진파를 분석한 결과는 의외였다. 지진파가 발생한 지점은 합조단이 발표한 폭발 원점과 약 2.1km 떨어진 지점으로 나타났다. ㅎ 교수는 "이 정도 오차는 지진 위치 추정에 늘 발생할 수 있는 정도"라고 밝혔다. ㅎ 교수가 밝힌 지진 발생 지점 좌표(37.915, 124.617)는 합조단이 발표한 폭발 원점 좌표(37.929, 124.601) 보다 남동쪽으로 이동한 지점이다. ㅎ 교수는 "좌표는 신뢰도를 생각해야 되는데, 지각구조 탓에 지진파 전달 속도를 정확히 모른다"고 설명했다. ㅎ 교수에 따르면 지진파가 발생한 시각은 21시 21분 56.4초였다. 지질연에서 분석한 시각보다 1.5초 정도 빠르다. ㅎ 교수는 "세 곳의 관측소에서 잡힌 지진파에서 발생한 피(P)파의 전달 속도를 분석해보니 같은 시각

에 나왔다고 추정할 수 있다"고 말했다. ㅎ 교수가 분석한 세 곳의 지진은 리히터 규모가 평균 1.5로 나왔다. ㅎ 교수는 세 곳의 피파와 에스(S)파를 비교해 인공지진파로 결론을 내렸다. ㅎ 교수는 "자연지진일 때는 피파보다 에스파가 굉장히 강해야 되는데, 지진파를 보면 에스파가 상당히 약하게 잡힌 것"을 이유로 들었다. 또 "수중에서 폭발했기 때문에 물속에서는 기본적으로 피파만 나오고 에스파는 나오지 않는다"고 덧붙였다.

ㅎ 교수는 천안함 침몰과 관련이 있는지에 대해 세 가지 시나리오로 지진파를 분석했다. 피로파괴, 좌초, 외부폭발이 그것이다. ㅎ 교수는 "외부폭발의 경우, 기뢰인지 어뢰인지는 지진파로 구별할 방법이 없지만 피로파괴와 좌초는 지진파로 구분이 가능하다"고 설명했다. 먼저 좌초라면 암초는 땅에 붙어 있기 때문에 배와 암초가 부딪치면 땅을 직접 흔드는 효과가 있다. 이에 따라 지진파는 자연파의 특성과 비슷하게 나타난다. 피로파괴는 배가 부러지는 효과이기 때문에 그 효과로 물에 약간의 압력만 전달될 뿐이라서 지진파가 크게 나타나지 않는다. ㅎ 교수는 "기본적으로 에너지가 나오지 않지만, 에너지가 나오더라도 굉장히 적다"고 설명했다.

ㅎ 교수가 지진파 발생 지점이라고 밝힌 좌표를 천안함 항적과 비교해보면 매우 흥미로운 점이 발견된다. ㅎ 교수가 말한 위치는 KNTDS에 나타나 있는 천안함 항적에서 21시 11분과 21시 12분 사이, 즉 21시 11분 30초쯤 되는 지점에 위치한다. 최문순 의원이 좌초 가능성을 제기한 지점과 가까운 위치다. ㅎ 교수가 분석한 지진 발생 지점은 초병이 천안함 침몰 직후 초기 구조 상황이 벌어졌다고 말한 지점과도 비교적 일치한다.

해군 함정의 항적은 KNTDS 화면상으로 나타난다. 군이 이 화면에 기록된 자료를 분석한 결과 천안함으로부터 발생된 신호는 21시 21분 57초에 중단됐다. 또 지질연 및 기상청 지진파 확인 결과 26일 21시 21분 58초에 규모 1.5 지진파가 감지됐다. 군은 최종보고서에서 "지진파 확인 결과와 경계 근무자들 관측 결과 등 당시 상황을 종합해볼 때 천안함 침몰 시각은 26일 21시 22분경으로 판단된다"고 밝혔다. 군은 사고 발생 시각을 이처럼 21시 22분경으로 일치시키려 하지만, 폭발 원점은 여전히 확정하는 것이 쉽지 않다. KNTDS 항적, 지진파 발생 장소, 초병 진술이 제각각이기 때문이다. 오히려 군이 초기에 밝힌 사고 발생 지점과 새로운 지진파 발생 지점, 초병의 진술 장소는 서로 일치한다. 우연일까.

**이충신** 〈한겨레〉 e-뉴스부 기자

# '깜짝' 등장했다 '슬그머니' 사라지다

천안함 사건과 관련해 국방부가 2010년 5월 20일 북한의 '연어급 잠수정'이 천안함을 침몰시켰다고 발표한 뒤 꽤 많은 시간이 흘렀지만, 연어급 잠수정의 존재는 오리무중이다.

연어급 잠수정이라는 호칭은 5월 20일 민군합동조사단 조사 발표 과정에서 최초로 언급됐다. 국방부 민군합동조사단에 따르면, 130t급 소형 잠수정으로서 소나(SONAR)[1] 회피 기능과 중어뢰 발사 능력을 갖춘 북한의 신형 잠수정의 호칭이라는 것이다. 하지만 연어급 잠수정은 이제까지 군이 공식·비공식 발표 자료에서 단 한 번도 그 존재를 공개한 적이 없었던 기종이라, 당시 무기 전문기자들마저도 의아해했다. 2004년 『국방백서』 이래 국방부는 북한이 '로미오급 및 상어급 60척, 유고급 및 소형 잠수함 10척 등 70척'의 잠수함을 보유[2] 하고 있다고 밝혀왔다. 유고급 잠수정은 북한이 보유한 구형 잠수정으로 통상 70~80t급인 것으로 묘사돼왔다. 그런데 국방부가 5월 20일 난데없이 북한이 130t급 '연어급' 잠수정을 비롯한 소형 잠수정 10척 등을 보유하고 있다고 밝힌 것이다. 우선 5월 20일 정부와 군의 발표 내용을 그대로 인용해보자.

다국적 연합정보분석 티에프(TF)의 조사 결과,[3]

1) 북한군은 △로미오(Romeo)급 잠수함(1,800t급) 20여 척 △상어(Sango)급 잠수함(300t급) 40여 척 △연어(Yeono)급 잠수정(130t급)을 포함한 소형 잠수정 10여 척 등 총 70여 척을 보유하고 있으며, 이번에 천안함이 받은 피해와 동일한 규모의 충격을 줄 수 있는 총 폭발량 200~300kg 규모의 직주어뢰, 음향 및 항적유도어뢰 등 다양한 성능의 어뢰를 보유하고 있다.

2) 또한 서해의 북한 해군기지에서 운용되던 일부 소형 잠수함정과 이를 지원하는 모선이 천안함 공격 2, 3일 전에 서해 북한 해군기지를 이탈했다가 천안함 공격 2, 3일 뒤 기지로 복귀한 것이 확인됐으며, 당시 다른 주변국들의 잠수함정은 모두 자국의 모기지 또는 그 주변에서 활동하고 있었던 것도 관측됐다.

연합정보분석 TF의 황원동 팀장의 발표에 따르면 다국적연합정보분석 TF는 미국·호주·캐나다·영국 등 5개 국가 전문가로 구성되어 있고 5월 4일부터 활동을 시작하여 5월 20일 이런 결과를 발표하게 되었다는 것이다.

**북한의 부인과 합조단의 재반박**

이 발표에서 주목해야 할 것이 세 가지다. 첫째, 연어급 잠수정은 130t급이라고 밝혔다는 것, 둘째, 연어의 영어식 표기를 물고기 연어의 한글 표기방식인 Yeono라고 표기하고 있다는 것, 셋째, 이 잠수정이 천안함 공격 2, 3일 전에 서해 북한 해군기지를 이탈했다가 천안함 공격 2, 3일 뒤 기

1) 정식 명칭은 Sound Navigation and Ranging으로 음향탐지장비 혹은 수중청음기로 불린다.
2) 『국방백서』, 2004.
3) "연합정보분석 TF 황원동 팀장(공군 중장)은 '북한 서해안 기지에서 상어급 잠수함과 연어급 잠수정 각각 한 척이 각 기지에서 벗어나 활동한 것이 관측됐다'며 '그동안 사용한 어뢰 종류와 작전 해역 수심 등을 종합해 분석한 결과 천안함에 어뢰를 발사한 것은 북한의 연어급 잠수정으로 결론 내렸다'고 말했다." 기획특집 '천안함 사태의 진실', 대한민국정책정보지 《위클리 공감》, 2010. 9. 23, http://gonggam.korea.kr/gonggamWeb/branch.do?act=detailView&dataId=148694249&sectionId=gg_sec_21&type=news&flComment=1&flReply=0&currPage=1

지로 복귀한 것이 확인됐다고 주장한 점이다.

또 하나 반드시 주목해야 할 사실은 이 발표를 주도한 황원동 팀장(공군 중장)은 그 뒤 여러 차례에 걸쳐 "자신이 직접 북한의 신형 잠수정을 추적 식별하여 한글 물고기 이름인 연어급 잠수정(영어로 salmon을 뜻하는)이라 는 명칭을 부여한 당사자"이며 『제인(Jane) 연감』 등 국제적으로 이름 있는 무기 연감에도 연어급 잠수정이 소개되어 있다고 주장했다는 점[4]이다.

이 발표 직후 북한 국방위원회 박림수 정책국장은 "우리에게는 연어급 잠수정이 없고 130t짜리 잠수정도 없다"고 주장했다. 그러자 합조단은 지 난 5월 30일 '북의 주장에 대한 설명자료'를 배포하여 "한미 정보 당국이 지난 2005년 미 정찰위성 등을 통해 북한의 동·서해 해군기지에서 130t 급 잠수정을 식별, '연어급'이라는 명칭을 붙였다"고 밝혔다. 그리고 합조 단은 대동강 유역 선박제작소에서 수리 혹은 제작 중인 것으로 보이는 북 한 잠수정의 구글 위성사진을 추가로 공개했다. 그 잠수정이 연어급 잠수 정이라는 것이었다. 그런데 그 후 매우 혼란스러운 일들이 발생했다.

## 합조단의 말 바꾸기 1 130t인가, 80t인가?

2010년 6월 4일, 유엔 안보리에 영어로 제출한 한국 정부의 보고서[5]에는 (북한이) "연어(Yeono)급 잠수정을 포함하는 10척의 소형 잠수정(70~80t)을 보유하고 있다"고 나와 있다. 5월 20일 같은 다국적정보분석 TF는 연어급 잠수정의 배수량이 130t이라고 발표했는데, 유엔에는 80t으로 바꾸어 보 고하고 있는 것이다. 80t급 잠수정은 익히 알려진 유고급 잠수정이다.

## 합조단의 말 바꾸기 2 Yeono인가, YONO인가?

2010년 5월 20일 영문 보도자료와 6월 유엔 안보리에 보낸 한국 정부 보고서에 공히 연어급 잠수정의 영문 표기는 Yeono라고 표기되어 있다.

4) "한미 정보 당국이 지난 2005 년 미 정찰위성 등을 통해 북한의 동·서해 해군기지에서 130t급 잠 수정을 식별, '연어급'이라는 명칭 을 붙였다. 2009년 『제인 연감』에 도 등재되어 있다." '북의 주장에 대한 설명자료', 민군합동조사단, 2010. 5. 30.

5) 'Letter dated 4 June 2010 from the Permanent Representative of the Republic of Korea to the United Nations addressed to the President of the Security Council', S/2010/281, United Nation Security Council, 2010. 6. 4.

6) "그러나 가디르급 잠수정 (YONO급 잠수정)은 북한산 유 고급 잠수정보다는 50% 정도 길 고, 사실상 북한의 상어급 잠수 함과 유사하다(But the Ghadir was 50% longer than the Yugo, and in fact resembled the North Korean Sang-O Class coastal submarines)." http://www. globalsecurity.org/military/world/ iran/ghadir.htm

북 잠수정 천안함 공격 재구성

1 연어급 잠수정(130t급) 서해기지에서
3월 23일 또는 24일 이탈

북한

백령도

2 서해 공해 우회로
백령도 인근 침투

6 연어급 잠수정 3월 28일 또는 29일
출발했던 서해 기지로 귀항

남한

5 연어급 잠수정 어뢰 발사한 뒤
침투했던 경로로 신속히 도주

3 3월 26일 밤 9시께 백령 인근에서 천안함 식별
3km 이내 접근 CHT-02D 어뢰 발사

4 3월 26일 밤 9시 22분
천안함 좌현 3m 수심 6~9m 지점에서
어뢰 폭발, 버블제트로 높이 100m,
폭 20~30m 물기둥 치솟아
천안함 두 조각

CHT-02D 어뢰
길이 7.35m, 지름 53.4cm, 폭약 250kg
중량 1700kg, 항거리 10~15km

ⓒ동아일보 DB

상어급 잠수정을 Sango라고 표기한 것에 비추어 연어를 Yeono로 표시했다면 그것은 일관성 있는 표기 방식이라 할 수 있다. 그런데 문제는 『제인 연감』이나 『글로벌 시큐리티(Global Security)』 같은 유수의 무기 연감 어디에도, 북한이 개발한 것으로 알려진 Yeono급 잠수정에 대한 언급은 없다는 점이다. 이들 연감에 북한의 소형 잠수정으로는 유고(YUGO)급 잠수정에 대해서만 언급된다. 다만, 이란이 개발한 130t급 YONO급 잠수정(Ghadir 급6) 잠수정이라고도 지칭)에 대해서는 소개되고 있다. YONO는 아랍 지역에서 흔한 성(사람 이름)의 영어식 표현이다. 그렇다면, 황원동 중장이 직접 명명했다는 Yeono급 잠수정은 어디로 간 것인가? 황 중장 자신이 발견하여 북한제로 『제인 연감』에 보고한 잠수정을, 왜 이들은 북한제로 표시하지 않고 이란제라고 표시하고 있단 말인가?

더 황당한 사실은 7월 들어 황원동 중장과 국방부는 연어급 잠수정의 영문 명칭이 YONO라고 말을 바꾸기 시작했다는 점이다. 이미 합조단의

국방부가 주장하는 북한 잠수정의 천안함 공격 과정을 그린 것이다. 하지만 한미합동훈련이 벌어지는 서해에서 북한 잠수정이 이렇게 "귀신도 모를 정도"로 천안함을 공격할 수 있었을지는 여전히 의문이다.

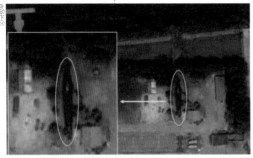

국방부가 "연어급 잠수정"을 포착한 사진이라며 제시한 구글 위성사진. 유고급 잠수정. 1996년 강릉에서 발견된 상어급 잠수함(사진 위로부터).

영문 보도자료나 유엔 안보리에는 Yeono급 잠수정이라고 보고해놓고도 말을 바꾸고 있는 것이다. 황원동 중장은 참여연대와의 면담 과정에서 자신이 북한 신형 잠수정의 명칭을 YONO라고 명명했고 달리 명명한 적은 없다고 우겼다.

합조단의 말 바꾸기 3  **연어급의 폭은 2.75m[7]인가, 3.5m인가?**

한편, 국방부는 참여연대 등이 지속적으로 의문을 제기하자, 7월 15일 국방부에서 시민사회단체 설명회를 열고 천안함 의혹에 대한 해명을 시도했다. 그런데 이 설명회 자리에서 국방부 합조단, 특히 연어급 잠수정을 추적해왔다는 황원동 중장이 연어급 잠수정의 크기조차도 제대로 인식하지 못하고 있다는 사실이 새롭게 확인[8]되었다.

합조단은 당일 배포한 '천안함 피격 사건 설명 자료'에서 연어급 잠수정의 길이가 29m, 폭이 2.75m라고 밝히고, 5월 30일 국방부가 제시한 구글 위성사진(대동강 유역 선박제작소) 속의 물체가 길이 28~30m, 폭 3.5m로 연어급 잠수정과 유사(?)하다고 주장했다. 이에 필자가 연어급 잠수정의 폭이 2.75m인지 3.5m인지 분명히 답변해줄 것을 요구하자, 황원동 중장은 '연어급 잠수정'의 폭이 2.75m로 표기된 것은 잘못이며 구글영상에 나타난 바와 같이 3.5라고 대답했다. 참고로 『글로벌 시큐리티』에 따르면 YONO급 잠수정의 폭은 2.75m이다.

그런데 만약 황 중장이 주장하는 대로 연어급 잠수정이 폭이 3.5m, 길이가 29m 내외라면, 배수량이 120~130t밖에 안 된다는 국방부의 주장은 더욱 믿을 수 없게 된다. 300t 내외로 알려진 상어급 잠수함이 바로 이와 유사한 폭과 길이를 가지고 있기 때문이다.

**합조단의 말 바꾸기 4** **사건 당일, 북한 소형 잠수정 행방 – 기지 이탈인가, 영상 불량인가?**

국방부는 4월 초까지 북한 잠수함 기지에 특이 동향이 없었다고 국회에 보고한 바 있다. 그런데 5월 20일 보도자료에서 "서해의 북한 해군기지에서 운용되던 일부 소형 잠수정과 이를 지원하는 모선이 천안함 공격 2, 3일 전에 서해 북한 해군기지를 이탈했다가 천안함 공격 2, 3일 뒤 기지로 복귀한 것이 확인"되었다고 주장했고, 7월 15일 시민단체와의 간담회에서도 "침몰 당일 연어급 잠수정의 기지 이탈 사실을 확인"했다고 주장했다.

하지만 〈통일뉴스〉가 특종보도한 국방부의 '북한 서해 잠수함 동향' 보고서에 따르면, 소형 잠수정의 기지 이탈 사실이 확인된 것이 아니라, '영상 불량' 상태였다는 사실이 확인된다. '영상 불량'이라고 보고되었다는 것은 기지 주변에서 소형 잠수정으로 보이는 물체가 희미하게나마 관측되었거나, 적어도 기지 이탈을 '확인'한 것으로 주장하기 힘들다는 것을 의미한다. 합조단 관계자는 7월 15일 시민단체 초청 설명회에서 영상 불량과 사라져 보이지 않는다는 뜻의 '미식별'은 다른 개념이라는 점을 확인한 바 있다. 그런데 9월 발표한 최종보고서에서 합조단은 〈통일뉴스〉에 공개된 동향 보고서에 대한 해명 없이, 단지 북한 소형 잠수정의 이탈을 '비밀자료'를 통해 확인했다고 간략히 언급하기만 했다.

이에 대해 참여정부 시절 국방비서관실 행정관을 지낸 김종대 군사월간지 〈디앤디 포커스〉 편집장은 〈통일뉴스〉와의 인터뷰에서 "잠수함 식별은 한미연합 정보자산에 의한 관측한 자료를 토대로 이루어지며, 24시

7) http://www.globalsecurity.org/military/world/iran/ghadir.htm 국방부 주최 시민단체 대상 천안함 설명회 참여연대 참관 보고서, 참여연대 평화군축센터, 2010. 7. 19.
8) http://blog.peoplepower21.org/Peace/31088

| 구분 | 3/23 | 3/24 | 3/25 | 3/26 | 3/27 | 3/28 |
|---|---|---|---|---|---|---|
| 상어급 ○척 | 미식별 | | | | | |
| 로미오급 ○척<br>상어급 ○척 | 식별 | 영상질 불량 | 영상질 불량 | 영상질 불량 | 영상질 불량 | 식별 |
| 잠수정 ○척<br>공작모선 ○척 | 식별 | 미식별 | 미식별 | 영상질 불량 | 미식별 | 미식별 |
| 문어급 ○척<br>공작모선 ○척 | 식별 | 식별 | 식별 | 영상질 불량 | ? | ? |

**○○ ○○○○○ 북한 서해 잠수함 동향**

〈통일뉴스〉가 입수한 북 잠수함 동향 자료를 토대로 재구성한 표.

간 해당 지역을 관찰하는 미국의 최첨단 정보위성으로 관측된 것으로, 해상도 1m 이하의 정밀한 영상자료에 기초해 신뢰도가 대단히 높다"면서 "그런데 유독 사건 전후 4일간에 걸쳐 특이하게 '영상 불량'이라는 모호한 관측 결과가 제시돼 천안함 사건에 대한 합조단의 설명에 상당한 의문을 제기하고 있다"고 지적하고 있다.[9]

## 유엔사 중립국감독위원회 대표들, 합조단의 비밀주의 비판

한편, 7월 23일 한반도에 주둔하는 유엔군 사령부 군사정전위원회를 대표하여 미국의 수전 E. 라이스(Susan E. Rice) 유엔 대표부 대사가 유엔 안보리에 제출한 천안함 침몰 조사보고서[10]에는 천안함이 북한의 소형 잠수정이 발사한 어뢰에 의해 침몰했고 이 행위가 정전협정 위반 행위에 해당한다고 결론을 내리면서도 연어급 잠수정에 대해서는 언급하지 않고 있다. 이 보고서는 한국 정부가 유엔 안보리에 제출한 민군합동조사단 보고서와 별도로, 북한의 정전협정 위반 여부를 판단하기 위하여 유엔사 차원에서 행한 특별조사활동을 정리한 보고서다.

그런데 이 보고서에 첨부된 중립국감독위원회의 참관 보고서[11]는 매우 주목할 만한 문제 제기를 포함하고 있다. 유엔사의 조사 활동을 참관한 중립국감독위원회 대표들은 보고서에서 "중립국감독위원회 참관인들이 정보 브리핑에 참여하는 것이 허락되지 않았다. 스웨덴 대표는 세탁된 버전(a scrubbed version)의 정보 브리핑을 제공받았다.[12] 폴란드와 스위스 대표들도 취사선택된 정보에 한해 별도의 브리핑을 받았다"고 지적하고 있다. 중립국감독위원회의 보고서는 또 "충분한 수준의 투명성에 도달하

9) "사건 당일 북 잠수함 동향 '영상질 불량'," 통일뉴스, 2010. 6. 24. http://www.tongilnews.com/news/articleView.html?idxno=90756
10) 'Letter dated 23 July 2010 from the Permanent Representative of the United States of America to the United Nations addressed to the President of the Security Council', S/2010/398, United Nations Security Council 이 보고서를 작성한 유엔사 특별조사팀은 호주, 캐나다, 덴마크, 프랑스, 뉴질랜드, 터키, 영국, 미국에서 파견된 유엔사대표들로 구성되었고 책임은 미국이 맡았다. http://daccess-dds-ny.un.org/doc/UNDOC/GEN/N10/491/82/PDF/N1049182.pdf?OpenElement

기 위해서는 중립국감독위원회가 한반도에 파병한 국가들(교전국)과 같은 수준으로 비밀 정보에 접근하도록 제도가 갖추어져야 한다[13]"고 비판적으로 권고하고 있다. 참고로 이와는 별도로, 5월 합조단 조사 활동에 참여했던 스웨덴 전문가들 역시 자신이 참여한 부분에 한해서만 동의한다는 단서를 달아 최종보고서에 사인한 바 있다. 북한군이 천안함을 침몰시켰다는 보고서의 결론에 동의하지 않은 것이다.

### 연어급 잠수정은 과연 실재하는가?

국방부 합조단은 자신들이 2005년 이래 북한의 신형 잠수정을 추적 식별하여 '연어'라는 한글 이름을 명명한 바 있으며 이를 『국제무기연감』 등에 알렸다고 주장해왔다. 그러나 국방부는 연어급 잠수정의 배수량이 130t인지 80t인지, 그 폭이 2.75m인지, 3.5m인지도 분명히 제시하지 못하고 있고, 잠수정의 영문 명칭이 Yeono인지 YONO인지, 『국제무기연감』에 이란 무기로 등재되어 있는지 북한 잠수정으로 등재되어 있는지도 제대로 설명하지 못한 채, 횡설수설과 말 바꾸기를 반복해왔다. 심지어 9월 13일 발표한 최종보고서에서는 논란을 빚어온 '연어급 잠수정'에 대한 소개가 은근슬쩍 사라졌고 심지어 부록에서도 찾아볼 수 없다. 또한 북한의 소형 잠수정이 사고 당일 북한 기지를 이탈했는지 확인할 수 없다는 정보보고서가 이미 언론에 공개되어 논란이 되었음에도 불구하고, 이렇다 할 설명이나 해명을 시도하지 않고 있다. 다만 북한의 소형 잠수정이 침투하여 천안함에 어뢰를 발사했다는 가설적 주장만 반복하고 있다. 이에 대해 스웨덴·폴란드·스위스 등 유엔사 중립국감독위원회 위원들도 국방부 합조단의 과도한 비밀주의에 대해 문제 제기하고 있는 실정이다. 다시 한 번 질문을 던진다. 연어급 잠수정은 과연 실재하는가?

**이태호** 참여연대 협동사무처장

11) 'Neutral Nations Supervisory Commission report on the special investigation of the sinking of the Republic of Korea ship Cheonan', S/2010/398 Enclosure, United Nations Security Council 이 보고서는 스웨덴, 폴란드, 스위스 대표로 구성된 중립국감독위원회 대표들에 의해 작성되었다. 보고서에 따르면, 이들은 유엔사의 윤영범 소장으로부터 유엔사 특별조사활동을 참관해달라는 요청을 받았다.

12) "The NNSC Delegates were not allowed to participate during the intelligence briefing. The Swedish representative was provided a scrubbed version of the intelligence briefing and the Polish and Swiss representatives obtained a separable briefing with selected intelligence presented."

13) "In order to reach a sufficient level of transparency, a system should be put in place ensuring NNSC to have access to classified information at the same level as the troop sending nations, as required."

# 07
## CHT-02D

# 정보기관의 무능력,
# 북한의 '유령 군사력' 만들다

 대북 강경보수 세력의 주장대로 천안함이 북한의 중어뢰에 의해 폭침된 것이 맞다면 군의 지휘부는 막중한 책임을 면할 수 없다. 사건 발생 이전에 군사 정세를 통찰하고 도발의 징후를 수집하여 대비하지 못한 '경계의 실패'야말로 군에서 가장 터부시하는 지휘관의 첫 번째 과오다. 사건이 발생하고 난 이후에도 북한이 어떤 무기로, 어떤 방식으로 천안함 사건을 저질렀는지 군사정보 수집과 분석, 그리고 판단을 내려야 한다. 이걸 제대로 하지 못한다면 군 지휘부는 두 번째로 과오를 저지르는 것이다.

 1973년 중동전쟁 당시 이스라엘의 모사드는 이집트의 침공에 대한 조기경보 활동을 제대로 하지 못했다. 이스라엘군의 경계가 해이해진 틈에 이집트의 사다트 대통령은 제4차 중동전쟁을 일으키고 수에즈 운하를 탈환하는 등 전쟁을 승리로 이끌면서 일약 아랍의 영웅이 되었다. 막강한 정보 수집 능력으로 명성이 높은 모사드가 이집트의 전쟁 준비를 제대로 예측하지 못했던 이유는 여러 가지다. 그러나 많은 전문가들은 당시 모사

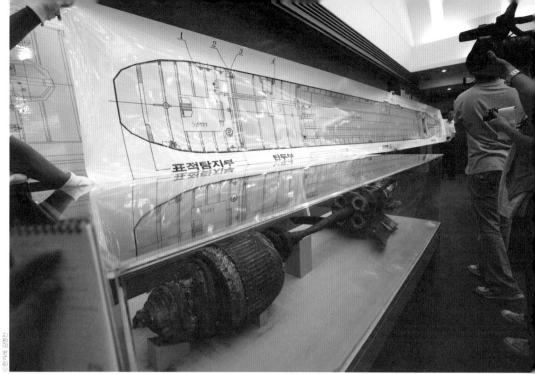

© 한겨레 김명진

드 내부 조직이 해외와 국내 정보 부문으로 분리되어 운영된 결과, 정보의 중복과 혼선이 상당한 데서 기인했다고 진단한다.

이러한 폐해를 지적한 사례는 또 있다. 2005년 런던에서 열차 테러사건이 벌어졌을 때, 이 사건을 분석하면서 영국 보안부(SS, MI-5) 법률자문을 지낸 데이비드 빅포드는 영국 정보기관들이 분리되어 "관리의 3중화, 관료주의의 3중화, 담당 업무의 3중화"가 빚어졌다고 신랄하게 비판한 바 있다. 지난 20세기, 세계의 유수한 정보기관들은 냉전을 거치면서 비대화되었고, 관료화되었다. 그 결과 무수한 '정보전의 실패'를 거치면서 조작과 왜곡, 비윤리적 공작 등으로 각종 오명을 뒤집어쓴 '냉전의 유산'은 쉽게 청산되지 않았다. 특히 9·11 테러가 발생하면서 선진 각국은 정보기관 대수술에 팔을 걷고 나섰다. 그 핵심 방향은 '통합'이다. 그리고도 미국에서는 이라크전쟁을 일으키기 위해 정보를 정치적으로 왜곡하는 냉전 시대의 악령이 되살아났다. 그 결과는 참담했다. 1조 달러의 전비가 투입되는 동안 전쟁터로부터 4천 명이 넘는 전사자들의 관이 성조기에 덮여 돌아왔다.

### 확실한 정보 수집 없이 추정에만 의존

우리의 경우를 살펴보자. 국방부는 이번 사건이 북한에 의해 이루어졌다고 주장하면서도, 사건에 동원된 북한의 수중 무기의 종류와 침투 및 도주 경로 등 군사 사항에 대해서는 여전히 '판단'과 '추정'에만 의존하고 있다. 단지 "사건 발생 2, 3일 전 두 대의 잠수함이 비파곶에서 출항했다가 사건 2, 3일 뒤 귀환한 것이 확인되었다"는 것이 전부다. 그런데 사라졌다는 주장도 정확하지 않을 뿐 아니라, 설사 사라졌다 해도 그 잠수함이 이번 도발의 주범인지도 알 수 없다.

당시 주변 해역에서 해군은 이지스함과 구축함, 초계함을 배치하고 있었고, 사건 발생 이후에도 대잠 링스헬기, P-3C 해상초계기, 금강·백두 정찰기, 백령도 인근에 배치된 레이더 등 이중삼중으로 감시전력을 동원할 수 있었다. 또한 주한미군을 통해 군사위성정보, 최첨단 무인정찰기 센티널(Sentinel) 등 첨단정보 전력의 지원을 받을 수 있었다. 주한미군이 오산 미 7공군에 비밀리에 배치한 스텔스 무인정찰기(UAV) RQ-170 센티널은 매우 특별한 무기다. 센티널은, 2009년 12월 12일 북한제 무기를 실은 그루지야 소속 항공기가 평양 미림 비행장에서 이륙한 직후 즉각 추적을 개시해 기내 전자 스캔, 감청, 전자적 교란을 한꺼번에 수행하는 '전자적 압박'으로 항공기를 타이에 불시착시키고 북한 무기를 압수한 비밀작전을 수행한 바로 그 무기다.

최근 주한미군의 비밀 정보 전력은 월터 샤프 한미연합사령관의 통제 범위 밖에서 움직인다. 오산의 미 7공군사령부 상황실은 미 태평양사령부가 연합사령관을 거치지 않고 직접 통제하는 상황실이다. 한편 최근 미국의 정보무기가 대부분 스텔스화함에 따라 북한도 주한미군의 정찰 전력이 무엇인지 제대로 파악하지 못하고 있다.

또한 미국이 자랑하는 우주 전력이 북한 수중 무기의 실체에 대해 아무것도 파악하지 못했다는 것도 수수께끼다. 상용 위성사진 구글 어스의 경우 해상도가 1m 수준이고 미국의 정찰위성은 보통 60cm 수준이다. 차량 식별은 물론 테니스장의 옆줄까지 구별이 가능하다. 첨단 첩보위성 KH-12는 지상의 직경 10~15cm 물체까지 식별이 가능한 것으로 알려져 있다. 이러한 전력이 24시간 감시하는 밀도 높은 정보 수집 지역이 바로 한반도다.

북한이 130t급의 연어급 잠수정을 4대 보유하고 있으며, 그중 2대는 천안함 사건 발생 당시 서해에 배치되어 있었다는 첩보가 천안함 사건이 터지고 한참 지난 4월 말에 합참으로 날아들었다. 미국이 자체적으로 수집한, 전혀 검증되지 않은 미확인 첩보였다. 보통 확인되지 않은 군사첩보가 들어오면 정보 당국은 반드시 검증 절차를 거치게 되어 있다. 검증 없이 정보로 채택하면 군사 대비 태세에 엄청난 악영향을 미칠 수 있기 때문이다. 그런데 북한의 어뢰 공격으로 몰아가려는 조급증에 쫓기던 민군합동조사단은 지난 5월 20일 천안함 폭침의 주범으로 바로 이 연어급 잠수정을 지목하고 나섰다.

"이건 어디서 튀어나온 잠수정이냐?" 듣지도 보지도 못한 신형 잠수정의 출현에 합참의 정보본부 관계자들마저 어리둥절하게 만든 기상천외한 발표였다. 발표 전날까지도 '연어급'이라는 구체적 명칭을 제시하지 말자는 의견이 나오는

**천안함 침몰 관련 이명박 대통령의 발언**

**3월 26일 천안함 침몰**

3월 28일 "모든 가능성을 염두에 두고 조사하되 섣부르게 예단해서는 안 된다." (안보관계장관회의)

4월 1일 "내가 배를 만들어봐서 아는데 파도에도 그리 될 수 있다. 높은 파도에 배가 올라갔다가 떨어지는 과정에서도 생각보다 쉽게 부러질 수 있다." (한나라당 의원 오찬)

7일 "적당히 원인을 조사해서 발표하면 죄 지은 사람들이 인정 안 할지도 모른다."(대한노인회 임원 초청 오찬)

**15일 천안함 함미 인양**

**16일 민군합동조사단, "외부 폭발일 가능성이 매우 높다" 발표**

20일 "(불꽃놀이 관련) 북한이 좀 정신을 차려야 한다고 본다." (민주평통 북미주 자문위원 다과회)

21일 "바로 가까이에 북한이, 가장 호전적인 세력이 있다는 것을 깨닫는 기회가 된다면 희생된 사람들에 대한 보답도 될 것"(지역발전위원회)

22일 "결론이 나오면 말보다 행동으로 분명하고 단호하게 조치할 것이다." (군 원로 오찬)

**24일 천안함 함수 인양**

**25일 민군합동조사단, "수중 비접촉 외부 폭발 가능성이 높다." 발표**

27일 "필사즉생 필생즉사" (현충사 방문해 방명록에)

**29일 천안함 희생자 영결식**

5월 4일 "천안함은 단순한 사고로 침몰하지 않았다", "국민들도 불과 50km 거리에 장사포가 우리를 겨누고 있음을 잊고 산 것도 사실." (전군주요지휘관 회의)

결정적 증거물
Critical evidence

□ 수거작전 Operation

○ 그물코 : 5mm
   Net loop : 5mm
○ 크기 : 폭 25m, 높이 15m, 길이 60m (5t)
   Size : 25m wide, 15m high, 60m long (5t)
○ 제작기간 : 4. 21~ 28 (1주일)
   Manufacture : 21~28 Apr. (1 week)
○ 운용선박 : 135톤 2척
   Operation Ship : two 135ton ships
○ 시험운용 : 5. 3 (외곽지역)
   Test : 3 May (outer region)
○ 수거작전 : 5. 10 ~ 현재
   Operation : 10 May~ Present

국방부는 오른쪽과 같이 쌍끌이어선이 폭발 원점 근처를 중심으로 수색 작업을 벌인 끝에 '결정적 증거물'을 발견했다고 주장하고 있다.

가 하면, 160t급인지 130t급인지를 판단하는 데서 혼선이 빚어지기도 했다. 이 모든 게 실제 이 잠수정의 존재에 대한 확신이 없었던 결과였다. 신형 잠수정의 실체 여부에 대한 논란이 이후에도 계속되었으나 우리 정보당국과 합참은 아무런 확인이나 검증의 실적을 내놓지 못했다. 결국 9월 13일, 민군합동조사단은 천안함 최종보고서에서 연어급 잠수정이라는 기존 표현을 삭제하고 '신형 소형 잠수정'이라는 모호한 표현으로 후퇴하기에 이른다.

여기서 결국 "북한이 스텔스 기능을 보유하고 중어뢰 장착이 가능한 연어급 잠수정을 보유했다는 확실한 정보는 없다"는 매우 불편한 진실이 읽힌다. 만일 합조단의 주장이 사실이라면, 그 잠수정은 미국의 최첨단 위성과 정찰기들도 찾아내지 못한 유령 잠수정이 아닐 수 없다. 애초 합조단의 설명대로 북한이 수출용으로 제작한 잠수정이라면 개발에서 실전 배치까지 아무리 짧게 잡아도 5년 이상이 걸린다. 그렇다면 2000년대

초반에 이러한 신형 잠수정을 개발하고 운용했는데도 이제껏 한미 연합 정보 전력에 한 번도 포착되지 않았다는 것이다. 일부 언론에서는 탈북자 증언을 통해 신형 잠수정의 존재를 암시하고 있고,『제인 연감』에 2년 전에 나온 적이 있다는 등, 막연한 존재 가능성에 무게를 두고 있기는 하다. 한편 국가정보원도 2009년 8월에 제출한 '남북 군사력 비교' 비밀보고서에서 일부 외신이나 연감에 나오는 북의 새로운 잠수정 보유 가능성에 주목하면서 막연하게 신형 잠수정의 존재를 언급했다. 그러나 이를 감안하더라도 우리의 해군 전력이 북한에 비해 '압도적'이라는 것이 당시 보고서의 판단이었다.

연어급 북한 잠수정이 이번 공격에 투입되었다면 천안함 사건 현장에서 45km 이상 떨어진 비파곶을 향해 직선 항로로 가도 수중 8노트 속력으로 3시간 이상 소요된다. 우회한다면 훨씬 많은 시간이 소요된다. 더군다나 장시간 잠항 능력이 없는 소형 잠수정은 천안함을 격침시키기 이전에 수면으로 부상하여 표적을 관찰했을 것인데, 이때 우리의 지상배치 레이더를 따돌렸다. 격침 뒤에도 귀환까지 수시로 부상했을 것이나 이때도 한 번도 노출되지 않은 신출귀몰한 스텔스 잠수정이라는 것이다.

그러나 이러한 설명은 사건의 원인과 결과를 혼동하는 것이다. 북한의 잠수정이 제2차 세계대전 이후 한 번도 목격되지 못한 최고 난이도 작전을 성공시켰다는 주장을 합리화하기 위해 새로운 북한의 잠수정이라는 '원인'을 등장시키고 있다. 이런 주장과 일치하는 결과를 만들어낸 '원인'이 정밀하게 검증되어야 하는데, 이미 내려진 결론이 있기 때문에 '원인'은 허술하게 검증되고 비과학적 가설이 합조단의 공식 입장이 된 것이다. 이런 가설을 검증 없이 채택하고 발표한 합조단의 조급증의 배후에는 모종의 정치적 이유가 작용했을 것으로 추정할 수 있다. 그렇다손 치더라도, 중요 군사 정보를 국민에게 확인 없이 공표한 것은 매우 중대한 문제를 불러온다. 정보의 왜곡과 과장이 초래한 엄청난 비극들은 이라크에서의 지난 8년 전쟁을 보더라도 그 폐해가 얼마나 심각한 것인지, 재론할 필요조차 없을 것이다.

　잠수정의 존재 여부가 모호하니까 당연히 거기서 발사된 CHT-02D라는 중어뢰의 존재도 아리송해지기는 마찬가지다. 남미에서 우리 정보기관이 입수한 어뢰 카탈로그에 나온 설계도가 발견된 물증과 일치한다는 5월 20일 설명이 '가짜 설계도'로 인해 신뢰성을 크게 잃은 것은 이미 잘 알려져 있다. 그런데 설계도까지 입수할 정도로 상세한 카탈로그라면 그밖의 제원이나 성능도 기재되어 있었을 것이다. 수출용 카탈로그에 설계도만 달랑 나와 있을 리는 없기 때문이다.

　그런데 9월 13일 합조단의 보고서는 이 어뢰를 '음향항적 및 음향수동 추적 어뢰'라고 소개하면서 직경과 길이만 제시할 뿐, 그 밖의 성능이나 제원에 대해서는 제대로 설명하지 못하고 있다. 제시된 어뢰 설계도가 인양된 어뢰추진체와 흡사하기는 하지만, 상세한 카탈로그를 입수한 것치고는 왠지 설명이 허술하다는 인상을 지울 수 없다. 그리고 합조단은 이 카탈로그를 절대 공개할 수 없다는 입장이다. 설계도는 공개해도 되고 카탈로그는 공개할 수 없다는 이중성의 배경이 무엇인지 궁금해진다. 이미 설계도가 공개된 마당에 카탈로그를 입수한 '출처'를 보호한다는 것은 설득력이 떨어질 뿐이다. 더욱이 신무기의 상세 정보에 대한 보안은 북한군의 보안이지 우리의 보안이 아니다. 언제부터 한국의 국방부가 북한군의 보안을 지켜주는 역할까지 하게 되었나?

　국방부가 이렇게 천안함을 공격했다는 북한 어뢰에 대한 제원을 밝히지 못하면서 천안함 선체와 침몰 지점 해저에서 고성능 폭약 성분인 HMX가 발견된 것을 북한 어뢰가 사용된 증거물로 제시하고 있는 데 대해서도 비판의 목소리가 높아지고 있다. 국방부는 최종보고서에서

"HMX(High melting point explosive, 폭발 속도 9,100m/sec)는 무색의 분자 결정체 분말 형상으로 RDX보다 밀도 및 융점이 높으며 가장 고성능의 화약이어서 정밀무기체계에 이용하는 화약"(115~116쪽)이라면서, 천안함에서 "HMX(28개소 527.91ng), RDX(6개소 70.59ng), TNT(2개소 11.7ng)"(121쪽)가 발견됐다고 주장했다. 이에 따라 "이들 3가지가 혼합된 폭약이 들어 있는 수중 무기에 피격되어 침몰했다는 사실을 확인하였다"는 것이다.

하지만 검증위는 "HMX 성분은 미국에서 대량생산된 것으로 북한을 비롯한 동구권 국가에서 제조됐다는 근거는 없는 상태"라고 주장한다. 검증위는 오히려 최종보고서 116쪽에 정리된 무기 표에는 남한이 어뢰와 유도탄에 HMX를 사용하는 것으로 나왔다고 지적했다. 따라서 검증위는 "검출된 폭약 성분이 폭발의 근거가 될 수도 없다"면서 "그러나 굳이 폭발이라면 아군 무기에 의한 폭발일 가능성도 있다"고 지적했다.

미국이 제공하는 '정보 우산'과 한국의 '자주 정보력'이 융합하면 한반도의 군사 정세를 관리하는 가장 강력한 동력, 즉 '지식의 힘'이 창출된다. 국방부가 주장하듯이 천안함 사건이 북한의 도발로 이루어진 것이라 해도, 우리가 얼마나 능동적이고 적극적으로 대비하느냐에 따라서는 분명 그 같은 도발은 사전에 예방이 가능하고, 또 예방에 실패했다 할지라도 정보·작전 태세가 신속하게 가동되어 도주하는 북한 잠수정을 추적하거나, 북한의 도발 정황과 증거를 추가 수집하는 성과를 내야 했다. 그러나 이번 사건 발표 전후에는 그런 정황이 전혀 없다. 클라우제비츠가 『전쟁론』에서 말한 '전장의 안개와 마찰'이 오히려 짙어지는 형국이다. 만일 그렇다면 엄청난 국방 예산과 동맹국 지원까지 등에 업은 우리의 국방 정보 태세는 총체적인 비효율에 빠져 있다고 해도 과언이 아니다.

**김종대** 군사평론가·군사월간지 〈디앤디 포커스〉 편집장

# 군 정보 부문 이원화, '정보 효율'을 악화시키다

기존에 합참에 설치된 정보본부가 천안함 침몰 사건 이전인 2009년 4월 국방부장관이 직접 관할하는 국방부정보본부와 합동작전본부가 관할하는 정보참모부로 이원화되는 등 군사 정보 수집 및 판단 기능이 심각하게 약화되었다. 이는 2008년 4월 계룡대에서 이상희 전 국방부장관이 "국방개혁 2020에서 표방한 미래 핵심 전력은 미국에 의존한다"며 이를 일컬어 '연계전력(bridging capability)'이라고 표현한 데서 시작되었다. 그 직후부터 이 장관은 지난 정부의 국방개혁 2020에 담겨 있는 합참 조직 개편안을 수정하기 시작하여 2008년 하반기에는 그 밑그림을 완성한다. 여기에서 바로 기존에 합참에 설치되어 있던 정보본부를 전격적으로 해체하되, 2성 장군이 책임자인 정보참모부를 합동작전본부장 아래 위치시키는 조직 개편이 2009년 초에 완료된다. 합동작전본부는 사실상 한국군 합동사령부의 기능을 수행하도록 정보참모부를 참모 조직으로 거느리게 된 것이다. 반면 기존의 정보본부장은 합참의장이 아닌 국방부장관이 통제하는 구조로 전환하여 합참과 이원화한다.

정보가 작전본부에 흡수되었다는 것은 여러모로 의미가 있다. 원래 정보와 작전은 서로 분리되어 견제와 균형을 유지해야 한다. 정보는 작전에 개입할 수 있으나 작전은 정보에 개입해서는 안 되는 일방향 소통 체계를 유지해야 한다. 이렇게 정보의 독립성과 자율성을 보장하는 이유는 그래야만 정보가 왜곡되거나 변형되지 않고 객관성을 유지할 수 있기 때문이다.

더불어 정보에 대한 지휘체계가 이원화됨으로써 불가피하게 제기될 수 있는 지휘체계 문란, 정보활동의 위축과 같은 부작용에 대한 안전장치가 무엇인지도 모호하다. 합참정보본부가 지금과 같이 이원화되기 이전에도 본부장 중 2년 임기를 제대로 채운 사람은 거의 없었다. 역대 본부장들은 합참의장과 국방장관 양쪽에 줄을 대며 소신 없이 행동했고, 그 결과 임기를 채우지도 못했으며 정보는 군사력의 후순위로 밀리게 된다. 이러다 보니 원래 힘이 약했던 정보병과를 능동적으로 이끌어줄 리더십이 없어 정보가 작전에 종속되는 결과를 초래했다.

북한에 대한 중요 정보를 얻게 되면 바로 주요 전략을 바꾸는 데 적용할 수 있도록 독립적인 정보기관의 장으로서 정보본부장의 위상이 정립되어야 하는데, 우리의 경우는 이제껏 그와 반대의 길을 걸어왔다. 이는 사태에 적극적으로 대처하고자 하는 노력이 부족하거나 새로운 '지식의 힘'을 바탕으로 대비 태세의 판을 짜겠다는 결의가 부족해서는 아닌지 매우 우려되는 사항이다. 천안함 사건이 이렇게 혼란을 빚고 있는 것도 사건을 발표하면서 군사 정보에 기초하지 않는 '추정'과 '성급한 판단'이 난무했기 때문은 아닌지 돌아볼 필요가 있다.

한편 이와 비슷한 사정은 국가정보원에도 상당 부분 존재하는 것으로 보인다. 중앙정보부가 창설된 1961년 이래 지금껏 국정원은 60·70년대의 뼈대를 이어받아 국내 정보와 국외 정보를 분리하여 운영하는 체제를 유지하고 있다. 2008년에 국정원법 개정안에서 가장 논란이 되었던 부분도 국가정보원의 직무를 규정한 제3조 1항이다. 이 조항에서는 국정원의 정보 수집 범위가 '국외정보 및 대공, 대정부전복, 방첩, 대테러, 국제범죄조직에 대한 국내정보'로 되어 있다. 즉 국내 정보와 국외 정보로 구분되는 정보 수집의 경계선이 엄격하게 살아 있는 것이다. 마치 군 정보가 국방장관의 '전략정보'와 합참의장의 '전투정보'로 구분된 것과 같은 이치다.

국정원과 관련된 논란에서 국내 정보와 국외 정보가 분리되어 있다는 문제점을 먼저 해소하는 것이 더 근본적이고 시급한 문제였다. 현재 국정원은 국내·국외·대북·통신첩보 등으로 분리되어 있다. 이런 상황에서 과연 북한 관련 국외 정보와 국내 대공 정보 간의 유기적 연계가 이루어지고 있다고 말할 수 있을까? 정보를 통합하기 위해 더 많은 비용이 발생하고 있는 것은 아닐까?

천안함 사건을 지켜보면서 우리 정보기관들이 관료화·비만화하면서 무능력해졌다는 사실에 우리는 경악을 금할 수 없다. 천안함 사건에 대해 도대체 우리가 아는 것은 무엇인지 묻고 싶다.

**김종대**

# 08 '1번' 글씨

# 유성펜의 미스터리, 과학자여 논쟁하자

'가장 첨단을 달리는 장비와 가장 낙후된 관리 방법.'

국방부가 천안함 사건이 일어난 지 50일 만인 5월 15일 건져 올린 어뢰 추진체의 성격을 한마디로 요약한 말이다. 국방부는 천안함을 격침시켰다고 주장하는 이 어뢰의 정식 명칭을 'CHT-02D'라고 밝혔다.[1] 그러나 국민들은 이 어뢰추진체를 그것이 지닌 불협화음을 가장 잘 집약한 '1번' 표시에서 이름을 따와 '1번 어뢰'라 부른다. 판매액이 개당 100만 달러가 넘고 버블제트 수중 폭발을 일으켜 운항 중인 군함을 박살낼 정도로 최첨단인 어뢰를 손 글씨로 번호를 매겨 관리하는 것이 그 불협화음의 핵심이다. 국방부는 이런 불협화음이 북한이기 때문에 가능하다고 강변할지 모르나, 국민들은 그 기묘함을 다양하게 변주함으로써 국방부의 '성급한 판단'을 조롱했다.

국방부가 '1번 어뢰'를 발표한 5월 20일 이후 각종 '북한산 신제품'이 난무했다. 한 이용자는 자신이 가지고 있는 아이폰 몸체에 파란색 펜으로

'1번'이라고 적은 뒤 이를 트위터에 공개했다. 또 찍으면 피사체 위에 1번 글씨를 새김으로써 모든 것을 '북한산'으로 만드는 스마트폰 앱도 발 빠르게 등장했다. 심지어 한 네티즌은 자신의 이마에 '1번' 글씨를 새겨 넣은 사진을 공개하기도 했다. 모두 1번 어뢰가 가진 '가장 첨단을 달리는 장비와 가장 낙후된 관리 방법'의 모순을 조롱하는 것이다. 이는 또 국방부의 논리대로라면 모든 것이 아주 쉽게 북한산이 돼버린다는 항변을 담고 있기도 하다. 북한도 5월 28일 평양에서 기자회견을 열고 "우리는 무장장비에 번호를 새길 때 기계로 새긴다"고 주장했다.

하지만 미 버지니아 대학 이승헌 교수가 "폭발 시 어뢰추진체 후부의 온도는 쉽게 350도 혹은 1,000도 이상까지도 올라가게 된다"고 주장하면서 사람들은 '1번 어뢰'를 냉소로만 대할 수 없게 됐다. 국회 천안함특위 위원인 최문순 민주당 의원이 "이 교수에게 문의한 결과, 이 파란색 '1번' 표시가 폭발 뒤 남는 것은 불가능하다는 답변을 받았다"고 지난 5월 31일 밝힌 뒤부터다.

최문순 의원은 당시 "이 교수에 따르면, 250kg의 폭약량에서 발산될 에너지양에 근거해서 계산해보면 폭발 직후 어뢰추진체 후부의 온도는 쉽게 350도 혹은 1,000도 이상까지도 올라가게 된다"며 "이런 온도에서 '1번'을 쓴 데 이용된 유성 마커펜 잉크는 타버리게 된다고 결론을 내렸다"고 전했다. 이승헌 교수도 서재정 미 존스홉킨스 대학 교수와 함께 기고한 〈경향신문〉 6월 1일자 칼럼에서 "어뢰의 페인트가 타버릴 정도였다면, '1번'도 완전히 타버렸어야 했고, '1번'이 남아 있다면 외부 페인트도 남아 있어야 한다"고 의혹을 제기했다. 이들은 특히 '유성매직' 성분의 비등점은 페인트에 비해 크게 낮다는 점에 주목했다. 두 교수는 "통상적으로 사용되는 잉크의 성분인 크실렌, 톨루엔, 알코올의 비등점은 각각 138.5도, 110.6도, 78.4도다. 따라서 후부 추진체에 300도 정도의 열만 가해졌더라

1) 국방부는 애초 이 영문 표시가 아무 의미도 없는 식별 표시라고 말했지만, 8월 초 발행된 〈주간조선〉 2119호는 그 의미를 '특종' 보도했다. 즉 〈주간조선〉은 '군사 문제에 정통한 한 관계자'의 말을 인용해 이 어뢰가 청송연합이라는 북한의 무기 수출업체의 것이며, CHT는 '복합자동추적어뢰'를 뜻하는 'Combined Homing Torpedo'의 약자라고 밝혔다. 또 뒤에 붙은 02는 특별한 의미를 갖지 않는 일련번호이며 D는 '이중 용도'를 뜻하는 영어 Dual Purpose의 첫 글자라는 것이다. 〈주간조선〉은 이에 따라 이 어뢰가 잠수함과 반잠수정은 물론, 일반 함정에서도 발사될 수 있다고 소개했다. 국방부도 몰랐던 이 어뢰의 전체 영문 이름과 용도까지 파악한 〈주간조선〉의 취재력이 대단하다.

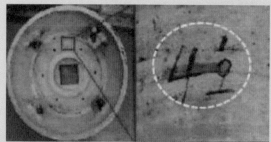

국방부가 '결정적 증거물'로 공개한 어뢰추진체 후부
에 적혀 있는 '1번' 글씨. 유성펜으로 쓴 이 글씨가 어
뢰 폭발에도 타버리지 않은 데 대해 많은 논란이 일
고 있다. 아래는 우리 군이 수거한 또 다른 북한 어뢰
에 표시돼 있다는 '4호' 글씨.

도 잉크는 완전히 타 없어졌을 것"이라고 주장했다. 보통 유성 페인트의 비등점은 섭씨 325~500도 정도인데, "어뢰 뒷부분까지 완전하게 부식됐다는 것은 최소한 섭씨 325도의 열이 어뢰 뒷부분에 가해졌다는 것"이기 때문이다. 따라서 그것보다 비등점이 훨씬 낮은 '1번'이 남아 있는 것은 과학적으로 이해가 안 된다는 것이다.

하지만 논쟁은 송태호 카이스트 교수가 지난 8월 2일 "어뢰가 폭발해도 '1번' 글씨 부분은 단 0.1도도 올라가지 않는다"고 주장하면서 새로운 국면을 맞이했다. 송 교수는 이날 발표한 '천안함 어뢰 1번 글씨 부위 온도 계산' 제목의 논문에서, 폭발 때 어뢰추진체는 "첫째, 버블가스가 바닷물을 밀어내는 데 에너지를 쓰기 때문에 온도가 급격하게 떨어지고, 둘째, 1번 표시가 두께 50mm가량의 디스크 뒷면에 적혀 있는데, 거기까지 열이 전달될 시간적 여유가 없었다"며 "따라서 '1번' 글씨가 쓰어 있는 디스크 뒷면의 온도는 단 0.1도도 안 올라간다"고 주장했다.

송 교수는 이어 온도 변화가 적은 원인에 대해 "격벽 디스크 앞면의 열이 뒷면까지 전달되는 시간이 몇 분 정도 걸린다"며 "그러나 실제로 폭발 반응이 일어나는 시간은 1초도 채 안 되는 짧은 시간이기 때문에 앞의 열이 뒤에 전혀 전달되지 않았다"고 설명했다. 송 교수는 또 "극단적인 경우라고 해도 어뢰 추진부의 온도는 기껏 20도 이내로 상승한다"며 "글씨가 열손상을 입을 가능성은 전혀 없다"고 밝혔다.

이에 대해 이승헌 교수는 3일 뒤인 8월 5일 '송 교수의, 버블 팽창이 가역적이라는 가정의 맹점'이라는 반박문을 냈다. 이 교수는 이 반박문에서 송 교수의 가정대로라면, "폭발 직후 초기 버블은 반지름 0.33m에 온도가 3,003도가 되며, 이것이 어뢰 길이인 7m에 해당되는 곳까지 팽창하면 영하 63도가 되는 어처구니없는 결과를 얻게 된다"고 지적했다. 즉 폭발 지점 근처에 있으면 불에 타죽는 것이 아니라 얼어 죽게 되는 상식적으로 납득하기 어려운 현상이 벌어진다는 것이다. 이 교수는 이런 오류는 버블 팽창이 '비가역적'으로 이루어지는데, 송 교수가 이를 '가역적' 현상이라고 잘못 파악해서 나온 것이라고 주장했다. 이 교수는 "대기압의 기압은 1기압이므로 버블 내의 압력에 비하면 버블 밖의 압력은 진공으로 간주할 수 있다"며 "이런 비가역적 과정에서는 버블이 팽창할 때 굳이 추가 에너지를 소모할 필요가 없다"고 주장했다.

하지만 송 교수는 8월 중순 〈주간조선〉에 보낸 이메일에서 이런 이 교수의 주장에 대해 폭발이 수중에서 일어났음을 고려하지 못한 잘못된 판단이라고 주장했다. 송 교수는 "이 교수의 이런 주장은 어뢰가 공기 중에서 폭발했다면 맞을 수 있다"면서도 "수중 폭발로 생긴 버블은 팽창과 수축을 거듭하는 가역적인 반응을 보인다"고 주장했다. 이에 따라 "이때 버블 내부의 온도는 버블이 팽창할 때는 영하 100도까지 떨어"지게 되며, "따라서 버블이 팽창할 때 누군가가 옆에 서 있는다면 당연히 얼어 죽게" 된다는 것이다.

이 교수와 송 교수의 주장은 아직 누구의 주장이 옳은지 판가름이 나지 않은 상태다. 하지만 누구의 주장이 옳든 간에 '공안통치'를 이유로 과학계가 침묵하고 있는 현실에서 논쟁의 현장에 뛰어들었다는 점에서 두 교수 모두에게 높은 점수를 주어야 할 것으로 보인다. 오히려 보다 많은 과학자들이 이 교수나 송 교수처럼 논의에 참여해서 천안함 사건과 관련해 좀더 과학적인 토론을 하는 것이 진실을 밝히는 데 도움이 될 것이다.

**어뢰추진체 관련 데이터가 궁금하다**

그런 가운데서도 잊지 말아야 할 것이 있다. 국방부가 어뢰추진체와 관련한 데이터를 공개하는 것이 과학 논쟁을 소모적으로 흐르지 않게 하는 핵심적 요소라는 점이다. 한 예로 국방부는 최종보고서 199쪽에서

"어뢰 추진동력장치와 선체의 부식 정도에 대한 비교 분석을 위해 함수 및 함미의 파단면과 증거물에서 시료를 채취하여 서울대학교(권동일 교수), 강릉 원주대학교(최병학 교수), 국립과학수사연구소(김의수 박사)에서 합동으로 육안 검사 결과 어뢰 추진동력장치 철 부분(고정타)과 선체 철 부분의 부식 정도는 유사한 것으로 확인하였다"고 서술하고 있다. 하지만 국방부는 6월 29일 언론 3단체와 가진 천안함 설명회에서는 어뢰추진체의 부식 정도가 최고 6배까지 차이가 난다고 설명했다. 국방부는 그렇다면 어뢰 추진동력장치의 철 부분(고정타)은 과연 1~6배 차이가 나는 부식 상태 중 어느 부문에 해당하는 것인지, 나머지 부분은 또 어느 정도의 부식 상태였는지 공개해야 한다. 또 어뢰추진체 공개 뒤 '1번' 표시 위에 녹이 슨 흔적이 보인다는 지적도 많았던 만큼, 어뢰추진체 인양 직후 '1번' 표시의 상태에 대한 자료도 모두 공개해야 한다. 그것은 과학 논쟁이 소모적으로 흐르지 않게 할 뿐 아니라, 어려운 여건에서도 진실을 파악하기 위해 애쓰는 과학자들과 국민들에 대한 최소한의 예의이기도 하기 때문이다.

**김보근** 〈한겨레〉 스페셜콘텐츠부장

# 합조단, 민간위원에 '왕따' 작전

'결정적 증거물'인 어뢰 부품 조사에서 합동조사단 민간위원들은 완전히 배제됐다. 합조단의 민간위원들은 어뢰 부품이 5월 15일 인양된 뒤 사흘 동안 인양 사실조차 모르고 있었다. 조사단에 참여한 한 위원은 "어뢰가 발견됐다는 사실을 5월 18일에 처음 들었다"며 "(발표 당시) 공개된 슬라이드를 통해 사진으로 봤다"고 말했다. 사건 해결의 결정적 단서임에도 군은 사진을 제외한 더 이상의 자료를 이들에게 제공하지 않았다. 그나마도 비밀 유지를 당부했다. 5월 18일은 한 보수 언론이 군에서 어뢰 파편을 찾았다는 사실을 '정부 소식통'을 인용해 기사화한 날이다. 다음날인 5월 19일에는 그 어뢰 파편에 '일련번호'와 '북한 글자체'가 있다는 사실까지 보도됐다. 언론에는 알려놓고, 합조단 소속인 민간위원들에게는 비밀을 약속받는 상황이 된 것이다. 한 민간위원은 "자료 제공도 없이 슬라이드만으로 기밀이라고 하더니만 일부 언론에는 다 공개하는 것을 보고 좀 허탈했다"고 말했다. 결국 민간위원들이 어뢰 부품의 실물을 본 것은 조사 결과 발표 현장에서였다.

수중 폭발과 선체의 관계를 규명하는 민간위원들의 역할을 감안하면 어뢰는 조사에 포함돼야 할 필수 증거물이었다. 이를 두고 한 위원은 "워낙 보안이 중요한 곳이니까……"라며 말을 아꼈다. 결국 어뢰 부품과 그와 관련된 정보는 민간위원들의 조사에 반영되지 않았다. 한 민간위원은 이런 문제 제기에 대해 "반영했어야 한다고 판단할 수도 있지만 시간상 가능하지 않았다"며 "여러 가지 가설 중에 과학적으로 가장 설득력 있는 경우를 택해 결과를 도출하는 과정이었다. (어뢰 부품은 조사 과정에) 꼭 들어가야 하는 것은 아니라고 판단했다"고 말했다. "더 정밀한 결과 도출을 위해서는 당연히 포함돼야 하지 않느냐"고 되묻자 그는 "그렇게 되면 10일 이상이 더 걸릴 것이고 20일 조사 결과 발표를 맞추기는 힘들었을 것"이라고 답했다. 조사 기간 연장에 대해서는 "어뢰에 대한 정보가 예측 범위 내에 있어 결론을 변경할 만큼은 아니었다"고 말했다.

문제는 어뢰만이 아니다. 어뢰 폭발에 충격을 받아 떨어져나간 부분이라고 지목된 천안함의 가스터빈실 또한 민간위원들의 조사에 포함되지 않았다. 물론 인양이 늦었다(5월 19일)는 이유도 있었지만 그 이후에도 조사에서 제외되기는 마찬가지였다. 인터뷰에 응한 한 민간위원의 경우 가스터빈실의 중요성을 인정하면서도 인양 시점조차 모르고 있었다. 하지만 그는 당황하지 않았다. 이유는 간단하다. "(가스터빈실까지 조사하려면) 절대적인 시간이 걸리는 데다, 조사 결과를 바꿀 만한 단서라고 판단하지 않았기 때문"이라는 것이다. 이는 어뢰 부품이 조사 대상에서 제외된 이유와 동일하다. 다른 위원도 "붕괴 구조의 단면을 검토한 뒤 미리 예상한 붕괴 모드에 계산식을 대입했다"며 "시뮬레이션에 큰 영향을 주지 않는다고 판단했다"고 말했다.

민간위원들은 합조단이 군 주도로 진행됐던 것에 대한 불만을 감추지 않았다. 위원들은 "지나친 비밀주의와 소통 능력·노력 부재 등이 불신을 키웠다"고 지적했다. "군이 상황에 따라 말을 바꾼 사실에 대한 해명은 하지 않고, '믿지 못하겠다면 어쩔 수 없다'는 식으로 상대를 존중하지 않는 태도는 바로잡아야 한다"는 것이다. 군에 대한 불신이 커지면서 민간위원들이 수행한 조사마저 싸잡아 조롱의 대상이 된 것에 대한 반감도 있었다.

조사 진행 과정에서 민간위원들이 느낀 가장 큰 불만은 지금까지 자주 지목돼왔던 군의 비밀주의다. 대외적 불투명성의 문제가 합조단의 조사 과정에서도 발목을 잡았던 것이다. 한 위원은 "인양 뒤 함정에 대한 정보가 있어야 조사가 진행되는 것은 당연한데, 관련 자료 제공이 원활하지 않아 어려움이 많았다"며 "군의 경직성이 학자 입장에서는 난감했다"고 말했다.

민간위원들이 요구하는 자료의 제공이 지체됐을 뿐만 아니라 증거물에 대한 접근이 차단되기도 했다는 주장까지 나오고 있다. 국회 천안함진상조사특위에서 활동하는 민주당 최문순 의원은 지난 6월 3일 "민간위원들은 조사 과정에서 본인이 맡은 분야만 보고 판단할 뿐 전체가 어떻게 엮이는지 개입하지 못했고, 자료 접근 자체가 불충분했다"며 "조사위원 일부가 절단면 사진을 찍으려 해도 못 찍게 했다고도 한다"고 밝혔다.

**하어영** 〈한겨레〉 한겨레21부 기자

# 09
## 지진파

# '폭발력 260kg'은 수심과 '따로' 놀아

국방부는 지진파와 공중음파를 천안함의 침몰 시각과 위치를 특정하는 중요한 근거 가운데 하나로 삼아왔다. 한국지질자원연구원(지질연)이 3월 27일 작성해 국방부에 전달한 문서에는 "추정 지진 규모가 1.5이며, 이는 티엔티(TNT)로 계산하면 180kg에 해당"한다고 적시돼 있다. 기상청 관계자도 "사고 당일 규모 1.5의 지진파가 감지됐으며, 티엔티 140~180kg의 폭발 규모에 해당한다"고 밝혔다. 지진파 규모로 추정한 폭발력은 '1번 어뢰'가 물속에서 모습을 드러내는 순간에도 그럴듯해 보였다. 민군합동조사단(합조단)은 '1번 어뢰' CHT-02D는 직경이 21인치, 탄두 폭약량이 250kg인 중어뢰라고 밝혔다. 하지만 '1번 어뢰'의 폭발력과 지진파 규모로 산정한 폭발력이 서로 맞지 않는다는 〈한겨레〉 보도가 나오면서 꼬이기 시작했다.

문제는 지질연이 3월 30일 작성한 문서에서 시작됐다. 이 문서에는 3월 27일 작성한 문서에는 없던 문구가 더 추가된다. "기뢰 또는 어뢰가 천안호(천안함) 하부에서 폭발한 경우, 수면 아래 10m 지점에서 폭발한 것으로 가정하고 공중음파 신호로부터 레일리-윌리스 공식을 이용해 계산한 폭발력은 약 260kg의 티엔티 폭발에 상응한다." 레일리-윌리스 공식(Rayleigh-Willis relation)과 만난 백령도 지진 규모의 폭발력은 마치 '1번 어

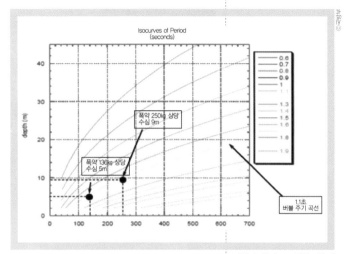

레일리-윌리스 공식을 적용해 3월 26일 천안함 사건 당시 감지된 리히터 규모 1.5 지진파의 폭발력을 폭발한 수심과의 관계에서 표시한 그래프.

뢰'의 폭약량에 맞춘 듯 사흘 만에 티엔티 260kg 규모로 커졌다.

### '마법 공식' 레일리-윌리스

지질연의 3월 30일 문서에 갑자기 등장한 '레일리-윌리스' 공식은 해저나 육상이 아닌 수중 폭발 현상을 설명하기 위한 것으로 티엔티의 양, 폭발 수심, 버블펄스(물속에서 폭발이 있었을 때 가스가 수축과 팽창을 반복하며 나오는 파장)의 주기 등 세 가지 변수 중 두 가지 변수의 값을 알고 있을 때 나머지 한 변수의 값을 구하는 공식이다.

지질연은 백령도 관측소에서 잡힌 공중음파로 버블펄스 주기를 분석한 값(1.1초)만 알고 있었고, 폭발 수심이나 폭발력은 몰랐다. 그러다 보니 폭발 규모를 산정해내는 데 가장 중요한 조건인 폭발 수심을 1~20m까지 임의로 대입했다. 결국 여러 가지 조건을 감안해 10m로 특정해 폭발 규모 티엔티 260kg을 산출해낸 것이다.

국방부 합조단은 9월 13일 발표한 최종보고서에서도 수심 6~9m에서 1번 어뢰가 폭발했다고 발표했다. 하지만 지질연에서 레일리-윌리스 공식

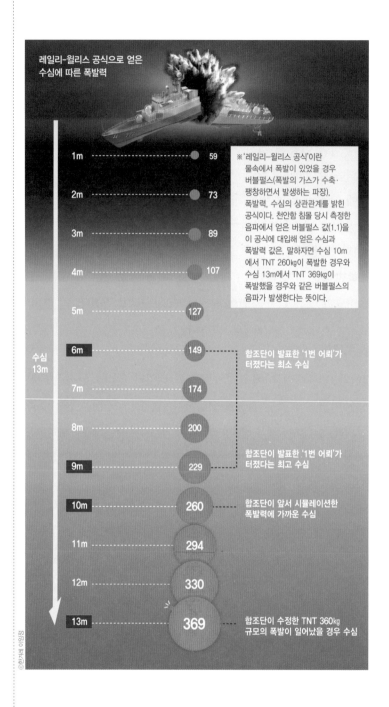

레일리–윌리스 공식으로 얻은
수심에 따른 폭발력

※ '레일리–윌리스 공식'이란
물속에서 폭발이 있었을 경우
버블펄스(폭발의 가스가 수축·
팽창하면서 발생하는 파장),
폭발력, 수심의 상관관계를 밝힌
공식이다. 천안함 침몰 당시 측정한
음파에서 얻은 버블펄스 값(1.1)을
이 공식에 대입해 얻은 수심과
폭발력 값은, 말하자면 수심 10m
에서 TNT 260kg이 폭발한 경우와
수심 13m에서 TNT 369kg이
폭발했을 경우와 같은 버블펄스의
음파가 발생한다는 뜻이다.

수심
13m

1m ---------------------- 59

2m ---------------------- 73

3m ---------------------- 89

4m ---------------------- 107

5m ---------------------- 127

6m ---------------------- 149 ---- 합조단이 발표한 '1번 어뢰'가
터졌다는 최소 수심

7m ---------------------- 174

8m ---------------------- 200

9m ---------------------- 229 ---- 합조단이 발표한 '1번 어뢰'가
터졌다는 최고 수심

10m --------------------- 260 ---- 합조단이 앞서 시뮬레이션한
폭발력에 가까운 수심

11m --------------------- 294

12m --------------------- 330

13m --------------------- 369 ---- 합조단이 수정한 TNT 360kg
규모의 폭발이 일어났을 경우 수심

ⓒ한겨레 이민경

으로 산정한 티엔티 규모 260kg의 폭발력은 수심 10m에서 폭발했을 때를 가정한 것이다. 결국 지질연에서 급조한 '폭발력 260kg'은 합조단에서 분석한 폭발력이나 폭발 수심과 동떨어진 것이다. 레일리-윌리스 공식을 적용하면 폭발력은 수심이 1m씩 변할 때마다 엄청난 차이를 보이기 때문이다.

합조단은 이를 의식해서인지 수심 5m와 수심 9m에서 폭발했을 때 레일리-윌리스 공식을 적용해 산출한 폭발물의 티엔티 규모를 최종보고서에 도표와 함께 실었다. 합조단이 최종보고서에 실은 레일리-윌리스 공식으로 산출한 수심과 폭발력의 관계는 〈한겨레〉가 계산한 값과 상당한 차이를 보였다. 최종보고서에는 버블 주기가 1.1초일 때 수심 5m에서는 티엔티 136kg에 상당하고, 수심 9m에서는 티엔티 250kg에 상당한다고 기록돼 있다.

실제로 〈한겨레〉가 전문가에게 의뢰해 합조단이 '1번 어뢰'가 터졌다고 발표한 폭발 수심 6~9m를 레일리-윌리스 공식에 대입해본 결과, 수심에 따라 상당한 편차가 발생하는 것으로 확인됐다. 〈한겨레〉가 계산한 값은 합조단이 계산한 값과도 다르게 나왔는데, 수심 5m에서는 티엔티 127kg, 수심 9m에서는 티엔티 229kg의 폭발력이 나오는 것으로 확인됐다. 수심 6m인 경우에는 티엔티 149kg에 지나지 않았다. 국방부는 최종보고서에서 레일리-윌리스 공식을 적용해 산출한 수심에 따른 폭발력 규모가 〈한겨레〉가 계산한 것과 맞지 않는 데 대해서는 이후 정밀한 조사를 통해 어떤 것이 맞는지 가려야 할 것이다.

국방부는 최종보고서 발표 자리에서 '1번 어뢰'의 폭발력과 공중음파로 측정한 지진파의 폭발력 규모가 맞지 않는다는 〈한겨레〉 기자의 지적이 나오자, "저희들이 처음부터 지진파를 가지고 폭약량을 정하지 않았다"고 해명했다. 레일리-윌리스 공식에 대해서는 "자연의 인과관계를 법

칙화시킨 것은 아니고, 무수히 많은 수중 폭발 실험을 통해서 만든 공식"
이라며 "환경에 따라서 차이가 날 수 있다"고 밝혔다. 지진 전문가도 "레
일리-윌리스 공식은 수심 1,000m 정도의 심해를 상정하고 만들어진 것
이기 때문에 얕은 천해에서는 버블펄스 주기를 제대로 측정하기가 어렵
다"고 설명했다는 것이다.

### 1번 어뢰와 폭발력

합조단은 레일리-윌리스 공식으로 지진파의 폭발력을 티엔티 260kg
규모로 키웠지만, 이번엔 '1번 어뢰'의 폭발력이 티엔티 250kg 규모보다 훨
씬 크다는 난관에 부딪혔다. '1번 어뢰'는 폭약량 250kg인 중어뢰다. 그런
데 1번 어뢰의 폭약은 고성능 폭약으로 폭발력이 티엔티의 1.4~2배에 이
른다. 통상 폭약의 폭발력은 티엔티로 표시된다. 예컨대 티엔티 1kg은 티
엔티의 무게가 1kg인 동시에 폭발력이 1kg이라는 얘기다. 고성능 폭약의
경우 티엔티 이외에도, 티엔티보다 폭발 성능이 뛰어난 다른 폭약들과 알
루미늄 등을 섞어 폭발력을 증가시킨다. 합조단도 RDX와 HMX 같은 고
성능 폭약이 선체에서 검출됐다고 주장하고 있다. 국책연구기관의 한 전
문가는 "어뢰 폭약량을 티엔티로 환산하면 통상 폭발력이 티엔티 폭발
물보다 1.4배에서 2배 정도로 증가한다"고 밝혔다. 어뢰 제작 과정을 잘
알고 있는 국내의 다른 전문가도 "어뢰 탄두의 폭발력은 화약 성분 비율
에 따라 단순한 티엔티보다 2배 이상의 폭발력을 낼 수도 있다"고 전했다.
이에 비춰볼 때, '1번 어뢰'의 폭발력을 티엔티로 환산하면 350~500kg에
이른다. 이는 합조단이 제시한 어뢰 제원에 명시된 폭약량 250kg의 1.4~2
배에 달하는 값이다. 합조단도 최종보고서 발표 때 "북한 어뢰 CHT-02D
의 폭약은 고성능"이라고 인정했다.

국방부는 결국 '1번 어뢰'와 '지진파'의 모순관계를 풀지 못했다. 최종보

고서에 '1번 어뢰'의 폭발력을 티엔티 360kg으로 높인 시뮬레이션 결과를 실었으나, 이는 천안함 사건 당일 발생한 지진파의 폭발력인 티엔티 140~260kg과 큰 괴리를 보였다.

## 폭발력과 시뮬레이션

국방부는 최종보고서 발표 때 "천안함 손상과 유사한 형태의 폭발을 일으킬 수 있는 폭약량과 수심을 다양하게 설정해 시뮬레이션을 진행했다"며 "그 결과 천안함 실물 파손과 비슷한 형태의 파손이 일어난 폭발 유형을 후보군으로 선정했다"고 말했다. 국방부는 이어 시뮬레이션 분석 결과, 티엔티 250kg의 폭약량은 수심 6m, 티엔티 300kg의 폭약량은 수심 7m, 티엔티 360kg의 폭약량은 수심 7~9m에서 천안함 손상과 가장 유사한 형태를 가져온다고 밝혔다.

이를 하나씩 따져보면 5월 20일 "천안함이 북한 어뢰에 의해 격침됐다"며 발표한 내용이 엉터리 시뮬레이션 분석이라는 것, 그리고 '1번 어뢰'와는 전혀 관계가 없었다는 것을 확인할 수 있다. 국방부가 '1번 어뢰'의 폭발력이 티엔티 250kg의 1.4~2배에 상당한다는 것을 알고 있으면서도 5월 20일 발표 당시 티엔티 250kg으로 시뮬레이션 분석을 진행한 것은 이해하기 힘들다.

### 지진파 배척하는 티엔티 360kg 폭발력

최종보고서에 실린 티엔티 360kg으로 한 시뮬레이션 분석은 지난 5월 20일 발표 때 합조단이 제시한 시뮬레이션의 기준 폭발력인 티엔티 250kg보다 1.44배 강력해진 것이다. 국방부는 "티엔티 폭약 360kg이 수심 9m에서 폭발한 경우 가스터빈실의 손상 정도가 실제 천안함 손상 상태와 비교했을 때 매우 미약"했고 "티엔티 360kg이 수심 7m에서 폭발한 경우 천안함 실제 손상과 거의 유사한 형태의 손상 정도를 나타냈다"고 설명했다.

하지만 새 실험 결과는 폭발력에서 지진파와 상당한 차이를 보인다. 천안함 사고 당일 밤 9시 22분에 발생해서 천안함 사고 시각과 장소를 '확정'했던 유일한 근거인 리히터 규모 1.5의 지진파의 폭발력은 티엔티로 환산할 때 약 140~180kg에 불과하다. 지질연이 수중 10m에서 폭발이 있었다고 가정했음에도 폭발력은 티엔티 260kg에 그친다. 국방부가 '1번 어뢰'가 천안함을 피격한 어뢰라는 주장을 계속 유지한다면, 지진파는 천안함과 무관한 것이라는 결론에 도달할 수밖에 없다. 그렇다면, 천안함의 사고 지점은 다시 원점에서 재검토돼야 한다.

더욱이 5월 20일 발표 때 폭발력을 티엔티 260kg으로 늘려 잡도록 만든 레일리-윌리스 공식은 천해가 아닌 심해에서 폭발력을 규명하기 위해 만들어진 공식이다. 연세대 홍태경 교수는 "레일리-윌리스 공식은 얕은 바다가 아니라 수심 1,000m 정도 되는 깊은 바다 속에서 폭발력을 알아보기 위해서 만든 것"이라면서 "얕은 바다에서는 버블 주기를 측정하는 것이 사실상 어렵다"고 설명했다. 홍 교수는 또 "레일리-윌리스 공식이 증명되지 않은 것은 아니지만 천안함 침몰에 적용이 가능한지는 확신이 서지 않는다"고 지적했다. 따라서 지질연이 이른바 공중음파 계산법으로 추정한 폭발력을 천안함 사고에 적용하기에는 무리라는 지적이 많다. 지질연 관계자는 수심 10m를 특정한 이유를 묻자 "하나의 참고치로만 제시한 것이고, (군 당국에) 자료만 제공했다"고 해명했다. 그렇다면 결국 천안함 사건 당일 지진파로 측정한 폭발력은 티엔티로 140~180kg에 불과하다고 판단할 수 있다. 이는 결코 중어뢰가 일으킨 폭발이 아니다.

이는 국방부가 5월 20일 발표 때부터 9월 최종보고서 발표 때까지 '1번 어뢰'에 대해 3개월 넘게 엉터리 설명을 유지해왔다는 뜻이기도 하다. 전문가들의 의견을 종합해보면, 어느 정도 추정이 가능하다. 국책연구기관의 한 전문가는 애초 시뮬레이션 당시 천안함에 가해진 폭발력을 티엔티 250kg으로 특정한 이유를 묻자 "저희가 했다기보다는 미국 전문가들이 처음에 간단한 시뮬레이션을 하고 나서 250kg이 유력하지 않으냐고 (해서) 얘기가 됐다"고 전했다.

### 국방부 '1번 어뢰' 폭발력은 엉터리

그런데 시뮬레이션을 시작한 시점은 4월 말~5월 초쯤이었다고 한다. 조사 결과 발표를 닷새 앞둔 5월 15일 갑자기 건져 올린 '1번 어뢰'의 폭발력에 맞게 발표를 수정할 시간이 없었던 것이다. 그럼에도 당시 합조단은 5월 20일 발표 자리에서 "(티엔티 250kg으로) 시뮬레이션을 한 결과가 천안함 손상과 유사하게 나왔다"고 밝히기까지 했다. 어뢰와 지진파가 동일한 것인 양 받아들이도록 하는 교묘한 '조작'이다. 합조단은 그 이후에도 '폭약 250kg'과 '고성능 폭약 250kg'을 상황에 따라 섞어서 사용함으로써 마치 티엔티 250kg으로 시뮬레이션한 대상이 '1번 어뢰'인 듯이 몰고 갔다.

국방부 합조단은 여전히 "지진파 및 공중음파 분석, 수중 폭발의 시뮬레이션, 폭약 성분 분석 결과, 천안함은 어뢰에 의한 수중 폭발로 발생한 충격파와 버블 효과에 의해 절단되어 침몰되었고, 폭발 위치는 가스터빈실 중앙으로부터 좌현 3m, 수심 6~9m 정도이며, 무기 체계는 북한에서 제조한 고성능 폭약 250kg 규모의 CHT-02D 어뢰로 확인되었다"고 주장하고 있다. 하지만 이는 합조단이 그동안 주장한 "과학적이고 객관적인 사실 규명"과는 거리가 멀다. 무엇보다 상충되는 지진파와 '1번 어뢰' 폭발력에 대한 객관적인 해명을 찾아볼 수 없기 때문이다.

이충신 〈한겨레〉 e-뉴스부 기자

# 10
## 왜곡된 보고서

# 설계도 실수 숨기고
# 충격파는 교묘히 속이고

어떠한 보고서든, 보고서가 갖추어야 할 가장 기본적인 요소는 진실성이다. 어떤 조사단이 자신들의 조사 결과를 책 등으로 묶어 내놓을 때, 그 내용들에는 숨김이나 거짓이 있어서는 안 된다. 아무리 작고 사소할지라도 숨김이나 거짓이 발견된다면 보고서 전체의 신뢰도가 크게 떨어질 것이기 때문이다.

하지만 국방부가 펴낸 천안함 최종보고서는 물론 국방부가 천안함 사건에 임하는 자세 또한 이런 기본적인 원칙에 충실하지 못했다. 최종보고서 곳곳에 왜곡과 조작 의혹이 발견되고, 국방부도 정작 천안함 사건의 진실을 파악하는 데 도움이 되는 내용은 숨기는 데 급급한 모습을 보여주었기 때문이다. 왜곡과 조작 의혹은 특히 국방부가 결정적 증거라고 밝힌 '1번 어뢰'에 집중되고 있지만, 그밖에도 수중 폭발에 결정적인 물기둥 증언 등도 '조작'이라고 비판받기에 충분하다. 또 충격파와 관련한 내용도 국민들을 교묘하게 속이는 것으로밖에 볼 수 없다.

'숨기기'는 국방부가 많은 자료를 가지고 있으면서도 자신들이 제시한 어뢰설을 방어하는 데 불리할 것으로 판단되는 것들을 감추는 것을 가리킨다. 항적과 교신 기록 등 천안함 사건의 진실을 파악하는 데 필수적인 요소들이 최종보고서에 전혀 등장하지 않는다는 점이 대표적이다. 또 함미 발견 지점 근처에서 발견된 옛 상선의 침몰 사실을 숨긴 것과 여러 차례 장담했던 '1번 어뢰' 추진체의 녹슨 정도에 대한 과학적 조사 결과를 최종보고서에 싣지 않은 점도 숨기기의 대표적 사례다.

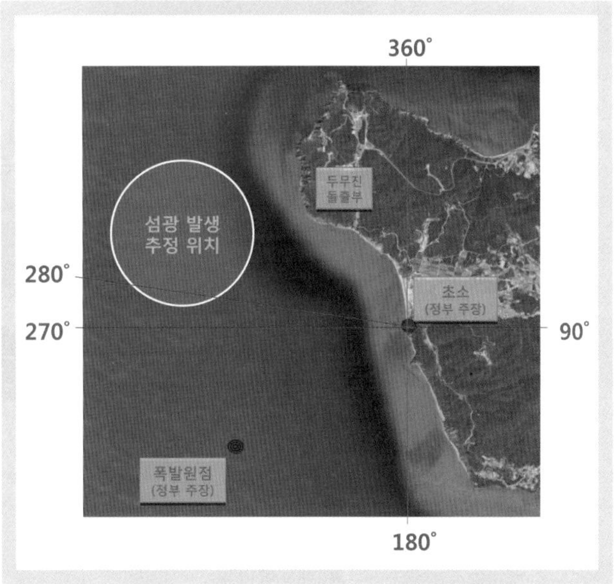
360°
두무진
돌출부
섬광 발생
추정 위치
280°
초소
(정부 주장)
270°
90°
폭발원점
(정부 주장)
180°
©천안함 조사결과 언론보도 검증위

**백령도 서쪽 해안선. 백색 섬광을 목격했다는 초병들이 진술한 방향과 합조단이 천안함 사고 지점이라고 밝힌 폭발 원점의 방향은 확연히 다르다.**

우선 '1번 어뢰'와 관련된 부분부터 살펴보자. '1번 어뢰'는 이미 5월 20일 발표 때부터 많은 이들을 혼란 속에 빠뜨렸다. 무엇보다 국방부가 제시한 '1번 어뢰' 설계도가 어뢰추진체와 다르다는 비판이 인터넷을 통해 빠르게 확산됐기 때문이다. 국방부는 애초 이런 네티즌들의 비판을 유언비어로 치부했지만, 결국 6월 29일 언론 3단체로 구성된 천안함 조사결과 언론보도 검증위를 대상으로 한 '천안함 설명회'에서 잘못을 시인했다. 국방부는 어뢰추진체는 북한 중어뢰 CHT-02D의 것인데, 애초 제시됐던 설계도는 북한의 또 다른 중어뢰 PT-97W의 설계도라는 것이다. 국방부는 이에 대해 실무자의 단순 실수라며 가볍게 넘어갔다.

하지만 '1번 어뢰' 설계도는 최종보고서에서도 여전히 국민들을 혼란스럽게 하고 있다. 최종보고서 29쪽에 수록된 어뢰 설계도와 추진체 사

진은 포토숍 등으로 원형을 변경한 것일 가능성이 높기 때문이다(이 책 128~129쪽 상자기사 참조).

국방부는 관련자의 증언마저 자기 입맛대로 재단한다. 대표적인 사례가 백령도 초병의 증언이다. 어뢰설을 주장하는 국방부가 이를 증명하기 위해서는 어뢰로 인한 수중 폭발 때 필수적인 100m 높이의 물기둥을 증명해야 한다. 국방부의 천안함 최종보고서는 28쪽에 "백령도 해안 초병이 2~3초 동안 높이 약 100m의 백색 섬광 불빛을 관측했다"며 이를 그 증거로 제시한다. 하지만 이는 '조작'에 가깝다. 그 초병은 자술서 등을 통해 여러 차례 백색 섬광은 물기둥이 아니라고 주장했기 때문이다. 더욱이 섬광의 방향도 천안함과 동떨어진 곳이다. 물기둥 관련 증언이 전혀 없어서일 테지만 억지도 이런 억지가 없다.

어뢰 폭발과 관련한 충격파에 대해서는 교묘하게 국민을 속이려 한다.

국방부는 8월 17일 〈조선일보〉 인터넷판에 게재된 '어뢰에 함정이 격침돼도 시신은 불에 타지 않는다'는 제목의 기사에서 생존 및 사망 선원들의 부상이 경미한 이유에 대해 다음과 같이 설명한다.

"충격파는 물속에서는 최대 초속 8,000m라는 어마어마한 속도로 선체를 가격한다. 하지만 충격파는 공기를 만나면 멈춰버리는 특성을 갖고 있다. 따라서 배 안에 있는 선원에겐 충격파가 미치지 못한다. 배의 일부가 물에 잠겨 있다 하더라도 사람이 머무는 선실에는 공기가 채워져 있기 때문이다."

하지만 이 설명은 교묘한 속임수다. 배 안에 있는 선원에게 충격파가 미치지 못하려면 선원들이 선체와 닿지 않고 공기 중에 떠 있어야 하기 때문이다. 하지만 대부분의 선원들은 발 등 신체 일부분이 닿지 않은 채 배 안에 머물 수 없다. 따라서 국방부의 설명은 '눈 가리고 아웅하는' 식 설명이라고 할 수밖에 없다.

국방부는 이렇게 입맛 따라 증언을 해석하지만 정작 천안함 사건의 실체를 이해하는 데 중요한 정보는 꼭꼭 감추어놓았다가 의혹이 제기되면 비로소 "이미 모두 알고 있었다"는 식으로 대응한다. 대표적인 것이 8월 4일 최문순 민주당 의원 등이 천안함 함미가 발견된 곳에서 불과 200~250m 떨어진 곳에서 2,000t급으로 추정되는 대형 선박이 침몰해 있는 것을 발견한 경우였다. 천안함 침몰 지점과 가까운 곳에서 침몰한 이

## 초병 B 1차 진술서 요지

(질문 항목 별로 답을 적은 진술서)

4. 사고발생 지점은?

평소 관측범위였고 두무진 돌출부 쪽이었고,
2-3시 방향으로 보았습니다. 두무진 돌출부는
시정이 좋지 않아도 위치가 잘 판단되는 지형입니다.

5. 사고 당시 상황은?

쾅하는 소리와 동시에 4-5km로 추정되는 거리에서
하얀 빛이 퍼졌다가 소멸하는 것을 보았습니다.
빛 주변이 조금 밝아졌고 주변으로 퍼지는 모양이었습니다.
시정이 좋지 않았고 가까운 거리가 아니어서
그 외의 것은 보지 못하였습니다.
당시 안경을 착용하였고 교정 시력은 양안 다 1.0 이상입니다.
(중략)

2010년 4월 2일 진술인 OOO

백령도 초병은 자신이 백색 섬광을 본 위치가 천안함 사건 발생 추정 지점과 다른 곳이라고 주장했지만, 국방부는 이 진술을 물기둥 존재의 증거로 제시했다.

선박의 발견과 관련해 천안함 좌초설에 대한 새로운 접근이 요구된다는 보도들이 잇따랐다. 이때 국방부가 보인 반응은 "우리는 모든 것을 알고 있었다"는 것이었다. 국방부는 그 다음날인 8월 5일 "침선의 존재는 천안함 사건 초기부터 알고 있었다"며 "침선 잔해물을 인양한 결과 녹이 많이 슬어 있었고 철 구조물에는 리베팅이 다수 있었다"고 해명했다. 즉, "철판을 겹쳐 나사를 박는 리베팅 방식은 매우 오래된 선박 건조 방식이어서 수십 년 전에 침몰한 선박으로 추정됐다"는 것이다.

국방부는 또 〈한겨레〉가 러시아 천안함 보고서 요약본을 특종보도했을 때도 비슷한 반응을 보였다. 〈한겨레〉는 러시아 조사단이 보고서에서 "한국 측에서 공식적으로 언급한 폭발 시각(21시 21분 58초)은 보유 자료들에 비춰본 실제의 예상 폭발 시각이나 사건 당일에 함선 안의 전기가 끊어져 마지막으로 찍힌 동영상의 촬영 시각(21시 17분 3초)과 일치하지 않는다"고 밝혔다. 국방부는 이때도 그제서야 천안함 내 시시티브이가 찍힌 마지막 시각이 21시 17분 3초임을 인정했다. 그 이전까지 국방부는 이런 내용을 밝히지 않았다. 하지만 이때도 국방부는 "시시티브이 카메라 설치 시점에 시간을 입력한 뒤 조정하지 않았기 때문에 실제 시각과 오차가 있다"고 해명했다. 또 이런 사실을 공개하지 않은 이유에 대해 "당시 불필요한 오해를 불러일으킬 수 있어 이 같은 사실을 공개하지 않았다"고 설명했다.

하지만 국방부의 이런 태도는 국방부에 대한 국민들의 신뢰를 하락시킬 뿐이다. 국민들은 국방부가 감춰놓았던 사안들을 언론 보도 뒤에 뒤늦게 인정하는 모습을 거듭 지켜보면서, 국방부가 발표한 최종보고서도 자신에게 불리한 내용은 감춘 채 짜 맞추기 한 것 아니냐는 의혹을 갖게 될 뿐이다.

그러나 국방부가 이런 의혹을 받으면서도 끝끝내 공개하지 않는 자료

2010.6.28 국방부 면담 기자회견

한국대학생문화연대, 고려대학교 이과대학 학생회, 고려대학교 문과대···

들도 있다. 천안함의 당일 항적과 교신기록이 그것이다. 천안함의 항적은 사건 당일인 3월 26일 천안함이 백령도 앞바다의 어떤어떤 곳을 항해했는지 보여주는 자료다. 또 교신기록은 천안함이 제2함대 사령부 등 지휘부와 어떤 내용의 통화를 했는지를 알려준다. 이 두 가지 기록이 중요한 이유는 이 두 정보가 온전히 공개돼야만 어뢰설, 기뢰설, 좌초설 등 각종 설들의 진위 여부에 좀더 접근할 수 있기 때문이다. 가령 천안함 항적 기록이 공개되면 천안함이 이날 백령도 앞바다에 좀더 접근한 적이 있었는지를 파악할 수 있다. 만일 천안함이 백령도 앞바다에 가깝게 다가간 적이 없다면, 좌초설과 기뢰설은 입지가 약해지게 된다.

**당일 항적과 교신기록을 알고 싶다**

교신기록 또한 천안함에 당시 어떤 일이 일어났는지를 파악하는 데 중

국방부가 '1번 어뢰'가 녹슨 정도에 대한 과학적 설명을 못 내놓자 '1번 어뢰'의 신뢰성에 대한 의문이 높아졌다. 사진은 대학생 어뢰 금속 부식 실험단이 6월 28일 오후 서울 용산 국방부 출입문 앞에서 천안함 사건 관련 기자회견을 열어 "어뢰 중 1번 매직 글씨가 써 있는 해당 부품과 용접하여 이어진 뒷부분의 부식 정도가 크게 나타나는 등 이해하기 힘든 점이 많다"며 "어뢰 금속 실험에 나서겠다"고 밝히고 있다.

요한 정보를 제공해줄 것이다. 천안함과 관련해 사건 초기에 천안함이 좌초됐다는 보고가 잇따랐던 것으로 알려져 있다. 이와 관련해서는 해양경찰청도 지난 4월 1일 민주당 김성순 의원에게 제출한 자료에서 "지난 3월 26일 해군 2함대사로부터 밤 9시 30분경 백령도 남서방 1.5마일 해상에서 천안함이 좌초됐다는 내용을 통보받았다"고 밝혔다. 천안함의 교신기록은 이런 초기 좌초설과 관련된 내용들이 어떤 연유로 만들어진 것인지 파악할 수 있게 해줄 것이다. 정확한 교신 내용들이 공개되면, 이런 초기 좌초설이 국방부가 주장하듯 혼란에 의해 일어난 것인지, 아니면 실제로 좌초라고 볼 수 있는 요소들이 들어 있는지 확정할 수 있을 것이다.

이와 관련해 '민주사회를 위한 변호사모임'(민변)과 참여연대는 9월 17일 시민 1,160명과 함께 서울행정법원에, 국방부의 천안함 사건 자료와

천안함 견시 데크. 이 데크에 올라가 있던 견시병은 물기둥을 보지 못했고 다만 얼굴에 물방울만 튀었다고 증언했다. 하지만 국방부는 이 주장도 100m 이상의 물기둥이 존재하는 증거로 제시했다.

감사원 감사 결과에 대한 정보공개 거부 처분을 취소하라는 소송을 냈다. 민변과 참여연대가 모집한 '천안함 정보공개 시민청구인단' 1,100여 명은 이에 앞서 5월 해군과 해경이 천안함과 관련해 주고받은 교신기록 사본 등 12개 항목에 대해 국방부와 감사원에 정보공개 청구를 했다. 그런데 국방부와 감사원은 6월 정보공개 거부 결정을 내렸다.

하지만 숨김과 거짓이 없는 진실성만이 다수의 국민들이 신뢰할 수 있는 천안함 보고서를 만들 수 있다는 점에서 항적과 교신기록의 공개는 불가피할 것으로 보인다. 국방부는 현재 군사기밀이라는 점을 들어 이들 자료에 대한 공개를 완강히 거부하고 있지만, 이 두 정보는 이미 2002년 연평해전 당시 공개된 적이 있다. 그때나 지금이나 국민들의 알 권리와 분열 극복이 가장 중요한 가치가 돼야 한다는 점에서는 다르지 않다.

**김보근** 〈한겨레〉 스페셜콘텐츠부장

# 최종보고서도 '뽀샵'하셨군요

북한은 수출용 어뢰 설계도 하나 제대로 만들지 못하는 것일까?

국방부의 한글판 천안함 최종보고서 29쪽에 실린 '그림 요약-3'(129쪽 그림 1)은 개당 100만 달러가 넘는 어뢰를 수출한다는 북한의 설계 능력을 의심하게 한다. '어뢰 설계도와 수거한 어뢰 추진동력장치'라는 제목을 단 이 그림은 말 그대로 ①추진체의 모터 부분 ②추진체의 끝부분 ③프로펠러 부분의 설계도와 실물 사진을 비교함으로써 5월 15일 연평도 앞바다에서 건져 올린 어뢰추진체가 북한의 수출용 어뢰 CHT-02D의 설계도와 정확히 일치한다는 것을 보여주기 위한 그림이다. 하지만 이 그림은 최종보고서가 '조작됐다'는 느낌을 줄 만큼 왜곡투성이다.

무엇보다 이 그림 속 설계도는 가장 기본이라고 할 수 있는 길이 측정부터 잘못돼 있다. 윗부분에 위치한 설계도에는 ①이 33.3cm로 ②가 27cm로, 그리고 ③은 19cm로 표시돼 있다. 그런데, 33.3cm로 표시된 ①의 길이가 27cm로 표시된 ②보다 눈에 띄게 작다. ①은 자신보다 14.3cm나 작은 것으로 표시된 ③보다 조금 클 뿐이다.

왜 이런 모순이 생긴 것일까? 우선 원래 어뢰 설계도 제작자가 잘못 그렸을 가능성이 있다. 그런데 국방부는 이것을 북한 당국이 제작한 수출용 설계도라고 주장하고 있다. 이 주장을 받아들인다면, 북한 당국은 수출용 무기 설계도도 이렇게 엉터리로 만드는 것이 된다. 고가의 무기를 판매하면서 구매자가 허술하게 느끼게끔 설계도를 만든다는 게 쉽게 이해되지 않는다. 그런 엉터리 설계도를 보고 무기 구매를 결정할 '멍청한' 구매자는 없을 것이기 때문이다.

두 번째 가능성은 국방부에서 누군가가 이 설계도를 변형시킨 것이다. 왜 그랬는지는 알 수 없다. 하지만 이런 가정을 할 경우 이는 국방부가 어떤 이유에서든 원래 설계도에 손을 대고 변형한 것을 국민들과 세계에 제시한 것이 된다. 국방부는 이에 대해 '조작'이라는 비판을 받아도 딱히 대응할 말을 찾기가 쉽지 않을 것으로 보인다.

더욱이 문제는 밑의 어뢰추진체 사진도 위의 설계도에 맞게 변형돼 있다는 점이다. 무엇보다 가장 왼쪽에 위치한 모터가 길이 방향으로 상당히 축소된 것을 알 수 있다. 이는 국방부가 5월 20일 발표한 추진체 사진 및 설계도(그림 2)와 비교해보면 명확하다. 따라서 위 사진은 실제 모터 사진을 잘못된 설계도에 맞추기 위해 변형시킨 것으로 해석된다. 이렇게 변형을 시키기 위해서는 포토숍이나 그 외 비슷한 사진 관련 소프트웨어를 쓸 수밖에 없다. 진실해야 할 보고서에 '뽀샵질을 한 증거물'이 등장한 셈이다.

**김보근** 〈한겨레〉 스페셜콘텐츠부장

## 그림 1_천안함 사건 최종보고서에 실려 있는 사진

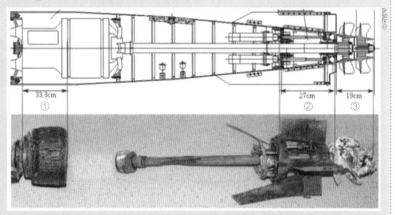

33.3cm ①　27cm ②　19cm ③

## 그림 2_5월 20일 발표한 어뢰추진체 및 설계도 사진

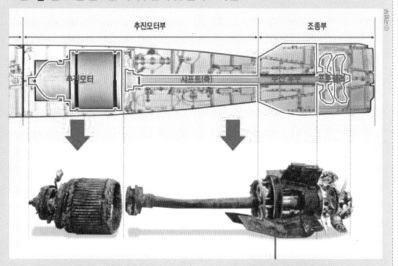

추진모터부　조종부

추진모터　샤프트(축)　무산 유로　프로펠러

최종보고서에 제시된 어뢰추진체 사진(그림
1)은 5월 20일에 제시된 그림 2의 사진과 비
교할 때 심각하게 변형된 것을 알 수 있다. 그
림 2의 설계도는 국방부가 6월 29일 잘못된
설계도라고 고백한 것이다.

# 007 같은 인간 어뢰설까지
## 보수 언론·청와대·경호처 공명

백령도 서남단 해역에서 천안함이 침몰한 2010년 3월 26일에서 함미가 인양된 4월 15일 사이에 청와대에서는 마치 모차르트의 오페라 〈가면무도회〉와 같은 대혼란이 빚어지고 있었다. 사건의 원인을 두고 전혀 갈피를 잡지 못한 채 여러 가지 설들이 난무하고 있었고, 그 와중에 국가 위기 관리 기능이 완전히 정지된 것이다. 사건 초기에 네 번의 안보관계장관회의에도 불구하고 청와대를 비롯한 외교안보 부처들은 사건 원인에 대해 신중하게 접근했다. 당시 외교안보 부처들에는 북한이 연루되었다는 심증만으로 섣불리 대응했다가는 돌이킬 수 없는 국가 위기가 초래될지 모른다는 위기의식이 팽배해 있었다.

그러나 보수 언론은 계속 북한이 연루된 것으로 보도하며 정부에 강경한 대응을 촉구했다. '인간 어뢰설' '해류 편승 침투설' 등 지금의 관점에서 볼 때 유언비어라고밖에 볼 수 없는 기상천외한 시나리오까지 버젓이 신문을 장식했다. 외신이 이를 두고 "마치 007 시리즈 같다"는 비아냥거려

김태영 국방부장관이 6월 11일 국회에서 열린 천안함 침몰사건 진상조사특별위원회 2차 회의에 참석해 질의에 답하고 있다.

도 한국의 보수 언론은 막무가내였다. 천안함 침몰은 북한이라는 '악한' 이 아니면 그 무엇으로도 설명될 수 없다는 태도였다. 북한이라는 행위자 의 의도와 능력, 그리고 사건의 개요를 구성할 만한 정보가 극히 빈약한 상황이었는데도 정치권력에게 바로 북한임을 예단하고 대응하라고 압 박하는 논조였다. 그러자 청와대 외교안보실 한 비서관은 언론에 몹시 짜 증을 냈다. "왜 북한으로 몰아가려 하느냐"며 "나중에 사실이 아니면 어 쩔 거냐"는 격한 반응이 보도된 것이 3월 30일이었다. 그리고 4월 2일에는 국회 대정부 질문에 답변을 하는 김태영 국방장관에게 '어뢰로 기우는 것 같다'는 청와대의 메모가 전달되기도 했다. 사건의 원인과 관련해 신중한 언행을 촉구하는 청와대의 태도를 엿볼 수 있는 사례다.

초계함은 침몰했지만, 아직 원인불명인 상황에서 비상사태 선포나 비 상조치도 이루어지지 않았고, 정부 담화도 발표되지 않았다. 오직 '재난 사태'에 준하는 구조 활동만 긴박하게 진행되다가 4월 초 실종자 생존 가 능성이 희박해지면서 가라앉은 함체 인양으로 방향이 선회되었을 뿐이

민주당 박영선 의원이 6월 11일 국회에서 열린 천안함진상조사 특위에서 김황식 감사원장에게 천안함 감사 결과에 대하여 질문하고 있다.
다. 군 출신 보수우파 사이에서는 "북한이 아니라면 누구 소행이겠느냐" 며 이명박 정부에 대한 실망과 분노가 일었다. 한 보수논객은 "북한이 연루되었다는 어떤 증거도 없다"는 청와대에 대해 "김정일 변호사 노릇 한다"고 공격했다. 한편 청와대 경호처 등 군 출신이 주로 포진한 부서들도 이러한 보수층의 비판에 공명하기 시작했다. 청와대 내에서조차 갈등의 조짐이 나타난 것이다.

4월 15일 처참히 찢겨나간 천안함의 함미가 인양되는 순간 여론은 경악했다. 상상을 초월하는 엄청난 외부적 힘이 있었음을 강렬하게 암시하는 장면이었다. 여론은 서서히 외부 충격, 이 중에서도 특히 북한의 공격에 심증을 두기 시작했다. 당장 보수층을 필두로 '북한의 만행'을 규탄하려는 움직임이 나타났다. 위기를 관리해야 할 청와대의 일부는 북한이 주범이라는 이런 목소리에 자석처럼 끌려가기 시작했다.

청와대 내의 서로 다른 인식들이 최초로 충돌한 계기는 5월 4일로 예정된 이명박 대통령 주재의 전군주요지휘관회의를 앞두고서였다. 외교안보수석실은 여전히 북한이 연루되었다는 잠정적 결론을 인정하는 데 주저했다. 결정적 증거물이 나오거나 민군합동조사단의 조사 결과가 나오기까지 섣불리 국가 위기 상황으로 치달아서는 안 된다는 판단이었다. 외교안보수석실은 주요지휘관회의를 대통령이 주재하는 데 대해서도 반대했다. "북한이 천안함 공격에 연루되었다는 결정적 증거물이 없는 상황에서 대통령이 북한을 지목하여 규탄 메시지를 보낼 수 없고, 따라서 알맹이 없는 대통령 주재 회의는 안 하느니만 못하다"는 것이 주된 이유였다. 사건 초기부터 예단을 금기시하며 엄격하고 냉정하게 상황을 관리하고자 하는 외교안보수석실의 분위기가 투영된 의견이었다.

그러나 무언가 단호한 대응을 해야 한다는 경호처 일부와 청와대 기획·정무 관계자들은 "행동하는 모습을 보여주어야 한다"며 회의를 강행했다. 지방선거가 얼마 남지 않은 상황에서 보수층의 들끓는 여론을 잠재우기 위해서라도 대통령이 나서야 한다는 정무적 판단도 힘을 보탰다. 외교안보수석실이 국가 위기관리의 의사결정 과정에서 밀리는 양상으로 나타난 결과였다.

5월 4일 회의에서 이명박 대통령은 북한을 공격 주체로 지목하거나 규탄하는 메시지를 발표하지 않았다. 그러나 군의 허술한 지휘체계와 늑장보고를 강도 높게 질타하며 몇 가지 조치를 발표했다. 첫 번째는, 대통령 직속의 국가안보총괄점검회의를 설치하여 운영한다는 것이고, 두 번째는, 대통령의 안보특별보좌관을 신설한다는 것, 세 번째는, 청와대 위기상황실을 위기관리센터로 격상한다는 것이다. 여기에서 총괄점검회의를 운영하는 안은 외교안보수석실의 건의를 받아들인 것이고, 안보특보 설치는 경호처와 정무·기획부서의 의견을 수용한 것이다. 천안함 사건 초기 신중파였던 외교안보수석실은 총괄점검회의로, 강경파였던 경호처 등은 안보특보로 각기 세력을 확장한 셈이다. 그 결과 총괄점검회의 위원

## 천안함 파괴 형태

국방부가 6월 29일 서울 용산 국방부 청사에서 언론인들을 상대로 천안함 파괴 형태를 설명하고 있다.

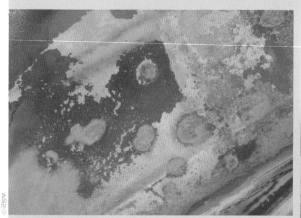

국방부는 천안함 선저에 있는 움푹 들어간 흔적을 어뢰 폭발 압력에 의해 생긴 것이라고 주장했다(위). 그러나 국방부의 주장을 따르더라도 폭발 충격과 무관한 천안함 우현 선체에도 움푹 들어간 곳이 곳곳에서 눈에 띈다(오른쪽). 선박 전문가들은 이런 흔적이 낡은 배에 일반적으로 나타나는 현상이라고 지적하고 있다.

장은 김태효 대외전략비서관의 은사이자 국방선진화추진위원장인 이상우 씨로 결정되었다. 그런데 문제는 안보특보로 임명되는 예비역 장성이 누구냐 하는 문제였다.

안보특보 신설은 천안함 사건 초기 청와대 외교안보수석실을 비롯한 기존 안보라인들의 '너무 신중한' 태도에 대한 문제의식에서 출발했다. 군 복무 경험이 일천한 외교안보수석실의 역량으로는 긴박한 안보 위기에 적절히 대처하는 것이 어렵다는 경호처 등의 의견이 반영된 결과였다. 5월 4일의 비공개회의에서는 이 대통령이 주요 지휘관들 앞에서 맨 앞줄에 앉은 김인종 경호처장을 가리키며 "평소에 저 사람으로부터 안보에 대해 많은 조언을 듣고 있다"고 말해 좌중을 놀라게 했다. 또한 특보의 신설은 대통령에 대한 군 출신들의 언로를 보장해준다는 의미도 담고 있는 '정무적 판단'의 결과이기도 했다.

첫 번째로 물망에 오른 인사는 군 정보기관장 출신인 예비역 K 중장이다. 그러나 청와대 내에서 찬반 여론에 휩싸이더니 대상에서 제외됐다. 이명박 대통령은 5월 5일께 외교안보자문단의 일원인 안광찬 예비역 소장을 임명하도록 지시했다. 격상된 위기관리센터를 관장하면서 대통령에게 안보 현안을 직보할 수 있는 힘을 실어주겠다는 청와대 내 보수층의 의도와, 대통령 자신의 신임을 받는 안 장군이 가장 적임자라는 대통령의 의중이 작용된 결과였다. 이를 파악한 이동관 당시 홍보수석은 기자들의 "안보특보는 누가 되는가"라는 질문에 "안광찬 장군이 유력하다"고 답변했고 이것이 5월 6일자 조간신문에 대서특필되었다.

그런데 곧 반전이 일어났다. 안 장군의 특보 임명에 반대하는 청와대 안팎의 여론을 등에 업고 조직적인 방해 움직임이 일어난 것이다. 여권 핵심 인사는 필자에게 "청와대 내 일부 인사와 TK 특정 인맥이 안 장군을 제외시키기 위해 움직였다"고 밝혔다. 더불어 그는 "현재 주중대사로 베이징에 있는 류우익 대사와 그와 인척지간인 또 다른 예비역 K 중장, 그리고 경호처까지 가담했다"며 천안함 사건 와중에 일어난 이러한 사적 인맥의 발호에 몹시 경계하는 태도를 보였다. 결국 안보특보는 류 대사, K 중장과 동향 출신인 예비역 이희원 대장으로 낙점되었다. 천안함 사건 와중에 벌어진 군 인맥 간 암투의 결과 TK 특정 인맥이 대통령 주변에 대거 약진했다는 분석이다.

5월 13일 이 특보가 임명되자 청와대 외교안보수석실은 "안보특보는 안보정책 의사결정 라인 밖에 있다"며 견제를 시도했다. 더불어 "안보특보실의 업무는 간단하다. 현재 인원이 모자란 외교안보수석실이 수행하기 어려운 업무, 예컨대 위기관리센터 관장과 같은 업무를 수행하는 것이지 안보정책 결정에는 아무런 권한이 없다"는 취지였다. 이러한 뉘앙스를 풍기는 주장은 5월에 월간지를 통해 보도되었다. 결국 청와대 내에 '안보'라는 타이틀을 단 두 가족이 형성되면서 '불편한 동거'는 시작되었다. 한 예로 청와대가 특보직에 대해 예산을 지원할 수 없다고 하여 사무실 운영 예산을 합참이 지원하고 있다. 특보실 근무자는 청와대 정식 직원이 아니라며 청와대 신분증도 발급하지 않았다.

### 안보위기를 빌미로 권력 중심에 다가가려는 세력들

한편 5월 20일 천안함 사건에 대한 민군합동조사단의 중간발표에서 결정적 증거라며 어뢰추진체 잔해와 대형 어뢰 설계도가 공개되었다. 그런데 북한산 중어뢰라는 CHT-02D의 설계도는 공개될 당시부터 '무언가 이상하다'는 여론에 직면했다. 어뢰 잔해와 설계도의 크기가 일치하지 않는다는 지적이 나오고 '가짜 설계도'라는 주장이 인터넷을 통해 확산되었다. 이러한 논란에 청와대는 별다른 심각성을 느낀 것 같지는 않다. 그러나 거듭되는 의혹 제기가 있고 나서 한 달 정도 지난 6월 29일 합조단은 돌

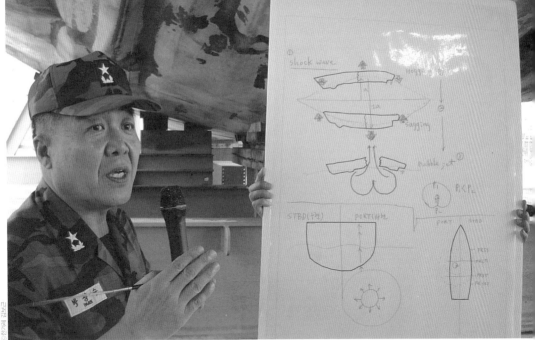

절단된 천안함 선체 앞에서 박정수 해군 준장이 천안함이 버블제트에 의해 두 동강이 났다는 국방부의 '어뢰 가설'을 설명하고 있다.

연 "실무자 실수로 설계도가 뒤바뀌었다"고 시인하기에 이른다.

'가짜 설계도' 파문에 청와대의 충격은 매우 컸다. 특히 청와대가 격분한 대목은 합조단이 이미 5월 말에 잘못된 설계도를 제시한 사실을 알고 6월 초 유엔 안보리에 보고할 때는 제대로 된 설계도로 바뀐 보고서를 작성해 갔다는 점이다. 이를 청와대에는 숨기다가 뒤늦게 시인하는 행태에 청와대 외교안보수석실뿐만 아니라 기획·정무 관계자들은 격분했다. 김성한 외교안보수석도 "군의 발표를 어디까지 믿어야 하나"며 개탄했던 것으로 알려졌다. 한편 한 기획관리비서실 관계자는 한 여권 핵심 인사를 만나 "유니폼 입은 자들은 못 믿겠다"며 불편한 심경을 노골적으로 드러냈다. 적어도 가짜 설계도 문제를 제대로 인지한 시점부터 기획관리비서실은 군 출신이 아닌 민간인 출신 '문민 장관'을 추대하겠다는 입장을 굳히고, 본격적으로 군에 대한 응징을 벼르고 있었던 셈이다.

이 당시 청와대 실세 비서관들은 천안함 사건을 제대로 설명하지 못해 국민들로부터 더 많은 의혹이 양산되는 상황에 몹시 당혹해하거나 불쾌

해했던 것으로 보인다. 6·2 전국지방선거는 바로 천안함 사건에 대한 여론의 '역풍'으로 해석되기에 충분했다. 국민들은 어설픈 설명을 내놓은 채 "믿으라"고 윽박지르는 듯한 정치권력에 대해 "못 믿겠다"는 방식으로 저항했고, 그것이 바로 선거 결과와 직결되었다.

그런데 이 시점에서 일어난 또 하나의 반전. 문민장관론을 확산시키던 청와대 실세 비서관 중 일부가 같은 시기에 터져 나온 '영포회' 논란으로 자리에서 물러난 것이다. 천안함 사건으로 불거진 정치권력과 군부의 갈등 조짐이 예기치 않은 변수로 인해 저절로 봉합된 것이다. 한편 그 직전에 민군합동조사단에서는 4성 장군 한 명, 2성 장군 두 명이 탄생하는 경사를 맞이했다. 이 과정에서 가짜 설계도를 제시한 책임 논란은 슬그머니 수그러들었다. 그러나 그 뒤 러시아의 천안함 보고서가 "한국 정부의 발표가 조작되었다"는 내용을 담고 있는 것으로 알려지면서 문제의 심각성은 국제적인 문제로 확대되었다. 이러한 사실들이 9월에 도널드 그레그 전 주한 미국대사의 입을 통해 확인되면서 이명박 대통령이 급히 러시아를 방문하는 초유의 사태로 이어졌다.

결국 9월 초에 서울대학교 통일평화연구소가 "국민의 32.5%만 천안함에 대한 정부 발표를 신뢰한다"는 여론조사 결과를 발표했다. 그제야 국민을 보고 "믿으라"고 호통 치던 정부의 고압적 자세도 한풀 꺾이기 시작했다. 다시 여론의 화살은 제대로 설명 못한 정부로 향하기 시작한 것이다. 어쩌면 천안함 사건에 대한 규명은 '과학'의 문제라기보다 '신뢰'의 문제라고 보는 편이 정확할 듯하다. 이러한 신뢰의 문제는 청와대 내부에서도 있었고, 청와대와 군부 간에, 그리고 정부와 국민 간에도 있었다. 처음부터 기밀을 앞세워 과도하게 정보를 통제하고 밀실에서 극소수만 정보를 독점할 뿐만 아니라, 심지어 합참과 해군 간에도 소통이 되지 않는 가운데 각종 기만과 은폐만 득실거리는 아수라장이 국민들 눈에 달갑게 보였을 리 있겠는가.

리트 매들리의 저서 『붉은 여왕』에는 재미있는 분석이 있다. "아프리카 초원에 사는 영양은 치타에게 잡아먹히지 않으려고 노력하지만, 일단 치타가 공격해올 때는 다른 영양보다 더 빨리 도망치려고 애쓴다. 아프리카 영양에게 중요한 것은 치타보다 더 빨리 뛰는 것이 아니다. 다른 영양보다 더 빨리 뛰는 것이다."

아프리카 영양을 관찰하면서 매들리는 인간과 동물을 불문하고 관통하는 원리는 '내부경쟁'이라고 보았다. 실제로 동물은 천적에게 죽는 비율이 10%도 안 된다. 90%는 내부 종족 간의 다툼 때문에 죽는다. 암컷을 차지하고 영역을 확보하기 위한 자기들끼리의 전쟁이 그것이다. 사람도 마찬가지다. 겉으로는 공동체의 안전을 위협하는 적에 맞서기 위해 국가를 조직하고 군대를 유지하는 것처럼 보이지만, 보이지 않는 더 중요한 것도 있다.

천안함 사건이 벌어지고 이 땅에는 "내가 앞서서 북한을 응징하겠다"고 나서는 전·현직 장성은 한 사람도 없었다. 반면 이 사건을 통해 정치권력의 중심에 더 가까이 다가가려는 내부경쟁은 더 치열했다. 그 결과 청와대에는 안보기구가 엄청나게 비대해졌는데 이상하게 한국의 위기관리 능력이 향상되었다고 말하는 사람은 보이지 않는다.

**김종대** 군사전문가·군사월간지 〈디앤디 포커스〉 편집장

# 12
## 좌초설

# "난 좌파가 아니지만
# 아무리 봐도 이건 좌초다"

2010년 9월 24일 인천 연안부두에 자리 잡은 '알파잠수기술공사'를 찾았다. 이 업체는 인천 앞바다와 면하고 있는 쪽을 제외한 나머지 경계를 2m 정도 높이의 철판과 가시철조망으로 꼼꼼히 둘러쳐놓아 마치 요새와 같은 느낌을 주는 곳이다. 어른 키에도 못 미치는 좁은 문을 열고 들어서면 털이 복슬복슬한 '올드잉글리시십독(Old English Sheepdog)' 종의 개 한 마리가 요란하게 짖으며 맞는다. 두 채의 이층 컨테이너가 건물의 전부다. 둘 사이의 안뜰쯤 되어 보이는 곳에는 쾌속정 한 대가 늘씬한 선체를 뽐내며 놓여 있다. 주변으로 산소통, 녹슨 스크루 등이 무질서하게 흩어져 있고 잠수복, 수건 등 각종 빨랫감이 널린 채 정오의 일광욕을 즐기고 있었다.

짧은 머리와 구릿빛 피부의 이종인 알파잠수기술공사 대표가 특유의 하회 양반탈 웃음을 지으며 맞이했다. 이 대표는 자신의 일터인 이곳을 "휴양지"라고 부른다. 낡은 철제 계단을 따라 이층에 위치한 그의 사무실에 오르면, 연안부두를 오가는 각종 선박들이 수시로 앞바다를 시원하게 가르는 모습이 훤히 내다보인다. "휴일에도 항상 나와. 앞에는 바다가 있고 안에는 필요한 것이 다 있는데 이만한 곳이 어디 있겠어." 이곳에서 담배를 피워 문 그의 모습은 마치 배 위에 서서 키를 돌리는 선장과도 같다.

해난구조 경력 30년째인 알파 잠수기공 이종인 대표. 국방부의 천안함 최종보고서 발표 뒤에도 그는 자신의 경험에 비추어 볼 때 좌초가 아니면 천안함 침몰을 설명할 수 없다는 입장에서 전혀 흔들리지 않고 있다.

해군 초계함인 천안함이 백령도 인근에서 침몰한 지 6개월가량이 지났다. 국방부가 조직한 민군합동조사단(합조단)은 침몰 원인을 북한에 의한 어뢰 공격이라고 지난 5월 이미 결론지었다. 그러나 이종인 대표는 "천안함은 결코 폭발이 아닌 좌초에 의해 침몰한 것"이라고 계속 목소리를 내고 있다.

왜일까? 민간 해난구조 전문가인 그는 천안함과 직접적으로 관련이 있는 사람도 아니다. 게다가 이렇게 정부의 견해에 반기를 들게 되면 여러 가지 불이익을 당할 게 뻔한데도 그는 좀처럼 목소리를 낮추지 않는다.

그의 답은 간단하다. "천안함은 좌초된 것이 확실하기 때문"이다. 그는 "지난 30년간 바다 속을 누빈 경험에 비추건대 당연한 결론"이라고 덧붙인다. 그는 과학적인 증거나 시뮬레이션 결과 같은 것을 이야기하지 않는다. 그에게 천안함 침몰은 "복잡한 분석이 필요 없는 단순한 사고"이며 "경험적으로 답이 간단한 사고"라는 것이다. 다음은 이날을 비롯해 앞서 세 번에 걸쳐 그와 만나 나눈 대화를 종합해 그의 주장을 정리한 내용이다.

### "좌초한 배를 내가 두 눈으로 봤기 때문이죠"

'좌초설'에 대해 이야기하기에 앞서 '이종인'이라는 사람에 대해 미리 소개해둘 필요가 있다. 그는 1972년 인하대학교에 입학해 조선공학을 전공

2007년 1월 26일 4,000t급 중국 어선 진잉 호가 인천 덕적도 부근에서 좌초돼 침몰하고 있다. 이 대표는 "인양된 천안함의 절단면과 진잉 호의 절단면이 비슷하다"고 말한다.

했다. 대학을 졸업하고 네덜란드 요트제작회사에서 2년간 일하고 귀국한 뒤 잠수회사에 취직해 잠수부로 일했다. 1990년 4월, 알파잠수기술공사를 설립해 지금까지 이끌고 있다. 알파잠수기술공사는 수중검사 및 해난구조 분야에서 국제규격인 아이에스오(ISO) 9001 인증을 받았으며 미국·영국을 비롯한 5개국 선급협회에서도 인증을 획득했다. 2010년 3월 23일에는 해군 제2함대의 해난구조 전시동원업체로 지정되기도 했다. 이종인 대표의 해난구조·인양 경력은 30년가량이다. 말 그대로 이 방면의 전문가다.

이 대표는 천안함과 관련된 인터뷰나 토론회 등이 있으면 굳이 "나의 정치 성향은 한나라당"이라고 먼저 밝히고 이야기를 시작한다. 그가 좌초를 주장하는 이유가 정치적인 성향 때문이라고 생각하는 사람들 때문이다. "나는 내 경험을 이야기할 뿐이지만 어떤 사람들은 '당신은 정치적으로 야당 쪽이니까 그렇게 이야기한다'고 단정하죠. 좌초를 주장하면서

'빨갱이'라는 욕도 많이 먹었어요." 그러나 그는 결코 '좌파적인 인물'은
아니다.

　천안함 사고 직후인 3월 28일 이 대표는 한국방송(KBS) 〈일요진단〉에 해
난구조 전문가로 출연한 일이 있다. 이 자리에서 그는 천안함 침몰의 원
인으로 북한에 의한 어뢰 공격 가능성이 높다고 말했다. 그는 당시에 "(북
한은) 원래 그런 친구들이니까요"라고 말했다. 그는 1973년 해병대에서 군
생활을 했으며 해병대 군가를 통화연결음으로 쓸 정도로 해병대를 여전
히 자랑스럽게 여긴다.

　사고 초기 어뢰에 의한 가능성을 제기하기도 했던 이 대표는 천안함 함
수와 함미가 인양된 4월 중순부터 지금까지 좌초에 의한 침몰이라는 주
장을 굽히지 않고 있다. "왜냐하면 같은 방식으로 침몰한 배를 내가 두 눈
으로 봤기 때문이죠."

　2007년 1월 26일 아침 7시께, 4,000t급 화물선 '진잉 호'가 중국 톈진에
서 화물을 싣고 출발해 인천 덕적도 부근을 지나다 좌초됐다. 이종인 대
표를 비롯한 알파잠수기술공사 잠수부 4명은 구조 요청을 받고 즉시 현
장으로 출동했다. 도착해서 배의 상부와 물밑의 상태를 살핀 결과 배는
돌출암반에 걸쳐져 있는 것으로 판명됐다. 배의 중앙 부위가 암반에 걸
려 있었고 그 앞쪽은 암반 위에, 뒤쪽 함미는 수심이 깊은 바다 위에 떠 있
는 상태였다. 침수 등 다른 증상은 없었고 겉으로 보기에는 멀쩡했다.

　진잉 호에 오른 이 대표는 배의 갑판과 옆면 사이 모서리에 페인트가 일
어나는 현상을 관찰했다. 배에 변형이 발생하고 있다는 징후였다. 이 대표
는 "암초 위에 놓인 선체가 무게 균형을 잃어서 곧 끊어질 것"이라며 연료
를 빼내고 선원들을 대피시킬 것을 선장에게 건의했다. 다음날 오후 5시
께 예측대로 선박은 두 동강 났다. 함수는 암반 위에 남고 함미는 바다 밑
으로 가라앉았다. 선원들은 모두 대피한 뒤라 다행히 인명 피해는 없었다.

측면에서 본 천안함 절단면
(위)과 정면에서 본 절단면
(오른쪽).
이종인 알파잠수기공 대표
는 천안함이 버블제트에 의
해 절단된 것이라면 '수제비
반죽'처럼 돼 있어야 한다고
주장한다. 이 대표는 따라
서 천안함의 '멀쩡한' 절단
면은 천안함이 폭발에 의해
사고가 난 게 아님을 입증
한다고 강조한다.

이 대표는 "인양된 천안함의 절단면과 당시 끊어진 진잉 호의 절단면은 매우 유사하다"고 말했다. 또 "천안함의 측면 등에 페인트가 떨어진 흔적을 관찰할 수 있었는데 이는 진잉 호에서도 보았던 페인트가 일어나는 현상이 남긴 흔적"이라고 덧붙였다.

그가 추론하는 천안함의 침몰 과정은 이렇다.

"천안함은 지난 3월 26일, 사고 직전 어떤 이유 때문에 급하게 오른쪽으로 방향을 틀었다. 무언가를 피해야 했거나 뒤늦게 암초를 발견한 상황이었을 가능성이 있다. 배는 육상을 달리는 자동차와 달리 머리가 방향을 틀면 꼬리는 트는 반대 방향으로 미끄러진다. 마치 미끄러운 눈길 위를 달리는 자동차가 우회전을 하면 뒤쪽은 반대편인 왼쪽으로 미끄러져 나가는 것과 같은 원리다. 천안함도 급하게 오른쪽으로 꺾으면서 함미가 왼쪽으로 미끄러져 나갔고 그 상태에서 배의 왼쪽 중앙부가 큰 사구(모래 언덕)를 들이받은 것이다. 국방부가 어뢰의 버블제트 효과에 의해 변형됐다고 말하는 바로 그 부분이다. 이렇게 좌초된 천안함은 얹혀 있던 사구에서 무리하게 빠져나온 것으로 보인다. 이때 충돌한 중앙 가스터빈실 주변 틈을 통해 바닷물이 급격하게 들어왔고 함미가 그 무게를 지탱하지 못했다. 결국 얼마 버티지 못해 함미는 가라앉으면서 함수와 분리되기 시작했다. 또한, 함미가 잡아당기는 힘으로 인해 함수도 우현으로 90도 기울어졌다가 같은 종말을 맞게 되었다."

국방부는 천안함의 좌초 가능성을 배제하면서 그 중요한 근거로 배 밑바닥에 길이 방향으로 찢김 현상이 없고 '소나돔'이 멀쩡하다는 점을 들었다. 소나돔은 음파탐지기 덮개 부위로 함수 쪽 밑바닥에 둥그렇게 튀어나와 있다. 즉 국방부는 진행하는 배가 좌초했다면 앞부분의 소나돔이 먼저 깨져야 하는데 멀쩡했다는 이유를 들어 좌초를 배재한 것이다. 그러나 이 대표는 사고가 늘 동일한 방식으로 일어나는 것이 아님을 강조한

## 3월 26일 밤 9시~9시 33분 사이 천안함 상황 관련 의혹

**밤 9:00**

천안함 내부 순검 시작
(순찰과 검사=점호)

**9:16**

차균석 하사, 여자친구와
문자 교신 끊김

차균석
하사
(이하 차)

"(텔레비전에서)
백상예술대상한다ㅋㅋ"
"(모임에 친구들과)
아 진짜 다 모여서 가는 거?ㅋㅋ"

여자친구
김씨
(이하 김)

"응~"

차 "너랑 안 놀아!!!"
김 "삐졌어?"
차 "아니. 술 먹기 시작해?"
김 "아니~ 아"

**9:15**

침몰 사고 직후 2함대→
해경에 최초 상황 발생 통보

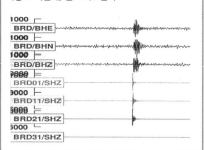

**9:19**

상선통신망에서 천안함과 2함대 교신

**9:21:58**

백령도 지진계, 진도 1.5 관측

```
1000  BRD/BHE
1000  BRD/BHN
1000  BRD/BHZ
7000  BRD01/SHZ
9000  BRD11/SHZ
5000  BRD21/SHZ
6000  BRD31/SHZ
```

**9:22**

군 당국, 천안함 폭발 사고가 일어
났다고 수정 발표

**9:25**

최원일 함장 "함장실에서
당직 점검 및 작계 검토
중이었다"고 실종자 가족
에게 설명

**9:33**

해군2함대사령부, 해경에 최초 상황
통보 및 구조 요청
'좌초됐다'→'침수중'으로 변경 신고

다. 국방부가 설명한 것과 다른 방식으로도 좌초가 일어날 수 있다는 것이다. 함정이 방향을 바꾸다가 좌초되면 마치 옆구리를 가격 당한 것처럼 해저면에 부딪히기 때문에 소나돔이 멀쩡할 수도 있다는 주장이다.

## 폭발에 의한 침몰이라면 '멀쩡'할 수 없다

그러나 이 대표가 좌초로 절단된 배를 보았고 천안함 역시 그와 유사하다고 해서 좌초라고 단정할 수 있을까? 어뢰 공격에 의해서도 배가 비슷한 형태로 두 동강 날 수 있는 것 아닐까? 이 대표는 "폭발에 의해 배가 침몰한 경우도 겪었지만 천안함처럼 '멀쩡'할 수 없다"고 말했다.

2001년 1월 15일 아침 10시께, 5,500t급 유조선 '피 하모니' 호가 거제도 부근에서 침몰하는 사고가 발생했다. 선원들이 화물탱크를 청소하다가 발생한 불꽃에 의한 내부 폭발로 일어난 참사였다. '피 하모니' 호는 수심 89m 해저에 가라앉았는데, 실종된 기관사를 찾는 수색 작업을 알파잠수기술공사가 맡았다.

이 대표는 당시 목격한 배의 잔해가 "끔찍했다"고 기억한다. "해저에서 방을 수색하러 들어갔는데 폭발의 충격으로 한쪽 벽체가 반대쪽 창문 쪽까지 날아가 붙어 있었다. 충격을 받은 함체의 철판 절단면은 날카롭게 찢겨 있었다. 마치 떼어낸 수제비 반죽처럼 말이다." 그는 폭발에 의한 충격을 받았다면 천안함과 같이 매끄러운 절단면을 보일 수 없다고 한다.

합조단의 설명대로 버블제트에 의한 충격이면 가능하지 않을까? "아무리 나중에 버블제트가 발생한다고 해도 일단 1차적으로 폭발에 의한 충격이 있어야 한다. 배가 두 동강 날 정도의 폭발이라면 어마어마한 1차 충격이 있었을 텐데 지금과 같은 모습일 수 없다."

그는 또한 "생존한 승조원들과 숨진 승조원들이 폭발 충격으로 당한 부상이 경미한 것도 어뢰 공격이 아니라는 중요한 증거"라고 말했다. 합조단은 승조원이 탑승한 상태에서 이와 같은 어뢰 공격을 받은 것은 제2차 세계대전 뒤 사실상 처음 발생한 유례없는 사태라고 설명한 바 있다. 이 대표는 제2차 세계대전 당시 진주만에서 피격당한 미군 함정들을 탐사한 내용을 담은 『어둠으로의 강하(Descent into Darkness)』를 인용했다.

미 해군의 3만 1,000t급 함선 애리조나 함은 1941년 12월 7일 일본의 진주만 기습공격 당시 폭격기에서 투하한 어뢰 등을 맞고 격침됐다. 당시 침몰한 배들의 탐사에 참여한 미 해군 잠수부들의 기록물인 이 책은 승조원들의 주검 회수와 관련해 다음과 같이 묘사했다. "지금까지 어떤 주검도 머리나 심지어 손가락 살점까지 온전하게 붙어서 건져낸 경우는 없었다. 인식표도 진흙 바다 속에 가라앉은 상황에서 어떤 주검도 식별하는 게 불가능에 가까워 보였다." 이 대표는 이런 내용을 들어 "만약 천안함이 중어뢰 공격을 받았으면 모든 생존자와 사망자의 상태가 멀쩡할 수는 없다"고 말했다.

국방부가 사실상 제대로 된 설명을 하지 못한 채 끝낸 천안함 우현 스크루의 미스터리에 대해서도 이 대표는 "좌초 때면 흔히 발견할 수 있는 형태"라고 말했다. 'S'자 형태로 두 번 휜 스크루에 대해 합조단은 여러 관성력에 의한 복합작용이라면서 이를 시뮬레이션을 통해 설명하려 했다. 하지만 여러 차례의 시뮬레이션을 했음에도 명쾌한 설명을 내놓지 못했다. 이 대표는 그러나 이런 모습이 "단순히 스크루가 개펄 등에 닿은 채로 전진과 후진을 했을 때 나타나는 현상"이라고 밝혔다. 사구에 걸린 천안함이 그곳을 급하게 벗어나려고 시도하면서 일어난 변형일 것이라는 말이다. 그는 "이런 일을 겪어본 선주들이 여러 명일 것"이라고 덧붙였다.

그렇다면 생존자들이 들었다는 폭발음은 어떻게 된 것일까? 이 대표는 "배가 끊어질 때면 폭발에 버금가는 엄청난 소리와 충격이 발생한다"며 '정주영 공법' 때 겪었던 예를 들었다. 정주영 공법이란 1984년 서산만 방조제 공사 때 고 정주영 현대그룹 명예회장이 창안한 획기적인 물막이 공법이다. 방조제 공사 마지막 연결부위의 엄청난 물살을 노후 유조선을 가라앉혀 막은 뒤 둑을 연결시켜 완성하는 공법을 일컫는다. 이 대표는 서산만 방조제에서 사용된 23만t급 중국의 폐유조선 '청수만호'를 방조제 완성 뒤 해체하는 작업에 참여했다. 그는 "청수만호를 만조 때 최대한 얕은 해역으로 몰고 가서 일부러 좌초시킨 뒤 간조 때 끊어지도록 했다. 방조제 공사 때 생긴 30cm 틈이 2~3m가량 벌어졌는데 그때 발생한 소리와 진동은 200t 이상의 화물창 덮개가 30cm가량 뜰 정도로 엄청났다"고 말했다.

인터뷰가 끝날 때쯤엔 해가 뉘엿뉘엿 지고 있었다. 늘 기운이 넘치는 이종인 대표도 약간 피곤한 기색이었다. 이종인 대표는 담배를 하나 더 피워 물고는 말했다.

"북한과 대치하고 있는 상황에서 나라를 위한 일이라고 한다면 어느 정도 국방부의 발표를 믿을 수도 있겠지요. 하지만 이것은 결코 나라를 위한 일이 아닙니다. 이런 식으로 거짓된 발표를 해놓고도 그냥 넘어갈 수 있다는 선례를 만든다면 앞으로 누구나 그런 유혹에 빠질 것 아닙니까? 나는 그것은 막아야 된다고 생각하기 때문에 포기할 수 없는 겁니다."

**권오성** 〈한겨레〉 하니TV부 기자

# 13
## 기뢰설

# 136개의 '서해 크라이시스'는 어디에

백령도 앞바다에 남아 있는 육상조종기뢰(LCM: Land Controlled Mines) MK-6이 과연 천안함을 폭파시킨 주범일까? 천안함이 기뢰에 의해 사고를 당했다는 내용의 '기뢰설'은 1970년대 중반 백령도 연화리 앞바다 등에 설치된 이 육상조종기뢰와 긴밀한 관련을 맺는다. 러시아 조사단은 천안함 프로펠러에 그물이 감기면서 이 기뢰가 작동해 사고가 났을 가능성이 매우 높다고 보고 있는 반면, 국방부는 기뢰에 의한 사고 가능성은 전혀 없다고 결론 내렸다. 이 대립되는 두 주장은 어디에서 어떻게 차이가 나는 것일까? 둘 중 어느 하나를 진실이라고 받아들일 수 있는 것일까? 대답은 어느 한쪽의 손을 들어주기가 쉽지 않다는 것이다.

우선 러시아의 주장을 살펴보자. 러시아가 미국에 전달한 러시아 천안함 보고서 요약본은 기뢰에 의한 천안함 침몰을 가장 가능성 높은 것으로 거론하면서 다음과 같이 설명하고 있다. "함선이 해안과 인접한 수심 낮은 해역을 항해하다가 우연히 프로펠러가 그물에 감겼으며, 수심 깊은 해역으로 빠져나오는 동안에 함선 아랫부분이 수뢰 안테나를 건드려 기폭장치를 작동시켜 폭발이 일어났다." 러시아는 이와 함께 "천안함은 침몰 전에 오른쪽 해저부에 접촉하고 그물이 오른쪽 프로펠러와 축의 오른쪽 라인에 얽히면서 프로펠러 날개가 손상됐을 가능성이 매우 높다"고 덧붙였다. 러시아는 또 "함선의 피해 지역에는 기뢰 폭발 위험이 존재하며 이는 한반도 서해안에서 정박 및 항해 장소를 제한하고 있다는 사실로도 간접적으로 확인된다"며 백령도 앞바다가 기뢰 폭발 위험 지역임을 강조했다.

서재정 존스홉킨스대 교수, 이승헌 버지니아대 교수, 박선원 브루킹스연구소 초빙연구원도 이런 러시아의 견해를 지지한다. 세 사람은 10월 10일 워싱턴에서 기자회견을 열고 천안함 사건이 '어뢰에 의한 근거리 비접촉 폭발'이 아니라, '기뢰에 의한 원거리 비접촉 폭발'에 의해 일어난 것이라고 주장했다.

서 교수는 기자회견장에서 "합조단이 주장한 '근거리 어뢰 폭발'(수심 7m, 티엔티 360kg)의 경우, 버블 효과로 나타나는 80m 정도의 물기둥과 어뢰 파편들이 선체에 깊숙이 박히는 등의 현상이 일어나야 하지만, 합조단 시뮬레이션에서는 이를 전혀 확인하지 못했다"고 지적했다. 서 교수는 하지만 "기뢰에 의한 원거리 폭발일 경우 파도의 높이가 10m 정도에 그치고, 화약 냄새도 나지 않는다"며 "어뢰설이 증명하지 못하는 현상을 모두 설명하고 있다"고 말했다.

서 교수는 합조단도 이미 기뢰에 의한 원거리 폭발이 천안함 선체를 파괴할 수 있다는 실험 결과를 갖고 있다고 주장했다. 합조단이 한 여러 실험 중에는 "티엔티 폭약 100kg이 함정에서 20m 거리에서 폭발하는 경우"도 들어 있었는데, "이 경우도 함체가 폭발 파도에 의해 들어올려졌다가 떨어지는 순간 선체가 손상될 수 있다는 결론을 내렸다"는 것이다. 따라

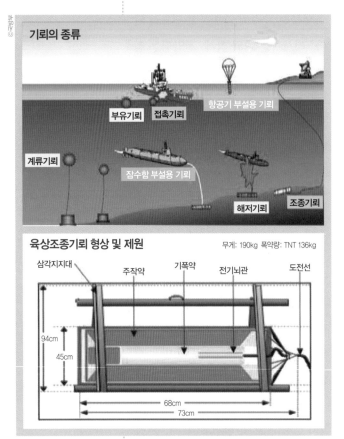

기뢰의 종류

부유기뢰　접촉기뢰

항공기 부설용 기뢰

계류기뢰

잠수함 부설용 기뢰

해저기뢰　조종기뢰

육상조종기뢰 형상 및 제원

무게: 190kg 폭약량: TNT 136kg

삼각지지대　주작약　기폭약　전기뇌관　도전선

94cm
45cm

68cm
73cm

서 서 교수와 이 교수, 박 연구원은 천안함 선체에서 나타난 여러 조건들을 볼 때 러시아 조사단이 낸 결론처럼 "바다 바닥에 있던 기뢰가 스쿠루에 얽힌 그물에 의해 끌어올려졌다가 물리적 충돌에 따라 폭발했을 가능성"이 높다고 주장했다.

기뢰는 '적 함선의 흘수선 아래 또는 근처에서 폭발하여 함선에 손상을 주는 무기'다. 기뢰는 부설된 위치에 따라 부유기뢰(바다 표면에 떠 있는 기뢰), 계류기뢰(강철 따위의 줄로 일정한 곳에 매어두는 기뢰), 해저기뢰(바다 밑에 설치한 기뢰)로 구분되며, 폭발 방식에 따라 접촉식 기뢰(충격 및 화학 반응에 의해 폭발), 감응기뢰(수중음향 또는 압력 등을 감지하여 폭발), 조종기뢰(사람의 판단에 의해 기폭 여부 결정)로 나뉜다. 육상조종기뢰는 이중 해저기뢰이면서 조종기뢰다.

부유기뢰나 계류기뢰와는 달리 이 육상조종기뢰는 국방부도 설치 사실과 완전히 수거되지 않은 점을 시인하고 있다. 국방부가 펴낸 천안함 최종보고서는 육상조종기뢰의 설치 시기를 1977년 7~10월로 밝히고 있다. 당시 "백령 도서군에 대한 북한의 상륙 세력을 해상에서 저지하기 위한 목적으로 해군본부에서 추진한 것"이며 "MK-6 폭뢰(수상함의 대잠수함용 무기)에 안전핀, 안전커버, 뇌홍(기폭화약), 피스톨을 제거하고 전기식 뇌관과 도전선을 연결하여 서북도서지역에 설치하였다"는 것이다.

〈한겨레21〉은 전직 해군 최고위급 인사의 증언을 인용해 "1974년부터 북한이 서해에 위기를 만들었다. '서해 크라이시스(Crisis)'라고 불렀고 연평해전 상황과 비슷한 긴장감이 돌았다. 1976년 박정희 대통령이 '백령도를 요새화하라'고 지시했다"고 육상조종기뢰 설치 배경을 설명했다. 국방부는 이 기뢰의 정확한 개수를 명시하지 않았지만, 이 전직 해군 최고위급 인사는 설치된 기뢰의 개수를 '136개'로 명확히 밝혔다(〈한겨레21〉 제806호 표지 이야기).

국방부는 이 기뢰와 관련해 1985년 말 "'불필요 판단'에 따라 도전선(육상 통제대에서 해안까지)과 조종상자(Control box, 각각의 기뢰에 도전선 연결)를 제거하여 불능화하였다"고 지적했다. 하지만 기뢰 본체는 해저에 남아 있는 상태였다.

남아 있는 기뢰 본체들에 대한 주민들의 불안은 컸던 것으로 보인다. 최종보고서에 따르면 이에 따라 백령도 잠수조업 어민들은 2001년 6월 어민 간담회 때 남아 있는 기뢰 본체의 제거를 건의했다고 한다. 하지만 합참은 같은 해 11월 검토 결과 제거가 불필요하다고 결정했다가 2008년 7월 재검토 때 이를 제거하기로 결정했다. 결국 국방부는 2008년 8월 11일~9월 26일 해군 특수전전대, 해병 수색대를 투입하여 ○○발을 회수했다(천안함 최종보고서 89쪽). 국방부는 이 "작전구역의 평균 수심은 약 6m였으며, 해안으로부터 200~400m 거리였다"고 밝혔다.

### 30여 년 전에 설치한 기뢰 '136개' 중 10%도 회수 못해

그렇다면 과연 회수된 기뢰는 몇 개나 될까? 전직 해군 최고위급 인사는 〈한겨레21〉과의 인터뷰에서 "1986년에 안전사고를 우려해 해군과 해병대가 회수했다"며 "지뢰는 70~80% 회수했지만 기뢰는 10%도 회수 못했다"고 증언했다. 2008년에 회수된 것도 이와 비슷한 수준이다. 이와 관련해 김태영 국방부장관은 2010년 4월 22일 문화방송 라디오 〈뉴스의 광장〉 인터뷰에서 2008년 탐색에서 발견한 기뢰의 숫자를 10발이라고 밝혔다. 따라서 이 두 증언을 종합해볼 때 1986년과 2008년 수색 작업에도 불구하고 아직까지 백령도 앞바다에는 100여 개의 육상조종기뢰가 남아 있는 셈이다.

하지만 국방부는 최종보고서에서 이 육상조종기뢰가 천안함 침몰 원인이 될 수 없다고 판단했다. 무엇보다 국방부는 현재 국방부가 공식 주장하는 사고 발생 지점의 수심이 47m에 이른다는 점을 주 논거로 제시했다. 국방부는 또 "설사 폭발되더라도 폭약량이 적어(136kg) 47m의 깊은 수심에서는 선체를 절단시킬 수 있는 폭발력이 없다"고 주장한다.

더욱이 국방부는 육상조종기뢰의 자체 폭발 가능성마저도 부정하고 있다. 무엇보다 이 기뢰가 폭발하려면 1V의 전압을 가진 5~10mA의 전류가 흘러야 하는데, 자연 상태에서는 이런 전류가 발생할 수 없다는 것이다. 국방부는 4월 21일에 평택항에서 확보한 도전선을 바닷물 속에 담근 결과 전압이 0.47V 발생하였으나 전류는 발생하지 않았다는 점을 그 근거로 제시했다. 또 4월 23일에는 (주)한국화약에 '군용 전기뇌관 해수 중 기폭 가능성'을 검토 의뢰해 4월 26일에 "기폭이 불가능할 것으로 판단된다"는 내용의 회신을 받았다고 밝히고 있다.

하지만 기뢰설을 주장하는 쪽은 이런 국방부의 주장은 장소부터 잘못 가정한 것이라고 비판한다. 천안함은 국방부가 주장하는 폭발 원점인 '북위 37도 55분 45초, 동경 124도 36분 2초'가 아니라 좀더 해안가와 가까운 곳까지 접근했다가 사고를 당한 것이라는 주장이다. 러시아 천안함 보고서도 이와 관련해 "함선이 해안과 인접한 수심 낮은 해역을 항해하다가"

라고 표현해 국방부가 주장하는 장소를 사고 장소로 보고 있지 않음을 드러냈다.

기뢰설을 주장하는 쪽은 이 육상조종기뢰가 자연 상태에서 폭발하지 않는다는 국방부의 주장에 대해서도 반론을 제기한다. 대표적인 사례가 국방부가 4월 3일 육상조종기뢰 기술자와 국방과학연구소의 폭발물 전문가를 초청하여 개최한 합동토론회다. 국방부는 최종보고서에서 당시 육상조종기뢰를 직접 설치했던 기술자가 "도전선은 아연과 구리를 포함하고 있기 때문에, 단선돼 바닷물에 노출될 때는 볼타전지의 원리에 의해 전압이 발생하여 어뢰가 폭발할 가능성이 높다"고 주장했다고 전한다. 이 기술자는 특히 본인이 1970년대 뇌관의 전류를 측정하려고 계측기를 작동했을 때 뇌관이 폭발할 정도로 민감했다는 점을 근거로 들었다는 것이다.

따라서 현재 기뢰설과 관련해서는 천안함의 사고 위치와 절단된 도전선에 의해 생긴 전기가 기뢰를 기폭할 수 있는 수준이 되는지가 쟁점이다. 도전선이 충분한 전압과 전류값을 일으킬 수 있는지는 양측이 각각 다른 논거로 팽팽히 맞서 있어, 쉽게 판단하기 어려운 문제다. 그러나 장소와 관련된 논쟁은 국방부가 천안함의 항적을 공개하면 쉽게 해결될 수 있다. 즉 천안함의 사고 당시의 항적을 공개 검토해 천안함이 백령도 해안가에 접근한 적이 없다면, 기뢰설의 가능성은 그만큼 낮아진다. 그러나 천안함이 해안가에 가까이 다가간 기록이 나온다면 육상조종기뢰가 천안함의 사고 원인이었을 가능성은 그만큼 높아지는 것이다. 결국 기뢰설의 진위 여부는 국방부가 천안함의 항적을 공개하지 않는 한 영원히 확인할 수 없다.

하지만 기뢰설을 주장하는 쪽에서 앞서 밝힌 두 가지 쟁점에서 모두 승리한다고 해도 문제점이 전부 해소되는 것은 아니다. 기뢰설도 어뢰설처럼 천안함을 두 쪽 낼 정도의 폭발을 전제한다는 점에서, 어뢰설이 갖는 한계를 고스란히 지니게 되기 때문이다. 다시 말해서, 거대한 폭발과는 무관해 보이는 생존 및 사망 장병들의 상태, 수중 폭발 때 일어나는 거대한 물기둥의 부재, TOD 동영상에 열 흔적이 없었던 점 등은 기뢰설을 주장하는 쪽이 풀어야 할 숙제다. 다만 서재정 교수가 10월 10일 제시한 '기뢰에 의한 원거리 비접촉 폭발'설은 이런 문제점도 함께 해결해준다.

하지만 천안함이 기뢰에 의해 격침된 것인지 여부를 떠나 국방부는 백령도에 존재하는 기뢰 제거 작업에 좀더 능동적인 자세로 임하는 것이

## 기뢰 가능성 적지만 '어뢰'보단 높다

기뢰설을 주장하는 쪽으로는 러시아 조사단 외에도 박선원 미 브루킹스연구소 초빙연구원, 도널드 그레그 전 주한 미대사, 육상조종기뢰를 직접 설계하고 설치한 기술자 그리고 〈한겨레21〉이 제806호(2010년 4월 16일)에서 인터뷰한 전직 해군 최고위급 인사 등이 있다. 이 가운데 기뢰설의 등장 배경과 한계 등을 잘 설명하고 있는 〈한겨레21〉의 인터뷰 내용을 요약해 정리한다.

●●●

천안함 침몰 직후 취재팀을 꾸려 사고 원인을 추적해온 〈한겨레21〉은, 취재 과정에서 전직 해군 최고위급 인사에게서 사고 원인과 무관해 보이지 않는 충격적인 증언을 들을 수 있었다. 익명을 요구한 이 인사는 "1970년대 중반 서해에 긴장이 높아지면서 1976년 박정희 대통령이 '백령도를 요새화하라'고 지시했고 이 명령에 따라 미군의 폭뢰를 개조한 기뢰 136개를 설치했다"며 "10년 뒤 안전사고를 우려해 회수할 때 채 10%도 회수하지 못했다"고 밝혔다. 그의 증언을 충분히 들어보자.

당시 미군이 제2차 세계대전 때 쓰던 폭뢰(잠수함을 공격하기 위해 배에서 수면 아래로 떨어뜨리는 폭탄)를 개조한 기뢰를 136개 심었다. '바께쓰' 2개를 이어붙인 모양의 원통형으로 무게가 200kg 정도 됐다. 화약의 양이 '이거 하나면 성냥 공장도 만들 수 있을 정도'라고 했다. 일정 수심까지 내려가면 작동하는 (폭뢰식) 뇌관을 빼고, 전기식 뇌관을 넣어 육지에서 상륙하는 적

필요할 것으로 보인다. 논쟁 과정을 통해 아직 백령도 앞바다에 100여 개가 넘는 육상조종기뢰가 남아 있는 것으로 확인됐기 때문이다. 이 기뢰의 폭발 위험이 실재한다는 것은 2001년 어민들의 제거 요구를 무시했던 국방부가 2008년 위험성 재검토 뒤 제거 작업에 나섰다는 사실에서도 확인된다. 따라서 국방부는 천안함 논쟁과는 별도로 이 육상조종기뢰 제거 작업에 하루빨리 나서는 것이 필요하다.

**김보근** 〈한겨레〉 스페셜콘텐츠부장

을 보고 터뜨리는 방식으로 개조했다.

〈한겨레21〉이 그의 증언에 주목한 이유는, 그가 이런 사정에 밝을 만한 지위에 있었고 "소위로 임관해 기뢰를 설치했고 함장으로 서해안을 수시로 오가던 때에 회수 과정에 참여했다"고 말했기 때문이다.

하지만 그는 이런 사실을 전하면서도 유실된 기뢰에 의한 천안함 침몰 가능성에 대해서는 조심스러워했다. 물속에서 30년 이상 된, 제작 연도 기준으로는 그 2배 이상인 유실된 기뢰가 천안함을 만나 사고를 일으켰을 가능성을 높게 보지는 않았다. 그동안 기뢰의 화약 기능 손상은 없었더라도 천안함과의 충돌, 혹은 전기적 작용에 의한 폭발을 가정하기에는 복잡한 여러 단계의 설명이 필요하기 때문이다. 예를 들면 그물이나 통발을 연결하는 선이 천안함 스크루에 감기고 그 과정에서 개펄과 모래에 묻혀 있던 기뢰가 끌려올라와 충돌하거나 전기적 작용으로 폭발했을 가능성도 생각해볼 수 있다. 그는 이렇게 우연에 우연이 겹치는 식의 기뢰 폭발 가능성이, 최소한 북한의 어뢰 공격 가능성보다는 높다고 말했다.

"폭파가 있었다는 걸로 보면 어뢰와 기뢰밖에 없는데, 어뢰는 그걸 쏠 수 있는 모체가 있어야 한다. 상어급(350t) 잠수함은 수심이 확보돼야 하고, 유고급(80t) 잠수정은 (기동성이 약하기 때문에) 천안함의 길목을 미리 정확하게 알지 않고서는 (공격이) 불가능하다. 백령도에서 2.5km 떨어진 곳이면 섬과 굉장히 가까운 곳인데, 잠수정 작전을 지휘하는 사람이라면 (그 정도로 다가가는 것은) 아주 무모한 접근이다. 또 어뢰는 보통 40~50노트로 움직인다. 음탐사들이 하는 일이 스크루 소리를 듣는 거다. 잠수정은 놓칠 수 있다. 그런데 자기를 향해 날아오는 어뢰 소리를 못 들었다? 그럴 가능성은 거의 없다."

**김보협, 하어영** 〈한겨레〉 한겨레21부 기자

## 14
## 국제사회

# 한 발 빼는 스웨덴,
# 미국 빼곤 구색 맞추기

  천안함 민군합동조사단(합조단)의 구성은 합조단의 출범 때부터 계속 논란을 낳아왔다. 군은 어찌 됐든 천안함 작전 실패의 책임을 져야 하는데 조사 결과에 따라서 그 책임의 경중이 달라질 위치에 있다. 제기된 여러 가지 의혹의 중심은 그런 군이 사실상 합조단을 이끌고 있는 것 아니냐는 것이다. 즉 조사 대상이 조사 주체가 된 부분에 대한 문제 제기다.

  이는 합조단의 구체적인 구성 인원들을 비밀에 부치다가, 국회 '천안함 침몰사건 진상조사특별위원회'(천안함특위) 등의 정보공개 요구에 떠밀려 자료를 내놓은 합조단 스스로 자초한 면이 크다. 또한 과거 각종 군 의문사 사건 등에서 사건을 은폐·조작하려 했던 군에 대한 국민적인 신뢰도가 높지 않은 것도 불신의 한 배경이 된 것으로 보인다.

  조사단 구성은 결국 조사 결과의 '객관성'에 대한 문제다. 조사 대상인 군 중심의 주관적인 판단이 결과에 영향을 미치지 않도록 충분히 독립적인 주체들이 조사를 주도한다는 기본 요건을 갖췄느냐는 물음인 것이다.

5월 25일 서울 용산구 국방부에서 천안함 관련 유엔사 특별감사단 일행이 천안함 침몰 지점 인근에서 인양한 소위 '1번 어뢰' 추진체를 살펴보고 있다.

이는 조사 결과의 '신뢰성'과 직결된다.

천안함 침몰 사건의 경우 특히 사건의 중대성과 주변국과의 연관성 등을 고려할 때 보다 높은 객관성이 요구된다. 즉 정전 상태인 남한과 북한이 치열하게 대치하고 있는 서해 북방한계선(NLL) 지역에서 발생한 사건인 만큼 양국의 이해관계에서 독립된 주체가 조사에 참여하는 것이 객관성 확보에 필수적이었다.

합조단에는 미국·영국·오스트레일리아·스웨덴·캐나다 등 5개 나라가 국제 전문가로 참여했다. 이 가운데 캐나다는 5월 초에 뒤늦게 참여했으며 9월 13일 발간된 최종보고서의 참가 대표 서명에도 빠져 있기 때문에 어떤 책임 있는 역할을 했는지 의심스럽다. 따라서 사실상 4개 나라가 조사에 참여한 셈이다.

### 국제사회 객관성 확보의 핵심은 스웨덴

이 가운데 특히 그 역할이 주목되는 나라는 스웨덴이다. 스웨덴을 제외하고는 모두 한국전쟁 당시 북한을 상대로 싸웠던 교전국들이다. 또한 현재는 군사적 역학관계에서 미국을 중심으로 남한과 함께 중요한 동맹을 이루고 있는 나라들이기도 하다. 따라서 합조단의 조사 결과가 국제적인 객관성을 확보하는 데 있어서 스웨덴의 역할과 태도는 매우 중요하다.

그런데 스웨덴은 합조단의 결론에 대해 다른 나라 전문가들과 뚜렷하게 구분되는 태도를 보인다. 9월 13일 발간된 천안함 최종보고서에서부터 이를 확인할 수 있다. 보고서 머리에 각국 조사단의 대표가 조사 결과에 동의하며 쓴 서명의 문구를 보면 스웨덴만 내용이 다르다. 미국·영국·오스트레일리아 등 3개국 대표는 "이 보고서의 발견과 결론(finding and conclusions)에 대해 동의(concur)한다"고 서명했다. 그러나 스웨덴은 "합조단에 지원(support)으로 참여했으며, 스웨덴이 참여한 부분에 대해서(relevant to the Swedish team's participation) 동의한다"는 단서를 달아두었다.

'스웨덴이 참여한 부분'이라는 단서는 무엇을 의미하는 것일까? 천안함 조사 결과는 크게 두 부분으로 나뉜다. 첫째는, 천안함이 어뢰에 의한 비접촉 수중 폭발로 침몰했다는 '사고 원인 조사 결과'이고, 둘째는, 그 행위자가 북한의 소형 잠수정이라는 '행위자 규명'이다.

9월 13일 발간된 '천안함 피격사건 합동조사결과 보고서'(최종보고서)에는 둘 사이의 구분이 명확하지 않다. 하지만 5월 20일 중간 조사 결과 발표 때 합조단이 낸 '천안함 침몰사건 조사결과'에는 이 둘이 뚜렷이 구분되고 있다. 두 보고서는 큰 틀에서 내용의 차이가 거의 없다.

5월 합조단이 밝힌 중간보고서의 앞부분은 '사고 원인 조사 결과'를 담고 있다. 이는 스웨덴을 비롯해 미국·영국·오스트레일리아 등 네 나라가 참여한 합조단이 수행했다. 이들이 내린 결론의 핵심은 어뢰 공격에 의한 수중 폭발로 천안함이 침몰했다는 것이다. 중간보고서의 뒷부분은 '행위자 규명 조사'에 대한 결론을 담고 있다. 그러나 이를 수행한 조직은 합조단이 아닌 '다국적연합정보 티에프(TF)'라는 별개의 조직으로 되어 있다.

연합정보 티에프는 중립국인 스웨덴이 빠지고 캐나다가 이름을 올렸다. '행위자 규명' 조사 결과의 핵심은 천안함을 침몰시킨 어뢰는 북한 잠수정이 쐈다는 것이다.

합동조사단과 연합정보 티에프의 관계는 어떻게 되는 것일까? 연합정보 티에프의 당국자는 "둘은 별개 조직이고 성격이 다르다"고 말했다. 그는 "3월 말 합조단 안에 정보분석분과를 꾸렸지만 우리가 가진 정보로는 북한 잠수정 예상 침투기지, 예상 침투로 등을 판단하는 수준이었다. 이런 한계를 극복하기 위해 5월 초부터 연합정보 티에프를 꾸려 각국 정보기관과 군의 정보를 취합해 사고 전후 북한·중국·러시아 잠수정의 움직임, 북한 잠수정의 공격 능력 판단 등을 했다"고 말했다. 사실상의 조사 결과 발표 날짜를 5월 20일로 못 박은 시기인 5월 초에 합조단 내부의 정보분과를 분리해 별도의 조직으로 꾸렸다는 설명이다.

이상의 내용을 종합하면, 스웨덴이 최종보고서에 달아둔 단서는 '우리가 참여해 내린 결론, 즉 천안함이 어뢰 공격으로 침몰했다는 결론에 대해서는 동의하지만 그것이 북한의 소행이라는 다른 조직의 분석에 대해서는 동의 결과에 포함시키지 않겠다'라는 의미를 담고 있다고 해석할 수 있다.

## 스웨덴은 북한을 가리키지 않았다

이는 합조단 내부에서도 명확히 인식하고 있던 내용이다. 합조단의 한 고위 당국자는 "스웨덴은 행위자 규명 결과에 대해서는 자신들이 입장을 표명할 위치에 있지 않다는 태도였다"고 말했다. 그는 "연합정보 티에프는 군인과 정보요원들이 참여하는 조직이라 스웨덴 사람들이 끼긴 어려운 상황이었고 스웨덴은 자신이 참여하지 않은 분야에 대해서 언급하거나 동의할 위치에 있지 않다는 것"이라고 덧붙였다.

스웨덴 쪽으로부터 직접 확인한 태도도 비슷한 것이었다. 〈한겨레〉는

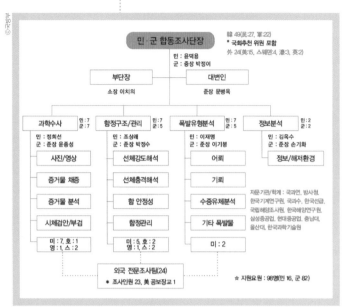

국방부가 발표한 합조단 조직표. 총 24명의 외국전문조사 인원이 과학수사, 함정구조/관리, 폭발유형분석 분과 등에서 활동한 것으로 돼 있다. 그러나 스웨덴 등은 이에 대해 단지 지원팀으로 참여했다고 주장한다.

8월 스웨덴 사고조사국에 천안함 조사 결과와 관련된 자료 일체를 구입하고 싶다는 요청을 전자우편으로 보냈다. 스웨덴 사고조사국은 민·군의 항공·선박 대형사고에 대한 조사를 담당하는 정부기관으로 조사 결과를 외부에 판매하기도 한다. 천안함 조사에 참여한 스웨덴 전문가 4명은 이 기관에 속해 있다. 사고조사국은 요청에 대해 다음과 같은 짧은 답장을 보내왔다. "요청하신 내용은 (한국의) 합조단에 의해 수행됐으며, 스웨덴은 지원팀(support team)으로 참여했습니다. 추가적인 정보는 한국 국방부에 문의하시길 바랍니다."

국제 조사단 가운데 유일한 중립국인 스웨덴의 이런 반응은 조사 결과에 공동 책임을 지는 형태인 '합동조사단'의 일원이 아니라, 책임 문제로부터 비켜나갈 수 있는 '지원'이라는 형식에 무게를 둔 것으로 풀이된다. 이태호 참여연대 합동사무처장은 합동조사와 지원의 차이에 대해 다음과 같이 분석했다. "합동조사가 조사의 설계에서부터 최종 결론에 대한 책임까지 전반적인 과정을 함께 진행하는 것이라면 지원은 전체적인 틀이 이미 짜인 가운데 자신에게 부여된 임무에 대해서만 역할을 수행한다는 의미로 볼 수 있다."

스웨덴이 발을 빼는 듯한 태도를 보이는 이유는 무엇일까? 스웨덴 스톡홀름 대학교의 가브리엘 욘손 교수(한국학)는 스웨덴이 조심스러운 태도를 보이는 이유로 "중립국감시위원회(NNCS) 회원이기 때문"이라고 분석한다. 중립국감시위원회는 1953년 한국전쟁이 휴전에 들어가면서 전쟁 쌍방의 휴전협정 준수를 감시하기 위해 만들어진 기구다. 중립국감시위에는 남한 몫으로 스웨덴·스위스가 참여했고 북한 몫으로 체코슬로바키아·폴란드가 참여했다. 이 가운데 체코슬로바키아는 1993년 체코와 슬로바키아로 분리되자 북한이 대표단을 철수시켰고 2년 뒤 폴란드도 철수했다. 스웨덴과 스위스는 1991년 북한이 중립국감시위 기능 정지를 선언했음에도 여전히 비무장지대에 대표를 파견하고 있다.

욘손 교수는 "스웨덴은 판문점에 대표단을 두고 있기 때문에 (천안함 조사 결과에 대해) 조심스러울 수밖에 없다"고 전자우편을 통한 인터뷰에서 답했다. 스웨덴은 또한 1974년 북한과 외교관계를 수립하고 평양과 서울 양쪽에 대사관을 유지하고 있다.

### 미국을 뺀 나머지는 구색 맞추기

스웨덴의 이와 같은 반응은 합조단의 조사 결과가 이명박 정부의 바람과 달리 누구나 납득할 수 있는 엄정한 객관성을 갖추지 못했음을 드러내는 것이다. 미국을 중심으로 한 일방의 동맹체계에서만 인정하는 반쪽의 객관성을 갖추고 있다는 의미다.

실제로 지구상 유일의 최강국 미국에 맞서고 있는 중국·러시아 등은 천안함 사고 원인에 대해 이들 동맹국과는 매우 다른 반응을 보이고 있다. 중국은 천안함 침몰 직후부터 지금까지 수차례에 걸쳐 사고 행위자에 대한 언급을 자제하면서 북한에 힘을 실어줬다. 별도의 조사단을 한국에 보내 천안함 사고 원인을 조사한 러시아는 사고 원인에 대해 다른 결론을 내렸다. 〈한겨레〉가 입수해 보도한 러시아 천안함 보고서의 국문 요약본은 △기뢰 또는 자국의 어뢰에 의한 비접촉 수중 폭발로 침몰했으며 △그에 앞서 좌초했을 가능성이 매우 높다고 결론짓고 있다.

러시아는 지난 9월 21일 자국 조사단의 천안함 조사 결과를 공식적으로 공개하지는 않을 것임을 밝혔다. 알렉세이 보로다브킨 러시아 외무차관은 이날 모스크바 크라운플라자 호텔에서 "러시아 조사단의 보고서는 애초 국가 지도부를 위해 내부용으로 작성한 비밀문서로 남한이나 북한 어느 쪽에도 전달하지 않을 것"이라고 말했다.

그러나 이는 러시아가 내린 결론이 한국·미국 등이 바라는 결론과 거리가 멀기 때문에, 새로운 동반자 관계를 형성하고 있는 상대국 지도자를 고려한 정치적 복선이 깔린 행동이라는 분석이 여러 곳에서 나왔다. 도널드 그레그 전 주한 미국대사는 9월 1일 〈인터내셔널 헤럴드 트리뷴〉에 기고한 글에서 "믿을 만한 러시아 소식통으로부터 들었다"며 러시아가 조사 결과를 밝히지 않는 이유는 "이명박 대통령에게 큰 정치적 타격을 주고, 버락 오바마 미 대통령을 난처하게 할 것이기 때문"이라고 전했다.

알렉산드로 제빈 러시아 극동연구소 한국연구소장도 〈한겨레〉와의 전자우편 인터뷰에서 사견임을 전제로 "한국과 미국이 이미 비공식 채널로 러시아 조사 결과를 받아서, 실망스럽지만 일리가 있는 결과라고 판단했을 가능성이 있다"며 "그 때문에 (천안함 공격의 행위자를 북한으로 명시하지 않은) 완화된 유엔 결의안에 동의를 해주는 대신 조사 결과를 공개하지 않는 암묵적인 동의가 있었을 수 있다"고 말했다. 그는 또한 "(러시아 등의) 여러 전문가와 외국 관측통 등은 합조단의 천안함 조사 결과에 대해 매우 회의적"이라고 덧붙였다. 그레그 전 주한 미국대사는 또 9월 2일 〈한겨레〉와의 전화 인터뷰에서 중국이 한국에 조사단을 파견하지 않은 이유에 대해 "러시아 쪽이 한국에 조사단을 파견해도 원하는 정보를 얻을 수 없다고 조언했기 때문"이라고 말했다.

반쪽짜리 객관성이지만 그나마 참여한 국가들의 역할에 대해서도 물음표들이 남아 있다. 우선은 이들이 얼마나 전문성을 갖추었느냐는 것이다. 천안함 침몰과 같이 규명이 매우 어려운 사건에 있어서 최대의 정보를 수집해 최선의 결과를 얻기 위해서는 고도의 전문성을 갖춘 인원들이 요구된다. 설사 수십 개 나라가 참여했다고 하더라도 모두 참관인 수준의 전문성을 갖추고 있다면 어떤 객관성도 확보할 수 없다. 그러나 합조단에 참여한 외국 조사단의 전문성에 대해서는 공개되거나 검증된 바가 없다. 오직 참여팀의 대표 이름만 공개됐을 뿐이다.

도널드 그레그 전 주한 미국대사가 9월 1일 미국 〈뉴욕 타임스〉에 기고한 글. 이 글에서 그레그 전 대사는 러시아가 조사 결과를 밝히지 않는 이유에 대해 조사 결과 발표가 "이명박 대통령에게 큰 정치적 타격을 주고, 버락 오바마 미 대통령을 난처하게 할 것이기 때문"이라고 밝혔다.

조사단에 참여한 각국 대표단의 조사 결과에 대한 태도 역시 미적지근하다. 〈한겨레〉는 스웨덴 조사단의 단장을 맡은 애그니 위드홀름(Agne Widholm) 예비역 중령을 비롯해 영국의 데이비드 맨리(David Manley), 오스트레일리아의 앤서니 파웰(Anthony R. Powell) 중령 등에게 천안함 조사 결과와 관련된 전자우편 질의를 세 차례에 걸쳐 보냈으나 아무도 답장이 없었다. 질의서에는 △한국과 합동(joint) 조사를 한 것인지 아니면 단순히 참여(participate)한 것인지 △조사 결과에 전적으로 동의하는지 △천안함 사고 원인에 대해 다른 결론을 내린 러시아 조사단의 조사 결과에 대해 어떤 의견을 가지고 있는지 △〈한겨레〉 취재진과 만날 용의가 있는지 등의 내용이 담겨 있다.

외국 조사단의 역할에 대한 냉소적 반응은 국방부 안에도 이미 존재했다. 이름을 밝히길 꺼린 국방부 조사단의 한 관계자는 조사가 한창이던 4월 말께 외국인 조사단의 역할과 관련해 "미국을 빼고 나머지는 구색 맞추기"라고 말했다.

**권오성** 〈한겨레〉 하니TV부 기자

# 15
미국

## 최대의 수혜자
## 또 어떤 청구서를?[1]

미국 정부는 천안함 침몰 사건 조사 과정에 일반인들에게 알려진 것 이상으로 훨씬 깊숙이 개입했다. 그리고 그 과정은 급작스럽고도 극적이기조차 했다.

천안함 사건 초기만 해도 남북 간 무력 충돌 방지 수준에서 상황 관리에 주력하던 미국이 천안함 사건에 깊숙이 발을 들여놓은 이유는 아직 정확하게 알려지지 않았다. 시간이 지날수록 북한이 천안함을 침몰시켰다는 분명한 증거들이 더 나왔기 때문일까? 아니면 동북아시아 지역에 대한 전략적 이해관계 때문일까?

미국 정부의 판단 근거들은 아직 전모가 밝혀지지 않았고 단편적인 이야기들만 흘러나오고 있다. 그럼에도 대부분의 정부 당국자와 전문가들의 의견이 일치하는 지점은 분명히 존재한다. 정보 판단과 별개로, 다시 말하면 천안함 사건의 '진실'과는 별개로, 미국은 부상하는 중국에 맞서 동북아시아에서 미국의 주도권을 강화하기 위한 전략적 판단을 깔고 천안함 사건을 바라봤다는 것이다.

미국의 천안함 사건 개입은 시기별로 대략 세 단계로 구분지어 볼 수 있다. 첫째는, 사건 초기인 3월 26일부터 4월 중순~말 정도까지의 '관망 단계' 내지는 '상황 관리 단계'라고 할 수 있다.

두 번째는, 4월 말을 전후로 천안함의 침몰 주체를 사실상 북한으로 지목하고 정보와 첩보를 제공하며 '시나리오' 작성에 적극적으로 참여하는 시기다. 미국의 이런 입장은 5월 20일 한국 민군합동조사단의 조사 결과 발표, 5월 24일 한국 정부의 대북 대응 조처 발표, 그리고 6월 2일 한국 지방자치단체 선거까지 이어진다. '적극적 개입 단계'라고 할 수 있다.

이후 한국 정부의 대북 대응 조처에 대해 북한이 강력하게 반발하고, 중국이 거듭 한반도 상황 관리를 강조하는 동시에, 6월 2일 한국의 지방자지단체 선거에서 야당이 대승을 거두면서 미국은 방향을 조금씩 수정하기 시작한다. 한반도에 긴장이 고조되는 상황은 적절히 제어하면서, 본격적으로 천안함 사건을 중국 견제 수단으로 활용하려는 전략이 부각되는 시기다. 이른바 '중국 때리기 단계'라고 할 수 있다. 이 마지막 단계의 막전막후에 대해선 지면 제약 때문에 다음 기회에 다시 소개하기로 한다.

## 관망 단계

사건 초기인 관망 단계에서 천안함 사건에 대한 미국의 공식·비공식적 반응은 대체로 일치한다. 북한이 천안함 사건에 개입했을 가능성이 극히 낮다는 거였다.

공식적인 반응부터 살펴보자. 천안함 침몰 사건 다음날, 미국 현지 시각으로는 3월 26일 필립 크라울리 미 국무부 공보담당차관보는 정례 브리핑에서 '현 시점에서 북한이 연루됐다고 간주할 근거가 있느냐'는 질문에 "현 단계에서 결론을 예단해서는 안 될 것"이라고 전제하면서 "우리는

1) 미국이 천안함 사건 조사 과정과 대응에 적극적으로 개입하게 된 과정은 아직도 명확히 규명되지 않았다. 이 글은 시론적 성격에 불과하지만 취재 과정에 많은 도움을 주신 익명의 취재원들과 전문가들, 그리고 조언과 토론을 아끼지 않은 동료 선후배 기자들께 깊이 감사드린다. 아울러 취재원 보호와 지면 제약상 세세한 기술은 다음 기회를 기약하기로 한다.

동해 한미연합훈련에 참가하기 위해 7함대 소속 항공모함 '조지 워싱턴 호'가 7월 21일 오전 부산 남구 용호동 해군작전사령부에 입항하고 있다. 뒤쪽으로 미 구축함 맥켐벨 호의 모습이 보인다.

그러한 영향을 뒷받침할 어떤 증거도 알지 못한다"고 말했다.

미국 국무부 안에서 대북 정책을 총괄하고 있는 제임스 스타인버그 부장관도 천안함 사건 발생 사흘 뒤인 3월 29일 워싱턴 D.C. 외신기자클럽 간담회에서 "그것이(북한의 개입이) 사고 원인이라고 믿거나 우려할 근거는 없는 것으로 알고 있다"고 말했다. 오히려 스타인버그는 장기 교착상태에 빠진 6자회담 문제에 더 많은 시간을 할애하면서 "북한이 진정으로 비핵화 문제를 해결하려는 의지를 보이지 않는 한 (현 상황을) 진전시킬 수 없다"며 북한의 긍정적인 응답을 기대한다고 했다.

이 시기에 미국 정부의 비공식적인 반응도 별반 다르지 않았다. 4월 중순께 미국의 보수적인 의회 관계자들을 만난 한국 전문가들은 미국 정부가 천안함 사건의 원인을 단순 사고나 한국 정부가 깔아놓은 기뢰로 보고 있다는 말을 전해 들었다. 특히, 북한이 개입했을 가능성에 대해 미 의회 관계자들은 회의적인 반응을 보인 것으로 알려졌다. 천안함 침몰 당시는 모든 정보력과 군사력이 서해에 집중되는 한미 연합 군사훈련이 진행 중이었고, 실제 북한군의 특이 동향도 감지되지 않았기 때문이다.

미국 백악관 관계자 등 행정부 인사들을 직접 만난 전문가들도 똑같은 이야기를 전해주었다. 미국 정부가 천안함 사건에 아예 관심이 없다는 거였다. 물론, 천안함 침몰이 북한의 소행이라고 믿을 만한 확실한 물증이 없는 상태이기도 했지만, 미국의 정보 판단이 보통 사건 발생 직후 며칠 안에 끝나는 점에 비춰보면, 북한의 공격과 같은 우려할 만한 사태는 아니라는 미국의 판단이 있었다는 해석이 설득력을 갖던 시기였다.

보수적 성향의 미국 서부 최대 일간지인 〈엘에이 타임스〉도 4월 26일 '관망 단계'에 있던 미국 행정부의 분위기를 전하면서, 미국 싱크탱크 국제위기그룹(ICG)의 한반도 문제 전문가인 대니얼 핑크스톤 박사(동북아 담당 부국장)의 발언을 인용해 소개하고 있다. 핑크스톤 박사는 "천안함 침몰 사건을 추적하고 있는 미국 워싱턴 관리들이 '만약 천안함이 어뢰에 맞은 것으로 밝혀진다면 우리는 완전히 경악할 일(absolutely astounded)'이라고 나에게 말했다"고 언급했다. 한마디로 북한의 어뢰 공격설은 비현실적이라는 얘기였다. 〈엘에이 타임스〉가 간과한 점이 있다면, 이 기사를 보도한 시점엔 이미 미 행정부 내의 기류가 바뀌고 있었다는 사실 정도다.

**적극적 개입 단계**

그러나 관망 단계는 사건 초기부터 시작해 대략 20여 일을 넘지 못했다. 미 행정부는 4월 중순~말을 기점으로 천안함 침몰 원인을 '북한 소행으로' 굳혀가기 시작한다. 이명박 대통령이 핵안보정상회의 참석차 미국을 방문한 직후였고, 천안함 함미가 인양된 4월 15일 이후였다.

이명박 대통령의 미국 방문 시기에 한-미의 외교안보 참모들을 중심으로 어떤 전략적 협의가 오갔는지는 여러 추측과 관측이 나오고 있지만, 정확하게 확인되지 않은 만큼 이 자리에서 소개하고 싶지는 않다. 다만,

천안함 함미가 인양된 뒤 험한 모습의 절단면을 보고 한국의 정부 고위 당국자들이 '북한 소행'이라는 심증을 굳혔고, 이런 분위기가 미국에 전달된 것만큼은 분명해 보인다.

천안함 함미 인양 뒤 김태영 국방부장관과 유명환 전 외교통상부장관은 "북한의 소행이라면"이라는 가정을 깔고 적극적으로 대북 대응 방안을 흘리기 시작한다. 김태영 국방부장관은 4월 19일 국회 국방위원회 전체회의에 출석해 "우리는 사건 발생 순간에 북한의 행위라고 판단했다"며 북한의 소행에 강한 무게를 두는 발언을 했다. 실제로 김태영 장관은 5월 말 국회에 출석해서도 인양된 천안함 함미의 모습이 '북한 소행'이라는 자신의 판단에 결정적인 영향을 미쳤음을 인정했다.

다른 정부 고위 당국자들도 기자들과 사적으로 만난 자리에서 "북한이 아니면 누가 그런 짓을 했겠느냐"거나 "천안함 절단면이 북한 소행이라는 가장 확실한 물증"이라며 여론 정지 작업에 나선다.

한국의 외교통상부와 주미 한국대사관 쪽에서 미국 행정부와 의회, 전문가들을 대상으로 "북한 소행일 가능성"을 염두에 두고 대미 여론 정지 작업에 나선 것도 이 시점이었다. 외교부 본부에는 미국의 여론 정지 작업에 대한 성과 보고가 현지 대사관으로부터 올라오기 시작했다고 한다. 커트 캠벨 미 국무부 동아태 차관보와 한덕수 주미대사도 정기적으로 만나 천안함 대응과 관련한 '한미 조율'을 본격적으로 가동한다. 한-미 정부의 판단 추가 북한 소행으로 기울기 시작한 것이다.

당시만 해도 이런 움직임들은 세세하게 알려지지 않았지만 분위기가 바뀌고 있다고 짐작할 만한 상징적인 신호탄은 있었다. 한국 정부가 공개적으로 얘기하기 곤란한 입장에 대해 '대변인' 역할을 충실히 해온, 미국 싱크탱크 전략국제문제연구소(CSIS)의 한국 전담 연구프로그램 책임자(코리아 체어)인 빅터 차가 4월 22일 연구소 홈페이지에 올린 글을 통해 "이

이명박 대통령이 5월 26일 오후 청와대에서 일본·중국에 이어 한국을 방문한 힐러리 클린턴 미국 국무장관과 껴안으며 반갑게 인사를 나누고 있다.

번 사건과 관련해 북한의 공격에 의한 것이라는 확정적인 증거는 없다"면서 "하지만 (한국 정부) 당국자들은 '오프 더 레코드'로 북한 어뢰가 개입됐음을 매우 강하게 의심하고 있음을 시사하고 있다"고 전했다.

'오프 더 레코드'는 비공개를 전제로 하는 것인데도 빅터 차는 굳이 이런 사실을 공개했다. 오히려 '오프 더 레코드'라는 수식어가 그의 발언에 신뢰감을 더해줬다. 그의 발언을 기점으로 미국 내 보수적인 전문가들이 북한의 소행일 가능성을 거론하고, 미국 언론들도 관심을 갖기 시작한다. 전략국제문제연구소의 한국 전담 연구프로그램은 이명박 정부 들어 2009년 한국 정부가 재정을 지원해서 만든 자리다. 빅터 차는 부시 행정부에서 백악관 국가안보회의 아시아 담당 보좌관을 지낸 인물이었다.

물론 이때까지만 해도 한국 정부가 '결정적 증거'라고 이름 붙인 '1번 어뢰'는 인양되기 전이었다. 미국 내부에서도 '심증'은 있지만 물증이 없는 것에 대한 부담은 있었던 것으로 보인다. 외교통상부 안에서 천안함 사건을 담당하고 있는 국장급 인사가 4월 20일부터 4박 5일간의 일정으로 미국 방문에 나섰을 때 한-미는 미묘한 차이를 보였다고 외교 소식통은 전한다. 미국은 '물증이 없는데……', 한국은 '물증이 없어도……'라는 점에서 약간 달랐다.

5월 초 외교부 기자단과 산행을 같이했던 서울의 고위 외교 소식통도 "정치적 결단을 해야 하지 않겠느냐"고 말해 물증이 없는 상태에서 북한 소행이라고 단정하는 것에 대한 고민의 일단을 내비치기도 했다.

그러나 이런 고민들이 양국 정부의 '윗선'에서 이루어진 정무적 판단을 뒤집지는 못했다. 이미 한-미는 정보 당국 간 채널을 통해 미국이 획득해 제공한 첩보들을 활용해 '시나리오 작성'에 들어간 상태였다. 군사 전문 잡지인 〈디앤디 포커스〉 김종대 편집장의 전언이다.

"4월 말부터 미국의 첩보들이 민군합동조사단에 유입되기 시작합니다. 북한제 중어뢰의 카탈로그니 설계도니, 연어급 잠수정이니 하는 것들이 그것이죠. 그런데 이런 첩보가 들어오면 원칙적으로 숱한 정보회의를 통해 몇 달이 걸리든 몇 년이 걸리든 크로스체크를 하고 검증을 해야 합니다. 그래야 첩보가 정보가 되는 것입니다. 그러나 이런 절차들이 생략되고 곧바로 민군합동조사단으로 첩보들이 들어온 것입니다."

검증 없는 첩보의 활용은 위험하다. 상대방을 혼란시키기 위해 일부러 흘리는 이른바 '역정보'도 적지 않기 때문이다. 첩보를 무분별하게 '사실'로 받아들일 경우 국방 예산을 엉뚱하게 사용하게 되고, 작전도 당연히 왜곡돼 허점을 노출하게 된다.

6월 2일 지방선거를 불과 7일 앞

남북공동선언실천연대 등 시민단체 회원들이 4월 3일 서울 종로구 미대사관 근처에서 "미국은 천안함 침몰 사건 관련 자료를 공개할 것"을 요구하는 기자회견을 열고 있다. 이들은 미국이 천안함 사건 발생 초기에는 선체 결함 이외의 가능성에 대해 부정적이었으나 이후 자국의 이익을 위해 태도를 바꾸고 있다고 비판한다.

둔 5월 26일 힐러리 클린턴 미 국무장관의 방한은 미국 정부의 천안함 개입 과정의 절정이었다. 비행기 급유 시간에 불과한 4시간 동안 한국에 체류하면서 힐러리 장관은 북한에 대한 금융 제재를 비롯한 강경한 발언을 쏟아놓는 등 선거를 앞두고 '북풍'에 올인한 이명박 정부를 적잖이 거들었다.

4월 중순~말을 기점으로 천안함 사건에 대한 미국의 극적인 태도 변화 이면에는 어떤 판단들이 깔려 있었을까? 판단을 바꿀 만한 새로운 정보가 있었을까?

## 미국은 왜 그랬을까

이와 관련해 5월 22일 〈뉴욕 타임스〉의 보도는 시사점이 있다. 신문은 복수의 미국 정보 당국자들을 인용해, 천안함을 침몰시킨 북한군의 어뢰 공격은 김정일 국방위원장의 명령에 따른 것이라고 보도했다. 그러나 〈뉴욕 타임스〉는 이 같은 분석이 확증보다는 '정치 역학'에 근거한 판단을 기초로 한 것이라고 전했다. 병을 앓고 있는 김 위원장이 막내아들인 김정은의 권력승계를 확실히 하기 위해 이번 천안함 공격을 명령한 것으로 정보 당국자들이 확신하고 있다는 거였다.

그러나 이런 분석은 논란의 여지가 적지않은 것이었다. 북한에 대한 미국 정보 당국의 정세 분석은 상당 부분 한국 정부의 분석에 기대고 있다. 이 무렵에 미국 정보 당국자를 만난 한 한국 인사는 "새로운 정보나 내용은 없고, 한국 정부의 분석 결과를 그대로 읊더라"고 전했다. 게다가 당시 한-미 연합 군사훈련에 촉각을 세우며 정보력을 총동원하고 있던 중국 정부는 전문가를 통해 미국과 전혀 다른 판단을 내리고 있었음을 한국 정부에 알렸다. 북한이 2012년 이른바 '강성대국'을 목표로 경제 건설에 매진하고 있어 그렇게 큰 위험을 무릅쓴 도박을 할 이유가 없다는 것이었다.

미국이나 중국의 분석이 모두 가설일 수밖에 없다고 치면, 관심은 두 가지로 모아진다. 첫째, 미국은 심지어 '1번 어뢰'의 잔해도 발견되지 않은 상황에서 왜 이명박 정부의 북풍에 적극적으로 협력했을까 하는 점이다. 재미있는 추론이 있다. 참여정부 시절 청와대에서 근무했던 한 전문가는 "4월 말 모든 여론조사는 이명박 정부의 지방선거 압승을 예고하고 있었다. 미국 정부는 만약 조사 결과에 문제가 생겨도 이명박 정부의 지지율로 덮고 갈 수 있을 것으로 판단했을 것이다"라고 설명했다.

두 번째는, 미국은 어떤 전리품을 노리고 과감하게 천안함 사건에 적극 개입한 것일까. 이 문제는 많은 전문가들이 이미 언급한 바 있기 때문에 간단하게 정리하고자 한다. 서재정 미 존스홉킨스대 교수가 지적했듯이, 오키나와 미군 기지 문제로 일본 하토야마 정부와 이상 기류를 보이던 오바마 행정부는 천안함 사건을 핑계로 돌파구를 찾았다. 5월 22일 일본을 방문한 힐러리 클린턴 국무장관은 "한국이 맞닥뜨린 위협은 일본에도 위협"이라며 천안함을 상기시켰고, 다음날 하토야마 총리는 "동아시아의 안보환경에는 불확실성이 많이 남아 있다"며 오키나와 현 밖으로 해병대 등 주일미군을 이전하려던 계획을 사실상 백지화했다.

결국 후텐마 기지 이전 문제 등으로 하토야마 정권이 몰락하고 한국에 대한 지배력을 강화하면서 미국은 동북아 지역에서 중국을 견제할 수 있는 한·미·일 동맹 축을 복원하는 데 성공했다.

게다가 미국은 이명박 정부에 대한 확고한 지지를 통해 한국에게 빚더미를 안겼다. 앞으로 있을 한–미 자유무역협정(FTA)의 쇠고기·자동차 재협상에서 미국은 유리한 고지를 차지했고, 아프가니스탄에 대한 전투병 파병 등 어떤 청구서를 내놓을지 모를 일이다.

미국은 남는 장사만 했을까. 꼭 그렇지는 않다. 익명을 요구한 한 전문가는 미국의 행동이 '소탐대실'이었다고 평가했다. 한국민은 지방선거에서 천안함 사건에 대한 이명박 정부의 대응을 거부했다. 한국인들에게 미국은 갈등의 조정자라기보다 제국의 덩치에 걸맞지 않게 갈등을 부추기고 이를 통해 잇속을 챙기는 국가라는 인식이 강하게 심어졌다. 노벨 평화상을 선수금 형식으로 당겨 받은 오바마 대통령은 이미지를 구겼다.

게다가 국제적으로도 러시아 조사단은 미국이 개입한 천암함 조사 결과와는 전혀 다른 결론을 내놓아 미국의 체면이 구겨졌다. 천안함 조사 결과에 대한 한국민들의 신뢰도도 갈수록 떨어지고 있다. 천안함 사건의 '또 다른 진실'이 있다면 한국 정부에 대한 국민들의 불신은 고스란히 오바마 행정부로 옮아갈 것이다. 이렇게 되면 한반도에 대한 미국의 영향력 강화는 당연히 한국 안에서 저항에 부딪힐 수밖에 없다. 세계를 경영하기에는 갈수록 힘에 부치는 미국의 한계가 점점 드러나고 있다.

**이용인** 〈한겨레〉 정치부문 기자

# 16
# 동북아

## 신냉전 구도
## '한·미·일' 대 '북·중·러'

　'천안함 외교'가 한중 관계에 숨어 있던 판도라의 상자를 열었다.

　1992년 8월 24일 한중 수교는 한반도의 냉전 구도에 큰 균열을 낸 역사적 사건이었다. 오랜 적대국이었던 양국은 경제를 다리 삼아 급격히 가까워졌고 경제적 상호의존도가 계속 높아지면서, 한국 내에서는 동맹인 미국과 새로운 동반자인 중국 사이에서 적절한 균형을 찾으려는 진통이 계속됐다. 중국과 북한도 전통적인 '순망치한(脣亡齒寒)'의 혈맹 관계로부터 점점 멀어져 갔다.

　2008년 전 세계 경제 위기 이후 미국의 영향력은 점점 하락하기 시작했지만, 한국의 이명박 정부는 바로 그 시점부터 미국과 밀착하는 한미동맹 중심의 외교 정책을 강행해나갔고 중국과의 관계는 계속 내리막길을 걷기 시작했다. 남북관계도 사실상 마비 상태에 빠졌고, 북한은 중국 쪽으로 기울고 있었다. 그 와중에 천안함이 침몰했다.

　천안함 침몰 직후 중국 정부의 태도는 조심스러웠다. "과학적이고 객관적인" 조사를 계속 강조하면서 남북한 어느 한쪽으로 쏠리지 않으려는 자세를 보였다. 한국 정부는 미국과의 공조를 바탕으로 강하게 압박하면 중국이 태도를 바꿔 북한 비난에 동참하게 될 것이라는 기대를 감추지 않았다. 사건 초기부터 '한·미·일 대 북·중·러'의 구도가 전개된다는 기사가 한국 보수 언론들의 지면에 큼지막하게 등장했다.

5월 30일 제주도 서귀포시 중문동 제주국제컨벤션센터에서 열린 한·일·중 정상회의 공동 기자회견에서 이명박 대통령이 하토야마 일본 총리에게 먼저 연설할 것을 권하고 있다.

4월 30일 상하이 엑스포 개막 전야에 후진타오 중국 국가주석을 만난 이명박 대통령은 환하게 웃었다. 청와대는 "후 주석이 (천안함 침몰에 대한) 한국 정부의 과학적이고 객관적인 조사를 평가했다"며 한국의 의도대로 중국이 한국 편으로 다가서고 있다는 아전인수 격의 해석을 홍보하기 바빴다.

그로부터 사흘 뒤, 김정일 북한 국방위원장이 중국을 방문했다. '배신감'과 당혹감에 휩싸인 한국 정부와 여당은 중국 때리기에 나섰다. 김정일 위원장이 중국에 도착한 5월 3일 정몽준 한나라당 대표가 "중국에 실망과 우려를 느낀다"고 공개적으로 목소리를 높였고 다음날에는 신각수 외교통상부 제1차관이 장신썬 주한 중국대사를 이례적으로 초치해 항의했다. 이어 5일 현인택 통일부장관은 장 대사를 만나 기자들이 보는 앞에서 "중국의 책임 있는 역할이 요구되고 있다"며 중국의 무책임한 태도를 비난하는 훈계성 발언을 했다. 현 장관은 이 자리에서 "지금 '천안문 사태'에 직면했다"는 실언으로 중국을 더욱 분노하게 했다.

이어 한국은 중국을 배제한 채 천안함 사건 조사를 진행해 결과를 발표했고 이를 바탕으로 유엔 안전보장이사회에 천안함 사건을 회부해 안

제주도 서귀포시 중문 제주국제컨벤션센터에서 5월 29일 개막된 제3차 한·일·중 정상회의에서 회의 시작 전 하토야마 일본 총리의 제의에 원자바오 총리를 비롯한 중국 측 대표들이 천안함 희생자에 대한 묵념을 하고 있다.

보리 상임이사국인 중국과 한판 대결을 벌였다. 7월 9일 안보리는 북한을 공격 주체로 명시하지 않은 채 "안보리는 이번 사건과 관련이 없다는 북한의 반응, 그리고 여타 관련 국가들의 반응에 유의한다"는 조항이 들어간 의장성명을 채택했다. 이는 유엔 안보리에서 중국이 갖고 있는 위상에도 불구하고 중국을 포용하려는 미·중 등거리 외교 대신, 미국에만 의존한 한국 외교의 예고된 실패였다. 천안함 침몰 이후 한국은 '한·미 공조'를 과시하며 중국이 한국 편을 들도록 압박해 동북아의 전략적 판을 흔들고 동북아의 구도를 한·미에 유리하게 끌고 갈 수 있다고 계산했으나, 현실은 한국의 계산과 너무 달랐다.

중국은 천안함 보고서에 대한 불신, 한국과 미국이 북한 정권을 붕괴시키려 한다는 의구심, 한국을 앞세운 미국의 '중국 포위 전략'에 대한 대응이란 3가지 동력에 의해 냉정하게 움직였다.

떠들썩했던 먼지가 가라앉고 있는 지금, 한국의 천안함 조사 결과에 대한 중국 쪽의 반응은 "믿을 수 없다"라는 결론에 도달해 있다. 설사 북한이 천안함 사건을 일으켰다 하더라도, 한국 정부가 내놓은 천안함 조사 결과는 믿을 수 있는 증거를 제시하지 못하고 있다는 것이다. 이름을 밝히지 말 것을 부탁한 중국의 대표적인 한반도 문제 전문가는 "중국 내에서는 한국 정부의 조사에 의혹이 너무 많으니 믿을 수 없다는 결론이 내려져 있다. 특히 군 계통에서는 절대 믿지 않는다"며 "한국과 미국이 천안함 사건 초기 북한을 강하게 압박해 북한 붕괴까지도 밀고 가려 했다고 보는데, 북한에 급변 사태가 일어나면 한국에도 엄청난 재앙이다. 한국이 큰 흐름을 보지 않고 작은 것만 챙기려 하니 큰일"이라고 말했다. 한반도 문제에 정통한 또 다른 전문가도 "천안함 사건의 진실이 밝혀지려면 긴 시간이 걸리겠지만, 제2의 통킹만 사건이나 이라크 대량살상무기처럼 근거 없는 조작일 가능성도 있다고 생각한다"고 말하기도 했다.

천안함 사건 이전과 이후, 한반도 주변의 전략 구도는 극적으로 달라졌다. 한국과 미국의 밀착에 대한 반작용으로 중국은 의지할 곳 없게 된 북한에 대한 영향력을 크게 강화하면서, 한반도 주변에서 신냉전의 구도가 뚜렷해지기 시작했다. 이 지점에서 사태의 제2막이 올랐다.

안보리 의장성명 채택 이후 중국과 북한은 천안함 사태를 마무리하고 6자회담 등 대화 국면으로 나아간다는 '출구전략'을 향해 가려는 움직임을 보였지만, 한국과 미국은 천안함 사건에 대한 대응으로 서해에서 미군 핵항공모함까지 동원해 연합 군사훈련을 실시하겠다고 발표하면서 대화 제의를 거부했다. 천안함 사태는 동북아의 주도권을 둘러싼 미·중의 전략적 대결로 번졌다.

한국과 미국의 서해 한미 연합 군사훈련은, 중국에게는 한국과 미국이 본격적으로 중국과 북한을 겨냥하고 포위하려는 신호탄으로 읽혔다. 천안함 사태를 이용해 미국이 '한·미·일 대 북·중·러'의 신냉전 구도를 강화하면서 동아시아에 대한 영향력을 회복하고 중국을 포위하는 전략적 이익을 얻고 있다는 게 중국의 분석이었다.

중국은 연일 정부·군·언론이 총출동해 강력한 반대와 분노의 메시지를 쏟아냈다. 특히 중국 군부가 전면에 나섰다. 인민해방군은 6월 말부터 중국의 동중국해와 서해 일대의 군사훈련 모습을 이례적으로 잇따라 공개하며, 한·미 연합 군사훈련을 겨냥한 강력한 신호를 보냈다.

7월 1일에는 인민해방군 총참모부 마샤오텐 부총참모장이 이례적으로 홍콩의 봉황위성텔레비전과 인터뷰를 하면서 "황해(서해의 중국 명)는 중국 영해와 가깝기 때문에 한미 군사훈련에 강력히 반대한다"고 공개적으로 밝혔고, 이어 중국 군사과학학회 뤄위안 소장도 "미국이 항공모함 조지 워싱턴 호를 서해에 파견해 한국과 합동훈련을 할 경우 중국 인민해방군의 훈련용 과녁이 될 수 있다"는 초강경 발언을 했다. 베이징의 한 외교 소식통은 "군부까지 나선 중국의 강력한 반대는 한국의 예상을 훨씬 넘는 수준"이라며 "한국은 애초 중국이 어느 정도 반대를 한 뒤 결국 마지못해 훈련을 묵인할 것으로 예상했다"고 말했다.

한미 군사훈련에 대한 중국의 반발은 미군 제7함대의 핵항공모함인 조지 워싱턴 호(9만 7,000t급)가 중국 수도 베이징에 가까운 서해에 출현하는 데 초점이 맞춰졌다. 중국 전문가들은 조지 워싱턴 호가 서해에 들어서면 베이징·톈진·랴오둥반도 등 중국의 전략적 요충지가 600km 작전반경 안에 들어가 중국에 큰 위협이 된다고 주장한다. 베이징 외교가의 한 군사 전문가는 "중국은 핵항공모함이 서해에 들어서면 베이징·톈진 등의 정보가 노출된다고 하지만, 이미 미국은 위성 등을 통해 관련 정보를 다 수집하고 있는 상태여서 이는 명분일 뿐"이라며 "동북아 해상의 군사적 주도권을 둘러싼 미·중의 전략적 경쟁이라는 측면이 강하다"고 분석했다. 그는 "중국은 천안함 사태 이후 미국이 일본 후텐마 기지 문제를 미국에 유리하게 해결하고 한국과의 동맹도 강화하면서 금융위기 이후 흔들리던 미국의 동북아 군사 헤게모니가 강해지는 데 큰 불만을 가진 상태에서 이번 군사훈련에 반대하는 것"이라며 "한국은 미·중의 전략적 경쟁에 낀 상황"이라고 말했다.

최근까지 '대륙 세력'으로 불리던 중국은 최근 강해진 경제력에 알맞은 해군력 강화를 추진하며 '해양 세력'으로도 변신하기 시작했다. 에너지와 물자의 해상 수송로 안전 확보를 추구하면서, 동중국해와 남중국해 등 전략 해역에 대한 군사력 배치와 훈련을 대폭 강화해 이 지역 바다를 지배해온 미국에 도전하기 시작했다. 남중국해가 대만, 티베트, 신장위구르 자치구와 마찬가지로 중국의 '핵심이해 지역'이라고 선언하기도 했다.

동아시아의 주도권을 둘러싼 미국과 중국의 '일전' 그리고 미국의 선봉에 선 한국이라는 구도가 뚜렷해지면서, 중국의 칼끝이 미국보다 한국을 겨눴고 한미동맹을 정면으로 비판하기 시작했다. 천안함 외교 와중에 중국 당국의 '선전기관' 구실을 했던 〈인민일보〉 산하 국제전문지인 〈환구시보〉는 6월 24일 사설에서 "한국과 일본은 경제적으로는 중국의 급행열차에 올라타고 싶고, 군사적으로는 미국에 의존해 중국을 견제하려는 '전략분열증'을 보이고 있다"고 비판했다. 이어 7월 8일에는 "이명박 정부 취임 이후 한국은 정치·군사적으로 과도하게 친미적이 됐고, 냉전의 길로 되돌아가고 있다"는 사설로 이명박 정부의 대미 의존 전략을 정면으로 꼬집었다.

천안함 외교가 계기가 되기는 했지만 한·중 관계 악화의 근본 원인은 이명박 정부 이후 한국의 지속적인 한미동맹 강화와 이에 대한 중국의 전략적 불만에 있다고 볼 수 있다. 이명박 대통령 취임 직후인 지난 2008년 5월 한·중 정상회담 기간 동안 중국 외교부 대변인은 "한미동맹은 냉전의 산물"이라고 언급하며 한미동맹 일변도로 급격히 기우는 한국 정부에 '경고장'을 보냈다. 이어 천안함 사건에 대한 대응으로 한미 군사훈련이 잇따라 실시되고 전시작전통제권 전환을 2015년으로 연기하는 등 한미동맹이 크게 강화되면서, 한·중 수교 이후 주한미군 주둔에 대해 이해하는 입장을 보이던 중국은 한미동맹에 대한 경계심을 강화했다.

## 한국의 미국 일변도 외교, 북·중 관계 강화시키다

작용은 반작용을 낳는 법, 천안함 외교를 통해 한미가 밀착할수록 북한과 중국의 관계는 급격히 강화됐다. 미국과 한국의 압박으로 퇴로가 차단된 북한은 중국의 영향권 안으로 깊숙이 빨려 들어가고 있는 모습이다. 왕린창 전 〈인민일보〉 서울 특파원은 이명박 정부의 대북 강경정책이 북·중 관계를 강화시켰다고 지적했다. "현재 중국과 북한 관계는 3~5년 전보다 훨씬 밀접해졌다. 한·중 수교와 북한 핵 개발로 중국과 북한 관계가 소원했던 적도 있지만, 이명박 정부 들어 한국이 북한을 강하게 압박하고 한미동맹 일변도로 나아가는 전략적 변화가 나타나자, 중국은 북·중 관계를 강화해야 한다는 결론을 내렸다."

천안함 사건 이후 김정일 북한 국방위원장이 전례를 깨고 한 해 두 차례 연속 중국을 방문한 것은 이를 상징적으로 보여줬다. 김정일 국방위원장은 천안함 사건 직후인 5월 3일 다롄·톈진·베이징을 방문한 데 이어 3개월여 만인 8월 26일 다시 중국을 찾아 지린·창춘·하얼빈 등의 경제 시설 등을 돌아봤다. 특히 후진타오 중국 주석이 8월 27일 지린성 창춘까지 찾아와 김 위원장과 정상회담을 한 모습이 공개되자 국제 외교가는 충격을 받았다. 중국 국가주석이 베이징이 아닌 지방도시까지 이동해 김 위원장과 같은 호텔에서 머물면서 정상회담을 하는 등 긴 시간을 함께 보낸 것은 그 자체로 '북·중 밀착' 신호를 전 세계에 발신한 셈이다. 북한은 국내외를 향해 중국이 자신들의 든든한 후원자임을 알리고, 중국도 북·중 관계가 단단하다는 것을 한국·미국 등 한반도 주변 국가들에게 보여주려는 의도가 있었다는 해석이다. 특히 중국은 천안함 사건 이후 한미

8월 27일 김정일 국방위원장(왼쪽)이 중국 지린성 창춘의 숙소인 난후호텔을 배경으로 후진타오 국가주석과 악수하고 있다. 〈신화통신〉은 8월 30일 김 위원장과 후 주석이 8월 27일 창춘에서 정상회담을 했다고 보도하면서 이 사진을 공개했다.

연합훈련과 남중국해 문제 다자화, 미국·베트남 군사훈련 등 불리한 흐름이 이어지는 상황에서, 자기편인 북한을 확실히 잡아두겠다는 전략적 판단을 한 것으로 보인다. 김 위원장도 확실한 후원자인 중국 쪽에 서겠다는 메시지를 미국을 향해 보냈다.

한국 정부와 보수 언론들은 지난 8월 김정일 위원장의 방중에 대해 3남 김정은으로 이어지는 후계 문제에 대해 중국의 지원을 확보하려는 '세자 책봉' 행사로 묘사하기에 바빴다. 하지만 중국과 북한은 더욱 큰 그림을 그렸다. 북·중 전략적 관계를 강화하면서, 북한이 중국의 동북개발 계획과 밀착한 개혁개방을 통해 경제를 살리고 체제를 안정시키는 밑그림이다. 후진타오 주석은 창춘 정상회담에서 고위급 인사 교류 지속, 경제통상협력 추진, 전략적 소통강화를 북·중 관계 강화의 3대 과제로 제시했다.

창춘 정상회담에서 후진타오 주석은 김정일 위원장에게 "경제발전은 자력갱생도 있지만 대외협력도 필요하다. 이는 시대 흐름에 따르는 것이며 국가 발전을 가속화하는 필연적 경로"라며 북한의 방향 전환을 강하게 촉구했다. 중국 쪽의 안내로 지린과 헤이룽장성 등 중국 동북개발 현장을 돌아본 김정일 위원장은 "내가 이전에 생활했던 지린의 큰 변화와 발전을 보고 깊이 감동했다"며 "동북 지역과 북한은 가깝고 산천의 모습과 공업 구조도 비슷하다. 북한은 동북 지역과의 교류 협력을 강화하고 중국의 방법과 경험을 연구하기를 바란다"고 화답했다.

김정일 위원장이 북한으로 돌아간 뒤 북한과 중국 언론들은 '북중 관계가 전성기를 맞았다'며 양국 관계를 과시하기 바빴다. 중국과 북한 고위관리들이 공개적으로 '두만강 유역 초국경 경제협력지구' '가공무역과 중계무역 중심의 나진·선봉 국제무역지구' 개발 계획들을 밝혔다. 중국과 북한의 경제는 단둥-신의주, 투먼-회령, 훈춘-나진의 3개의 축을 통해 긴밀하게 연결되고, 북한의 자원들도 이 통로를 통해 중국으로 빨려들어갈 것으로 예상된다. 북한과 중국의 군사동맹 강화 움직임도 나타났

다. 북한 김영남 최고인민회의 상임위원장은 9월 1일 평양을 방문한 중국 인민해방군 선양군구 사령관인 장유샤 중장에게 "중국과 군사협력 강화를 위해 끊임없이 노력하겠다"고 말했다.

한국 정부가 미국과의 밀착, 중국과의 엇박자를 통해 천안함 문제를 풀어간 6개월여의 행보 이후, 한반도 주변의 안보 지형은 극적으로 변했다. 우리가 받아든 전략적 손익계산서에는 미국 의존도 강화, 중국과의 꼬여버린 관계, 북한에 대한 레버리지 상실 등 마이너스 숫자들뿐이다.

한반도에서 커진 것은 미국과 중국의 영향력이다. 특히 중국은 안보리에서 한국의 북한 압박 목표를 좌절시킨 데 이어 한반도 주변 긴장이 최고로 고조된 8월 중순 우다웨이 한반도 사무 특별대표의 평양 방문을 통해 6자회담 재개의 시동을 걸고, 김정일 위원장의 방중을 통해 한반도의 전략적 판을 바꾸는 돌파 외교를 선보였다. 얼마 전까지 북한과 중국에 목소리를 높이던 한국 정부는 이 흐름에 떠밀려 급하게 방향을 바꾸는 모양새다.

한국 정부는 중국의 부상으로 미국과 중국의 전략적 경쟁이 치열해지는 상황에서 미국에 올인하는 외교로 퇴로를 차단하고 질주해왔다. 강력한 두 세력의 힘이 부딪히며 거대한 해일을 일으키고 있는 한반도 주변의 역사적 격랑 위에서 중국과의 전략적 조율이라는 균형 잡기는 실종된 채, 위태롭게 기울어 항해하는 돛단배 처지가 됐다. 미국 항공모함은 이런 한국의 '구원자'가 될 수 있을까?

**박민희** 〈한겨레〉 베이징 특파원

# 17
## 남북 경제관계

# 정권 이익을 위해 내팽개친
# 민족 미래의 비전

이명박 정부의 '천안함 손익계산서'를 경제적 측면에서 작성해봐야 할 시점이다. 도대체 천안함 정국을 거치면서, 이명박 정부가 얻은 것은 무얼까? 아니 얻고자 했던 것은 무엇일까? 그 반면 예상했든 예상하지 못했든 잃은 것은 무엇일까? 이 글은 이렇게 이명박 정부가 얻은 것과 잃은 것을 남북한 경제 문제에 초점을 맞춰 살펴볼 예정이다. 이렇게 경제 문제와 관련해 이명박 정부의 '천안함 대차대조표'를 작성하는 것은 천안함 사건이 현재 우리에게 무엇인지 다시 한 번 생각할 기회를 주게 될 것이다.

먼저 이명박 정부가 천안함에 대해 정치적으로 무엇을 얻으려 했는지를 추론해보자. 잘 알려져 있듯이, 국내적 요인은 6·2 지방선거였을 것이다. 이명박 정부가 5월 20일 "천안함이 북한 연어급 잠수정이 쏜 중어뢰에 의해 격침됐다"는 결론을 단정적으로 내리게 된 것도 정권에 대한 중간평가 성격이 짙은 이 지방선거에서 승리하기 위한 것이라고 대부분 평가한다. 하지만 잘 알려져 있듯이 여당인 한나라당은 이 지방선거에서 크게 패했다. 이는 국민들의 현명함이 '정권의 얕은 꾀'를 꿰뚫어본 것이라고밖에 달리 해석할 길이 없다. 특히 친정부 신문들과 방송의 그 엄청난 '북풍몰이'를 생각할 때 더욱 그렇다.

하지만 이명박 정부가 얻고자 했던 것은 비단 남한 내부의 선거 승리만은 아니었을 것이다. 이명박 정부는 남북관계에서도 천안함 사건을 통해 '북한 길들이기'를 성공시킬 수 있다고 봤을 수 있다. 말하자면, 어려운 경제 상황에 처해 있는 북한에 대해 경제적 제재를 가함으로써 북한의 '나쁜 버릇'을 고칠 수 있다고 판단했을 수 있다는 말이다.

실제로 5월 24일 정부가 발표한 '천안함 관련 대북 경제 제재 조치'는 이런 의도를 숨기지 않았

**남북해상항로**
※ 새 항로는 작전구역 바깥

남북해운합의서에 따른 해상항로대

중국

북한

나진
청진

흥남
남포
원산
고성

해주

울릉도
독도'

영해선

남한

제주도

작전구역

일본

남북해운합의서에 따른 해상항로대. 이명박 정부는 5월 24일 대북조치에서 북한배가 남한 영해를 통과하는 것을 불허하겠다고 밝혔다.

다. 이날 이명박 정부는 대통령의 대국민담화와 통일·국방·외교 장관의 기자회견을 통해 일련의 대북 경제 제재 조치를 내놓았다. 이명박 정부가 내놓은 대북 제재 조치는 △'남북해운합의서'에 의해 허용된 북한 선박의 우리 해역 운항을 전면 불허하고 △개성공단을 제외한 남북 간 교역과 교류를 중단하겠다는 것을 뼈대로 한 것이다. 국책연구기관인 한국개발연구원(KDI)은 정부의 대북 경제 제재 조치 발표 당일 바로 'KDI 현안분석-대북 경제 제재의 효과'라는 보고서를 펴내 지난 2000년대 들어 남북 교역이 북한 무역의 최대 38%, 국내총생산(GDP)의 13%를 차지했기 때문에 대북 경제 제재가 이뤄질 경우 북한 당국에 직접적인 타격이 될 것이라고 전망했다. 통일부는 이런 남북 교역 중단 조치로 북한은 연간 2000억 원이 넘는 외화 수입 손실을 입게 된다고 추산했다. 통일부는 이런 경제

제재 조치의 효과가 "우리 경제 규모로 봤을 때 미미해 보일 수 있지만, 북한의 경제 규모로 봤을 때 상당한 영향을 줄 수 있는 것"이라고 강조했다.

하지만 이런 조치로 즉각적인 타격을 입은 것은 오히려 남한이었다. 남한 주식시장은 이 대통령의 대국민담화 다음날인 5월 25일 2.75%인 44.1포인트 급락했다. 반면 환율은 35.5원 올라 1,250원을 기록했다. 국민들은 남북관계가 악화되면 남한 경제가 큰 타격을 받는다는 코리안 리스크(Korean Risk)를 떠올려야 했다.

하지만 진정한 코리안 리스크는 이런 단기적인 주가의 움직임이 아니라, 장기적인 남한 경제의 성장 동력과 관련이 있다. 왜냐하면 이명박 정부의 천안함 대응 조치는 남한의 장기 경제 비전 수립에도 나쁜 영향을 줄 가능성이 높기 때문이다. 이는 우선 급격하게 '노령 사회'가 돼가는 남한 현실과도 연결돼 있다. 경제협력개발기구(OECD)는 5월 12일 남한이 급속히 노령화돼 2030년에는 OECD 국가 중 '네 번째 노령화 국가'가 될 것으로 내다봤다. 노령화 사회가 되면 경제성장률이 떨어지고 세계경제에서 남한의 경제적 지위도 하락할 가능성이 높다. 남북 교역 확대는 이런 상황을 완화·저지할 수 있는 중요한 변수로 지금까지 인식돼왔다. 대표적인 분석으로 2009년 9월 골드만삭스가 발표한 〈통일코리아, 북한 리스크 재평가(A United Korea? Reassessing North Korea Risks)〉를 꼽을 수 있다. 세계적 투자기업인 골드만삭스는 이 논문에서 통일 코리아가 40년 뒤인

이명박 대통령의 강경 대북조치 발표 다음날인 5월 25일 코스피지수는 크게 하락하고 환율은 크게 올랐음을 보여주는 그래프.

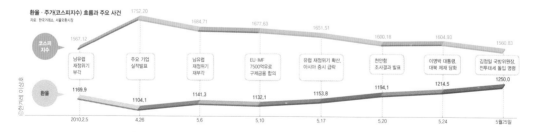

환율 · 주가(코스피지수) 흐름과 주요 사건
자료: 한국거래소, 서울외환시장

©한겨레 이상호

| 코스피지수 | 1567.12 | 1752.20 | 1684.71 | 1677.63 | 1651.51 | 1600.18 | 1604.93 | 1560.83 |
|---|---|---|---|---|---|---|---|---|
| | 남유럽 재정위기 부각 | 주요 기업 실적발표 | 남유럽 재정위기 재부각 | EU·IMF 7500억유로 구제금융 합의 | 유럽 재정위기 확산, 아시아 증시 급락 | 천안함 조사결과 발표 | 이명박 대통령, 대북 제재 담화 | 김정일 국방위원장, 전투태세 돌입 명령 |
| 환율 | 1169.9 | 1104.1 | 1141.3 | 1132.1 | 1153.8 | 1194.1 | 1214.5 | 1250.0 |
| | 2010.2.5 | 4.26 | 5.6 | 5.10 | 5.17 | 5.20 | 5.24 | 5월25일 |

2050년에 GDP 규모로 독일과 프랑스를 추월하여 세계 8위가 될 것이라고 전망했다. 그 핵심 이유 중 하나가 고령 사회로 접어들지만 기술이 뛰어난 남한과, 기술은 떨어지지만 상대적으로 젊은 북한이 만들어내는 시너지 효과였다. 보고서는 반면 만일 통일이 이루어지지 않는다면 급격한 고령화를

개성공단 입주기업 모임인 개성공단기업협의회는 6월 3일 서울 여의도 렉싱턴호텔에서 임시총회를 열고 정부에 개성공단 관련 대책 마련을 촉구키로 했다. 출구가 안 보이는 남북경협 상황 탓인지 한 참석자가 얼굴을 감싸쥔 채 고민하고 있다.

경험하게 될 남한 경제가 현재보다 하락할 것임을 지적하고 있다. 즉 장기적으로 볼 때 이명박 정부의 천안함 관련 대북 조치는, 노령 사회화하는 남한이 상대적으로 젊은 북한을 스스로 내친 것으로 '자살골'의 성격이 크다.

중국이라는 변수를 생각하면, 남한 경제가 받을 타격은 더욱 명확해진다. 왜냐하면 남북 교역의 전면 중단이 갖는 효과 중 하나가 중국 경제가 남한 경제를 따라잡는 '추격 속도'를 더욱 높이는 것이기 때문이다. 개성공단에 입주해 있는 한 기업체 사장은 이와 관련해 "개성공단이 없을 때 많은 남한 기업들이 중국을 찾았다. 그러나 중국은 몇 년 안에 그 기업이 가지고 있는 기술을 흡수해버린다"고 밝힌다. 그는 중국에 진출했다가 철수한 뒤, 시범단지 시절부터 개성공단에 입주해 있는 터줏대감이다. 이렇게 중국에 진출했다가 철수하는 것은 기업 자체로도 불운이지만, 남한 경제 전체로서는 더 큰 불행이다. 왜냐하면 중국은 이런 방식으로 흡수한 기술을 이용해 남한과의 기술 격차를 더 줄여왔기 때문이다.

남한이 북한과 교역한다는 것은, 남한 기업이 자신의 기술을 중국에 넘겨주지 않는다는 것을 의미한다. 다시 말해, 남한은 북한과 교역함으로

써 '중국의 남한 따라잡기'를 지연하는 효과도 얻고 있었던 것이다. 하지만 이제 남북 교역이 금지되고 개성공단이 더 이상 발전 가능성이 없다고 판단하면 많은 남한 기업들이 중국을 다시 찾을 수밖에 없을 것이다. 그리고 남한은, 머지않아 남한의 기술을 흡수해 더욱 위협적으로 성장한 중국을 상대해야 할 것이다.

그럼 북한은 어떨까. 통일부의 지적대로 북한도 이번 조치로 큰 타격을 입은 것만은 확실해 보인다. 이는 김정일 국방위원장의 8월 26일 중국 창춘·하얼빈 방문이 여실히 보여준다. 천안함 사건 뒤인 5월 3일 다롄·톈진·베이징을 방문했던 김 국방위원장이 3개월여 만에 다시 중국을 방문한 데 대해 여러 가지 해석이 있을 수 있다. 하지만 경제적으로 살펴볼 때, 김 위원장의 이런 잇따른 중국 방문은 중국의 동북3성 진흥 전략에 적극 협력하겠다는 의사표시로 해석할 수 있다.

중국은 2002년부터 동북3성 진흥 전략을 본격화했다. 이 지역에 살고 있는 조선족들의 동요를 막는 것이 이 정책의 주요 목적 중 하나다. 1978년 개혁·개방을 시작했을 당시 동북3성은 중국의 대표적인 중공업단지였으며, 소득 수준도 중국의 각 성 중에서 1~2위를 다퉜다. 하지만 개혁개방이 상하이와 홍콩 근처 등 남쪽 해안을 중심으로 이루어지면서 동북3성의 지위는 계속 하락했다. 이제 '낡은 중공업단지'로 불리는 이 지역의 소득 순위는 아래에서 몇 번째를 기록하고 있다. 이런 상황에서 경제력이 앞선 남한으로 조선족들이 대거 몰려가는 현상이 일어나자, 중국 당국은 동북3성 정책을 재검토할 필요를 느끼게 된 것이다. 이는 문화역사적으로는 '동북공정'의 형태로 나타났으며, 경제적으로는 동북3성 진흥 전략으로 표현됐다.

그런데 중국 당국이 추구하는 이 진흥 전략이 제대로 작동하려면 북한의 역할이 무엇보다 중요하다. 즉 동북3성을 빠르게 발전시키기 위해서는 북한이 원자재 및 노동력 공급을 위한 '하위 파트너'가 돼야 하기 때문이다. 하지만 북한은 그동안 이런 중국의 제안에 적극성을 보이지 않았다. 북한에게 중국의 제안은 하나의 카드에 불과했기 때문이다. 이명박 정부가 등장할 때까지 북한은 '중국 카드' 외에도 남한과의 경제 교류, 미국과의 관

서울 광화문광장에서 5월 29일 열린 '천안함 진상규명과 한반도 평화실현 촉구 결의대회'에서 시민들이 전쟁 위험을 줄이고 한반도에 평화 실현을 촉구하는 연사들의 발언을 듣고 있다. 6·2 지방선거를 앞두고 이명박 정부의 전쟁 위기 조성에 반대하는 목소리가 점점 높아져갔다.

계 정상화, 대일 수교 때 들어올 배상금 등 여러 카드를 가지고 있었다. 북한은 '중국 카드'에 매몰되지 않고 이런 여러 카드들을 조합해 2012년 강성대국을 건설하는 전략을 짰을 것이다.

하지만 이명박 정권의 등장과 함께 중국 카드 이외의 카드들은 유용성이 크게 떨어졌고, 급기야 천안함 사건으로 유용성을 거의 상실했다. 당장 남북 경제 교류 단절은 남한 카드의 상실을 의미한다. 남한 정부가 5월 24일 조치로 북한 경제에 타격을 주겠다는 것은 이런 것을 염두에 둔 것일 수 있다. 하지만 그것은 북한에 타격을 주는 것이면서 장기적으로는 남한에도 타격이 되는 것이다. 이 경기에서는 오직 중국과 미국이라는 강대국만이 승자다.

## 통일세 신설, 정부의 꼼수

5월 24일 발표된 대북 경제 제재 정책이 얼마나 단견인지는 8월 15일 광복절에 이명박 대통령이 밝힌 '통일세 검토 제안'에서도 여실히 드러난다. 이명박 대통령은 광복절 경축사에서 "통일은 반드시 온다"며 이에 대비하기 위해 통일세를 신설하는 방안을 논의할 것을 제안했다. 이 대통령은

"남북관계는 새로운 패러다임을 요구하고 있다"는 주장과 함께 '평화공동체-경제공동체-민족공동체'의 3단계 행동을 제시했고, 이에 대한 적극적인 대비 행위로 통일세 신설 방안을 내놓은 것이다. 이 통일세 제안은 흡수통일을 전제로 한 것 아니냐는 의구심을 불러일으켰지만, 이 글에서는 주로 5월 24일 대북 제재 조치와의 모순점에 초점을 맞추고자 한다.

네이버 백과사전은 통일비용을 "이데올로기에 의해 분리됐던 두 체제가 경제를 통합한 뒤 걸맞은 수준으로 끌어올리는 데 필요한 비용 또는 양쪽의 경제·생활 수준이 같아지기 위해 투자해야 할 비용"이라고 정의했다. 흡수통일을 상정할 경우, 남한보다 못사는 북한이 남한만큼 살도록 하기 위해 지급해야 하는 비용이라는 말이다. 따라서 무엇이 통일비용의 규모를 결정하는지 쉽게 확인할 수 있다. '분리됐던 두 체제'의 '경제·생활 수준 차이'다. 이것이 커질수록 통일비용은 커지게 된다. 이 대통령이 통일세 논의를 제안한 뒤 하루 만에 대통령 직속 미래기획위원회는 북한 붕괴 등 급변 사태 때 30년간 들어가는 총 통일비용을 2조 1400억 달러(약 2538조 원)로 추산했다. 이는 남한 국민 한 사람이 5천만 원 이상씩 부담해야 하는 액수다.

이 통일비용이 남북한 경제력 차이에 의해 좌우된다고 할 때 이를 줄일 수 있는 유일한 방법은 북한의 경제성장률을 남한의 그것보다 높이는 것이다. 그 반대의 경우는 통일비용이 늘어나게 된다. 북한이 대량 기아 사태인 '고난의 행군'을 경험한 1990년대 중반을 기준으로 학자들은 통일비용을 160조 원에서 1440조 원 정도로 추산했다(『통일비용조달방안』, 김대우, 용인대학교, 208쪽, 1988). 추정 방법이나 가정에 따라 조금씩 차이가 있겠지만, 대통령 직속 미래기획위원회의 추정치와 비교해보면 불과 15년 사이에 통일비용이 크게 늘어난 것을 알 수 있다. 무엇보다 이 기간 중에 북한 경제의 성장률이 남한 경제의 그것보다 낮았기 때문이다.

5월 24일 대북 경제 제재는 북한을 압박하는 것으로서, 북한 경제의 성장률을 낮출 수 있다. 이는 곧바로 남북한의 경제력 차이를 넓히는 요인이 된다. 북한의 경제성장률이 낮아지는 것은 이명박 정부 식으로 흡수통일을 상정하지 않더라도 한반도 미래에 큰 걸림돌이 된다. 흡수통일이 아닌 다양한 방식, 즉 남북연합에 의한 경제공동체 형성, 개성공단 등 특구의 확대 등 남북이 함께하는 어떤 경제 모형을 상정해봐도 북한 경제가 저성장을 한다면 큰 부담이 될 것이기 때문이다. 하지만 이명박 정부는 이런 장기적인 전망에 대한 고려 없이 단기적인 정권 이익을 위해 대북 제재를 취함으로써 미래 비전을 스스로 갉아먹은 것이다.

문제는 이명박 정부가 이런 문제점을 뒤늦게 확인하더라도 이를 취소하는 것이 쉽지 않다는 점이다. 무엇보다 이명박 정부가 워낙 단정적으로 '천안함 북한 어뢰 피격설'과 이에 따른 엄중한 대북 경제 제재를 선언한 상태이기 때문이다. 따라서 이명박 정부가 이를 스스로 철회하는 것은 단기적으로 상당히 큰 정치적 부담이 된다. 우선 이명박 정권의 지지층의 일단을 형성하고 있는 극우 세력들이 강력한 비판의 목소리를 낼 것이다.

하지만 다른 한편으로 이명박 정부가 대북 제재를 철회하지 않을 경우 이에 대한 비판의 목소리는 갈수록 높아질 것이다. 시간이 갈수록 이명박 정부의 강경 대북 경제 제재 조치가 한반도의 미래 비전을 훼손하는 것을 국민들이 명백하게 인식할 것이기 때문이다. 그리고 결국에는 이명박 정부에 대한 비판 목소리 또한 커질 수밖에 없다. 한마디로 이러지도 못하고 저러지도 못하는 상황인 것이다. 이명박 정부는 천안함 사건을 통해 단기적 이익을 얻고자 했지만 풀기 어려운 숙제만 떠안은 셈이 됐다.

**김보근** 〈한겨레〉 스페셜콘텐츠부장

# 18 정치

# 정보 접근도,
# 과학자 조직도 못한 국회

천안함 침몰 사건에 대한 정부의 조사 과정과 이후 대북 대응 과정에서 국회는 제 역할을 했을까? 이는 누구를 비난하거나 탓하려는 것이 아니라, 사상 초유의 사태가 발생했을 때 앞으로 의회 권력이 어떻게 제 역할을 해야 하는지 '복기'를 통해 되짚어보자는 차원의 문제 제기다. 정부 및 여당이 선거 활용을 위해 초고속으로 천안함 조사 결과를 발표했고, 이로 인해 초래된 사회적 갈등과 계속되는 의혹 제기, 외교적 위신 추락 등 숱한 부작용을 지금도 목도하고 있기 때문이다. 사회적 갈등과 위신 추락의 골은 앞으로 더욱 깊어질 뿐, 줄어들 가능성은 거의 없다는 데 문제의 심각성이 있다.

## 국회, 그리고 야당의 네 가지 실수

민주주의를 지탱하는 삼권분립이라는 큰 원칙에 비춰볼 때, 천안함 사건 조사 과정에서 행정부에 대한 의회의 견제는 거의 존재하지 않았다.

특히 천안함 조사 과정과 대응 과정에서 행정부가 적잖이 미숙함을 드러
냈는데도, 민주당과 민주노동당을 포함해 야당은 이 공간을 파고들지 못
하고 자신들의 잘못을 감추기에 급급했던 행정부의 의제 설정에 끌려 다
녔다.

첫째, 야당의 가장 큰 패착은 천안함 침몰 과정에서 실수를 저지른 행
정부에 사고 조사를 그대로 맡겨놓다시피 했다는 것이다. 북한의 공격에
의한 것이라면 경계 소홀과 안보 무능을 따져봐야 했고, 사고에 의한 것
이라면 구체적인 원인을 짚어내 책임자를 문책하고 재발 방지 대책을 촉
구했어야 했다. 속성상 책임 회피가 일차적인 관심일 수밖에 없는 행정부
에 조사 임무를 수행하도록 방치한 셈이다. 많은 시민단체와 전문가들이
지적했듯이, 조사를 받아야 할 대상에 조사를 맡긴 꼴이었다. 물론, 민군
합동조사단에 민주당 추천 몫으로 한 명의 민간위원이 들어갔지만 힘에
부쳤고, 그나마 군의 기밀주의 등에 가로막혀 제대로 성과를 내지 못하
는 한계를 보였다.

민주당 박기춘 원내수석부대표
(오른쪽 둘째), 전현희 원내대
변인(오른쪽 셋째)과 민노당 이
정희 의원(오른쪽 첫째)이 7월
5일 오전 국회 의안과에 야당
과 무소속 의원 93명이 서명한
천안함 사건 국정조사 요구서
를 제출하고 있다.

둘째, 군의 조사를 감시할 조직적인 통로 마련에 실패한 야당은, 비공식적인 정보 접근에도 적잖은 한계를 보인 게 사실이다. 크게 보면 10년 동안 정권을 맡아왔는데, 정부와 군의 공식적인 설명과는 다른 목소리를 내는 군 내부 인사에 대한 접근성은 떨어졌다. 물론 민주당 관계자의 항변도 일리가 없는 것은 아니다. "이미 이명박 정부가 들어서면서 지난 10년 정권에서 일했던 군 인사들은 요직에서 물러나고 그나마 남아 있던 사람들도 다 변방에 있었어요. 이번 사건에 접근할 수 있는 위치에 있지 않았던 것이죠. 우리도 정말 답답했습니다." 그러나 야당이 적극적인 역할을 하지 못함으로써, 군 내부 관계자들이 민주당에 대한 접근을 주저한 측면도 없지 않다.

셋째, 과학 분야의 전문가들을 정당의 우산 밑으로 조직화하는 작업도 별 성과를 내지 못했다. 그러다 보니 이슈화가 제대로 될 수가 없었다. 이 또한 이해 못할 일은 아니었다. 예컨대 폭발에 따른 흡착물질이 존재하는지와 관련해 일부 국외 거주 학자들과 군 사이에 논쟁이 벌어졌을 때, 그리고 과연 천안함의 절단면이 폭발에 따른 현상이라고 단정할 수 있는지를 묻는 기자의 질문에 대부분의 국내 학자들은 몹시 조심스러워했다. "요즘 같은 공안통치 시대에……"라며 답변을 꺼리는 학자들이 있는가 하면, "정부에서 한 것이니 맞겠죠"라며 무관심한 척 회피하는 전문가들도 있었다. 그렇다 하더라도 야당이 적극적으로 전문가들을 묶어세우기 위한 시도를 했는지에 대해선 후한 점수를 주기 어렵다.

넷째, 정보 통제를 돌파할 만한 집요함도 보이지 않았다. 사고 초기 민주당의 한 보좌관은 필자와의 전화통화에서 답답함을 호소했다. "군이 생존자들과 면담 요청을 거부하고 있는데 국회의원들이 평택2함대 사령부 앞에서 드러눕기라도 해야 하는 것 아닌가요. 실종자 가족들이 다 백령도에 있는데, 여당 의원들보다 먼저 달려가서 위로해야 하는 것 아닌가요. 그런데 움직일 생각을 하지 않아요."

정부의 천안함 조사 결과에 조직적으로 접근할 수 있는 통로도 막혀버리고, 비공식적인 통로는 애초부터 없었던 상황에서 전략의 부재까지 겹쳐 야당 의원들은 대부분 천안함과 관련된 정보를 군의 정보기관 등에 의존할 수밖에 없었다. 그러다 보니 대항 프레임을 설정하거나 적절한 문제 제기를 제대로 할 수도 없었고, 정부와 군이 설정한 프레임과 선별적 정보 제공에 늘 끌려 다녔다.

지금까지의 얘기는 주로 민주당과 관련된 것이기는 하지만, 민주노동당이라고 예외는 아니었다. 민주노동당 내부에서도 천안함 사건은 '뜨거운 감자'였다. 행여 북한의 공격으로 천안함이 침몰했다면 섣불리 진상 규명 목소리를 냈다가 역풍을 맞을 수도 있다고 판단했기 때문이라고 민주노동당 관계자는 전했다. '북한 소행 여부'가 최대의 관심사였고, 향후 정국에 미칠 파장의 가장 큰 변수이기는 했지만, '진실' 규명을 그보다 앞에 세워야 하는 큰 원칙에 소홀했던 셈이다.

선거 일정에 맞춰 급조된 부실 조사가 이뤄졌던 것은 이처럼 야당의 감시와 견제가 제대로 살아나지 못했기 때문이며, 따라서 야당도 부실 조사의 책임 문제에서 완전히 자유로울 수는 없다. 물론 언론도 예외가 아니지만 말이다.

결국, 천안함 정국에 대한 주도권을 상실하면서, 야당 국회의원들은 하나둘씩 천안함 문제에서 손을 떼기 시작한다. 지방선거에 앞서 북풍이 몰려오면서 야당이 참패할 것이라는 전망이 우세해지자, 의원들이 지역구의 여론을 견뎌내지 못한 것이다. 최문순 의원(민주당) 등 소수의 국회의원과 일부 젊은 보좌진들을 중심으로 천안함에 대한 관심이 유지된 것은 그나마 다행스러운 일이라고 할 수 있다.

국회 천안함 침몰 사건 진상조사특위의 활동은 의회 활동의 한계와 성

국회 의원회관에서 6월 25일 열린 천안함 침몰 사건 진상조사특위에 야당 의원들만 참석하여 반쪽자리 회의가 진행되고 있다. 한나라당 소속 의원들은 야당 의원들의 위원회 연장 요구를 들어주지 않기 위해 불참한 것으로 알려졌다.

과를 고스란히 집약하고 있다. 일차적으로 한계를 먼저 짚고 넘어갈 수밖에 없다. 국회 본회의에서 천안함진상조사특위가 구성된 것은 침몰 사건이 일어난 지 한 달이 넘은 4월 28일이었다. 이미 이때는 정부 당국의 사전 여론 정지 작업을 통해, 북한 소행이라는 믿음이 사회 전반에 굳어진 때였다. 게다가 특위는 국정조사권을 갖고 있지 않아 활동 범위가 극히 제약돼 있었다.

### 국회 천안함특위 활동

이런 반쪽자리 특위조차 여야 모두가 참석한 정식 회의는 단 두 차례뿐이었다. 특위는 천안함 사건의 실체적 진실을 밝히는 데 거의 진척을 보지 못했다는 평가를 받으며 6월 27일 시한이 종료된다.

그러나 어찌 됐든 여야 합의 형식으로 이루어진 특위라는 점에서, 군은 제한적이나마 일부 자료들을 제공했고, 이런 기초 자료들을 토대로 일부 언론 등을 중심으로 문제 제기가 이루어질 수 있었다. 군이 특위에 제출한 흡착물질 성분 분석 자료는 과학적 논란의 토대가 됐고, 사망한 승조원들의 1차적인 사인이 모두 익사라는 국립과학수사연구소의 부검 결과는 거대한 폭발이 있었다는 군의 주장에 대한 의문을 제기할 수 있는 근거가 됐다. 아울러 지진파와 공중음파 분석 결과 등도 군이 폭발력의 규모를 임의대로 바꿀 때마다, 이를 제어하는 역할을 했다. 국회 천안함특위 활동은 자료 제출의 강제성 등이 있는 국회 차원의 국정조사가 이뤄질 경우, 천안함의 진실에 훨씬 더 가까이 갈 수 있음을 방증하고 있는 셈이다.

외국의 경우를 봐도, 군이 은폐를 시도한 사건들에 대해 의회나 초당적인 차원에서 조사가 이루어지는 데는 최소한 1년 이상 걸렸다. 어찌 보면 지금이 천안함 사건과 관련해 국회가 제 역할을 할 수 있는 적기인 셈이다. 이와 관련해 미국 사례이기는 하지만, 의회 권력이 행정부를 대상으로 조사를 벌여 진실을 밝혀낸 사례들은 참고할 만하다.

### 의회 권력의 승리, 진실의 승리

첫 번째는, 1989년 4월 19일 미국에서 발생한 군함 아이오와 호 폭발 사건이다. 영국 서섹스 대학에서 과학기술정책학 전공으로 박사과정을 밟고 있는 석광훈 녹색연합 정책위원은 〈한겨레21〉 등과의 인터뷰에서 군의 독단적 조사가 얼마나 위험한 것인지 아이오와 호 사례를 통해 보여주면서, 국회에 의한 군의 통제가 중요함을 강조하고 있다.

석광훈 위원이 〈한겨레21〉에 밝힌 아이오와 호 사건의 전말을 요약하면 이렇다. 1989년 푸에르토리코 인근 해역에서 미 제2함대의 훈련에 참가하고 있던 아이오와 호 2번 포탑에서 폭발 사고가 발생해 47명의 군인이 숨졌다. 노후된 배에서 포의 사거리를 늘리기 위해 규정에 어긋나게 화약을 과다하게 사용한 것 등이 화근이었다. 그러나 사고 직후 아이오와 호 장교들은 병사들의 '현장 청소'를 지휘하며 증거들을 치워버렸고, 군은 희생양을 찾아 언론에 흘렸다. 2번 포탑에 있다 사망한 클레이턴 하트위그가 다른 동료 병사와 동성애를 나눴는데, 군 지휘부가 이를 문제 삼자 불만을 품고 기폭장치를 2번 포탑 안에서 폭발시켰다는 내용이었다.

군의 거짓말을 밝혀낸 것은 의회였다. 의회는 1989년 11월부터 두 달 동안 6차례 이상 아이오와 호 관련 청문회를 열었고, 결국 1989년 12월 독자적 조사를 시작했다. 미 회계감사원(GAO)에 군 조사 결과에 대한 '재검토'를 의뢰했고, 폭발 원인을 규명할 공신력 있는 연구기관도 물색했다.

미 의회의 집요한 청문회, 회계감사원의 독립적 조사, 그리고 과학자들의 엄밀한 분석 등은 해군의 1차 조사 결과를 뒤집었다. 2년 6개월 동안 이뤄진 '진실게임'은 결국 의회의 승리로 귀결됐다.

한나라당이 타산지석으로 삼아야 할 일도 있다. 2002년 10월 미국 의회는 조지 부시 대통령에게 이라크를 '선제공격해도 좋다'는 백지수표를 주었다. 그러나 이라크를 점령한 미군은 이라크 침략의 빌미가 됐던 어떤 대량살상무기(WMD)도 발견하지 못했다.

뒤늦기는 했지만 공화당이 다수를 차지하고 있던 미 상원 정보위원회는 1년여의 조사 끝에 2004년 7월 9일 부시 정부가 이라크 침공이 정당하다고 주장했던 내용들을 조목조목 반박하고 이를 근원적으로 부정하는 보고서를 공식 발표했다. 부시 행정부가 이라크 침공을 정당화하기 위해 내세웠던 이라크의 대량살상무기 등 제반 위협 사항은 "잘못되고 근거 없는 정보에 기반한 것"이었고 "주요 판단 사항도 과장되거나 오판"이었다고 결론지었다.

미국 사례에서도 볼 수 있듯이, 천안함 사건에 대한 국회 차원의 재조사와 함께, 정치권에선 군에 대한 문민통제라는 화두에 대해 고민해볼 필요가 있다.

군에 대한 문민통제의 문제, 넓게 보면 안보 문제의 성역화에 대해 정치권은 물론 우리 사회 전체가 함께 고민해야 할 것으로 보인다. 정보와 지식에 대한 군의 폐쇄적인 독점은 국익을 좌우할 수 있는 사안에 대해 민간의 접근을 차단하고, 이는 결국 안보와 사회적 담론, 외교의 왜곡으로까지 이어질 수 있는 위험성을 내포하고 있기 때문이다. 이는 앞서 언급한 외국 사례에서도 잘 드러나고 있다. 실제로 국가정보원조차 군 정보에 대해서는 접근이 지극히 제한돼 있는 점에 비춰볼 때, 군에 대한 문민통제의 제도적 보완이 시급하다고 할 수 있다. 국방부 정무직 관료들에 대한 민간인 기용뿐만 아니라, 국회의 견제와 감시 강화가 문민통제의 핵심에 들어 있어야 한다.

군에 대한 문민통제의 강화는 군에 대한 국민들의 신뢰를 재건하기 위해서도 필요하다. 천안함 처리 과정에서 보여준 군의 미숙한 모습은 안보에 대한 국민들의 불안감을 불러일으켰다. 군 스스로 군에 대한 신뢰 회복 조처를 취하더라도 국민들을 설득시키기가 쉽지 않을 것이다. 따라서 군은 외부의 힘을 빌려서라도 국민들에게 신뢰감을 불어넣을 필요가 있고, 그 지름길은 군에 대한 문민통제를 군이 수용하는 것이다.

그나마 지방선거를 통해 국민들이 직접 정부와 여당을 견제한 것은 다행스런 일이다. 일부에선 정부와 여당이 천안함 사건을 단지 선거에 활용하는 수준을 넘어, 공안정국의 연장을 통해 미국의 9·11 테러 사건 이후처럼 사회통제 시스템을 재조직화하는 지렛대로 활용할 것이라는 분석을 내놓기까지 하던 시기였다. 가뜩이나 천안함 사건 이전에도 시민들의 표현의 자유가 위축되고, 국가권력 기관이 정치권력을 함부로 휘두르던 점을 고려할 때, 지방선거를 통한 국민들의 심판이 없었다면 천안함 공안정국으로 민주주의가 더 후퇴하는 일이 발생하지 않았을 것이라고 장담할 수 없는 형편이다. 넓게는 정치권과 시민사회 진영, 좁게는 야당과 언론이 제 역할을 소홀히 할 수 없는 이유다.

**이용인** 〈한겨레〉 정치부문 기자

# 19
## 사회

# "한 방에 갈 수 있어"
# 공포체제의 부활

2010년 9월 13일 국방부는 '천안함 최종보고서'와 함께 만화책『강호룡 기자가 살펴본 천안함 피격 사건의 진실』을 공개했다. 국방부는 이 만화 책에 대해 "교양만화 성격으로 '천안함 피격 사건'에 대한 12개의 쟁점 및 의혹 사항을 대화식으로 전개하여 쉽게 이해할 수 있도록 하였다"라고 밝히고 있으나, 이 만화책은 공공 기능을 수행하는 국가기구가 발행한 것 으로는 믿어지지 않을 정도의 왜곡과 편견으로 점철되어 있다.

### 정부가 말하는 것만 믿으라고 윽박지르는 만화책

국방부는 이 만화책에서 천안함 조사 결과에 의혹을 제기하는 것은 국 론을 분열시키는 것이고, 북한이 이 사건을 일으킨 것도 국론을 분열시 키기 위해서라고 설명함으로써 천안함 조사 결과에 의혹을 제기하는 것 을 교묘하게 북한과 연결시키며 색깔을 덧입히고 있다. 심지어 "확실한 증 거 없이 썼다가 한방에 가는 수가 있다"며 국민들을 협박하고 있다. 자유롭게 의견을 개진할 수 있는 국민의 기본권을 무시하고 '무조건 정부에서 발표하는 것만 믿으라'고 강요하고 있는 것이다.

예를 들어 이 만화책에서 주인공의 여자친구는 "많은 사람들이 접촉 폭발과 비접촉 폭발을 구분하지 못하고 있고 미국의 이 모, 서 모 교수들도 이를 헷갈려 하던데……"라는 식으로 천안함이 버블제트 어뢰에 의해 폭발했다는 국방부의 조사 결과에 합리적 의문을 제기해왔던 전문가들을 뚜렷한 논리적 근거도 없이 매도하고 있다. 또 만화책은 지난 6월, 참여연대가 한반도의 평화를 위해 천안함 조사 결과에 대한 공정한 심사를 요청하려는 목적으로 유엔 안보리에 서한을 보냈던 일을 '국가적 망신'을 초래한 것으로 비난하고 있다.

## 민주주의와 융합하지 못하는 상식 이하의 국방부

이 만화책은 국민들로 하여금 쉽게 이해할 수 있도록 하는 것이 아니라 국민들이 제기하는 합리적 의문을 단순화하고 매도함으로써 만화책을 읽은 이들로 하여금 이념적 편견에 사로잡히게 하기 위한 것으로 보인다.

참여연대 국가보안법 수사 중단을 촉구 하는 법률가들이 6월 24일 서울 서초동 중앙지검 앞에서 유엔에 천안함 침몰 사건 조사 결과 관련 서한을 보낸 참여연대에 대한 수사의 법적 부당성을 지적하며 정부의 책임 있는 조치를 촉구하고 있다.

그래, 이번에 모 단체가 UN에
서신을 보내 국가적 망신을 초래
하고, 미 의회 서신파문과 모 방북
인사의 망언 등이 이번 사건의 희생
장병과 유가족들에게 큰 상처가
되지 않을까 염려가 돼.

그래! 나도 동감이야.
우리들은 이제 안보의 역군인
우리 군을 믿고, 열심히 각자 일에
최선을 다하면 되는 거라구.

더구나, 분단국가에서
우리 국민의 안보의식이
해이해지지 않을까
걱정도 되고 말야.

국방부가 '천안함 최종보고서'
를 내며 함께 펴낸 만화책 『강
호룡 기자가 살펴본 천안함 피
격 사건의 진실』 중 한 부분과
표지. 참여연대가 유엔에 천안
함 관련 서한을 보낸 것을 '국가
적 망신'이라고 표현하고 있다.

그런데 놀라운 것은 만화에서 "한방에 가는 수가 있다"며 국민을 협박
하는 주체가 다름 아닌 기자와 그 친구로 표현되고 있다는 점이다. 건전
한 민주주의 국가에서 기자와 언론의 구실은 국가적 망신이나, 국론분열
을 걱정하는 것이 아니라, 진실과 표현의 자유를 추구하고 합리적인 의
문을 대변하는 것이다. 국방부가 주도한 이 만화책은 민주주의 국가에
어울리는 건전한 상식 밖에서 기획되고 제작되었다는 사실을 보여주고
있다. 또한 천안함 사건에 대한 국방부 발표 내용에 대한 국민의 신뢰가
왜 갈수록 떨어지는지, 그 이유를 잘 보여준다.

사실 천안함 사건 이후 일어났던 일들을 돌이켜보면, 도리어 국방부가
'아니면 말고' 식으로 허위 보고와 말 바꾸기를 반복해왔다는 사실을 발
견할 수 있다. 국방부는 심지어 국회에서 보고한 내용조차 뒤바꿨던 사
례도 있었고, 사건 발생 시각을 조작한 것이 드러나기도 했다. 그런 국방
부가 이제 정부의 막대한 예산과 권한을 이용하여 조직적으로 왜곡된 견

해를 주입시키고 있다. 또한 천안함 관련 비디오를 초등학교 등에서 상영하거나 교육할 것을 요구하는 일도 일어나고 있다. 국가 기관이 시민단체나 시민들의 활동에 대해 편견을 담은 글을 유포하고 심지어 확정되지도 않은 판단을 마치 증명된 역사적 사실인 양 공교육의 장에 하달하여 주입하는 것은 '표현의 자유'가 아닌 '공권력 남용'이다.

일부 보수 언론들의 행태도 다르지 않다. 1인의 누리꾼과는 비교할 수 없는 강력한 미디어의 힘을 바탕으로 오보와 추측성 보도, 그리고 거의 허위 사실에 가까운 가설들을 무책임하게 보도하곤 했다. 그들이 국민들의 의혹 제기를 허위 사실 유포라고 나무라며 '한방에 갈 수 있다'고 협박하는 것은 가증스럽다.

### 합리적 의문에 대한 '비국민' 매도와 부당한 제재

천안함 만화책 논란은 그동안 왜 그토록 많은 네티즌들과 전문가들이 국방부 관계자들로부터 고소 고발당하고, 공권력의 기획수사 방침에 의해 허위 사실 유포죄, 명예훼손죄, 심지어 국가보안법 위반 혐의로 이메일이 압수 수색 당했는지, 그리고 어떻게 검경에 소환되어 수사되고 처벌받게 되었는지와 관련한 배경을 단적으로 보여준다.

천안함의 어뢰 피격에 의문을 제기했던 전직 국가안전보장회의(NSC) 공직자 박선원 박사(현 미국 브루킹스연구소 연구원)와 좌초설을 제기했던 민주당 추천 민군합동조사단 전문위원 신상철 〈서프라이즈〉 대표, 그리고 TOD 은폐 의혹을 제기했던 민주노동당 이정희 의원 등에 대해 국방부 관계자들이 명예훼손 소송을 제기했다. 검찰 공안1부가 이 사건을 담당하고 있고 이 중 신상철 대표는 검찰에 의해 기소되었다.

포털 다음 아고라에 이른바 '1번 어뢰' 스크루에 묻어 있는 흰 분말과 보통 모터보트 스크루에 묻어 있는 흰 분말이 동일한 것 같다며, "어디서 연습용으로 쓰고 수거한 어뢰를 주워 와서 공개한 것은 아닌가?"라는 댓글을 남긴 ID '떡장수'씨는 이른바 정보통신법 상 허위 사실 유포죄로 경찰 사이버 수사대에 의해 소환되어 1시간여 동안 조사를 받았다.

한편, 삭제된 TOD 영상을 복원했다는 패러디 동영상을 인터넷에 올려 천안함이 미국 잠수함과 충돌한 것처럼 묘사한 뒤 이 동영상이 불편했다면 정부가 천안함 관련 정보를 상세하게 공개하라고 촉구했던 ID '노루귀'씨에게는 체포영장이 발부되기도 했다.

이런 분위기 속에서 군의 조사 발표를 믿을 수 없고, 북한이 만약 결백하다면 매우 억울할 것이라는 취지로 강연한 동양학자 도올 김용옥 교수는 일부 보수적 시민들에 의해 국가보안법을 위반했다며 고발당했다. 비록 무혐의 처분이 났지만 이 건을 검찰이 공안부에 배당했다는 사실 자체가 분서갱유에 준할 해프닝이다. 유엔 안보리에 서한을 보낸 참여연대를 국가보안법에 저촉된다며 고소·고발한 것 역시 안보와 관련된 군의 발표나 정부의 외교 행위에 반론을 제기하면 비국민적인 행위이며 이적 행위라고 매도해온 청와대, 국무총리, 원내 집권여당 대표, 조중동 등 보수 언론의 매카시즘적 분위기에 의해 조장되고 장려된 것이다.

### 천안함 사건과 이라크 전쟁 혹은 9·11, 그리고 시민권

천안함 발표에 대해 의문을 제기하는 것은 종종 미국에서 일어난 9·11 사건에 대한 음모론적 시각과 유사한 것으로 치부되어왔다. 그러나 천안함 사건은 굳이 비교하자면 9·11 사건보다는 이라크 후세인 정권의 대량살상무기 보유설을 둘러싼 논쟁과 유사한 면이 더 많다. 9·11 사건은 공격수단이 된 피랍 여객기의 항로가 만인에게 공개되었고, 이를 주도했다고 스스로 밝힌 세력도 있다. 반면, 이라크 사례의 경우, 강한 심증이 있고 일부에서는 증거라고 제시되는 자료들도 있었으나 여러 가지 합리적 의심의 여지가 적지 않은 상태였다. 당시 미국과 영국 정부 간에는 후세인을 제거하는 정책에 대량살상무기 보유와 관련된 정보를 꿰어 맞추자는 논의도 오갔던 것으로 알려지고 있다. 결국 이라크 전쟁은 시작되었고, 이라크 점령 후 이라크 대량살상무기가 존재하지 않았다는 사실이 확인되었다. 이와 관련하여 콜린 파월 전 미국 국무장관은 전쟁 직전 유엔 안보리와 총회에서 이른바 이라크 대량살상무기의 '결정적 증거물'을 제시하며 이라크 침공에 대한 유엔의 동의를 구했던 그 순간을 자신 인생의 최악의 순간이라고 고백하기도 했다.

**hoongkildong** 노루귀

🔲 Follow                                               ☰ Lists ▾

천안함관련 패러디 동영상을 아고라에 펌하고 정부의 비판하는 글을 썼다고 조사받으라고 해서 출석에 불응했더니 안양경찰서에서 결국 체포영장을 가지고 왔군요.잠시 다녀오겠습니다.네티즌의 표현의 자유를 제한하려는 이 정권에 저항합니다.화이팅!!!

약 6시간 전 twtkr에서 작성된 글

팔견과 씩검의 눈치를 살피고 출석요구서가 날라오는 것을 피해서 글을 적어야 하며,
그 후에 이들의 허락과 처분을 기다려야 하는 못된 독재시절로 되돌아갔음을 확인했습니다.
권력자의 마음에 들지 않는 비판 글에 대해서까지 팔견과 씩검이 간섭하죠?
상습적이라니? 말이 됩니까? 광우병부터 작금의 4대강 삽질 반대까지...
언제 불통대왕이 한번이라도 국민의 소리에 귀를 기울인 적이 있었습니까?
헌법에 보장된 기본권인 표현의 자유를 제한하는 불법적 행위에 대해 당연히 거절한 것입니다.
내 시각과 가치관이 그들과 다르다고 조사에 응할 이유가 없기 때문에 거절한 것입니다.
오라면 오고 가라면 가는 노예가 아니기 때문에 거절한 것입니다.

**천안함이 미국 잠수함과 충돌한 듯하다는 내용의 동영상을 올린 '노루귀'씨가 자신에 대한 체포영장이 발부됐다는 소식을 인터넷에 올렸다.**

그러나 백보를 양보해서 천안함 사건이 그 증거에 있어서 9·11 사건과 유사한 수준의 사건이라고 치자. 그렇다 해도 천안함 문제 처리를 둘러싼 정부의 행보에 문제를 제기하는 것이 비난을 받거나 비국민으로 매도될 일은 아니다. 실제로 9·11 직후 미국의 헌법권리센터(Center for Constitutional Rights)와 같은 권력 감시 단체는 부시 미 행정부가 테러분자로 지목된 상대 전투원들을 무기한 불법으로 구금하고 고문한 것에 반대하는 운동을 벌였고, 국제사면위원회(Amnesty International) 미국 지부나 미국을 본부로 둔 휴먼라이츠워치(Human Rights Watch) 등 국제 인권단체들과 함께 대테러 전쟁을 지휘하고 있는 현직 미 대통령과 국방장관을 국제전범으로 동맹국의 사법기관에 고발했으며, 중립적인 국제형사재판소에서 전범으로 처벌하기 위한 노력도 계속했다. 이들은 9·11 사건 혐의자와 알카에다 혐의자들에게도 미국 시민과 동등한 법률적 지원이 이루어져야 한다고 주장하였고 실제로 그들을 법률적으로 대리해서 변론하는 일을 진행했다.

# 왜? 김정일을 옹호하나?

대한민국무공수훈자회

대한민국어버이연합, 무공수훈 자회 등이 6월 18일 각각 기자 회견을 가졌다. 이날 시위에는 "인민 참여연대, 북한 김정일이 빨리 오라고 한다"고 외치면서 화염병을 투척하기도 했다.

이라크 전쟁 전후에는, 미국 시민들의 반전운동, 시민권 운동, 진실 규명 운동의 파고는 더욱 거세어져서, 많은 미국 시민단체들이 전쟁을 막기 위해 자국 정부를 비난하는 국제 캠페인에 동참했다. 이즈음 유엔 안보리에는 미국 시민단체와 개인 수만 명이 보낸 수백여 건의 반전 서한들이 접수되었다. 그런데 천안함 사건에서 참여연대가 한국 정부의 유엔 외교에 개입했다는 것이 비상식적인 일로 소개되는가 하면, '비국민'으로 비난받아 마땅한 이유로 인용되고 있다. 또한 참여연대가 지난 수년간 이라크 전쟁에 반대했었다는 사실이 천안함 문제에 대한 합리적 의문을 제기할 자격이 없는 이념적 편향성의 근거로 소개되고 있다.

6월 21일, 참여연대가 유엔 안보리에 천안함 관련 서한을 보낸 일로 한창 정치적 공격은 물론 물리적 위협까지 당하고 있을 때, 한성대 전쟁과 평화연구소 초청 토론회 자리에서 서재정 미 존스홉킨스 대학 교수를 만났다. 그 자리에서 서재정 교수는 이라크 전쟁 전후 미국 시민이라는 사실이 부끄럽고 괴로웠지만, 다만 진실과 정의를 끊질기게 추구하는 적지 않은 미국 시민들이 여전히 존재한다는 사실로 인해 위로와 힘을 얻었다고 말했다. 이어 그는 천안함 사건의 진실을 규명하고자 하는 합리적 문제 제기에 대해 몰아치는 매도와 공격은 곧 이성과 인간성에 대한 공격이라며 한동안 말을 잊지 못하고 눈시울을 붉혔다.

## 서재정 교수의 눈물

필자 역시 천안함 사건에 대해 유엔 안보리에 서한을 보낸 뒤 "친북 반국가 세력은 민주주의를 누릴 자격이 없다, 차라리 북으로 가라"는 비난을 숱하게 들었다. 하지만 그때마다 생각해본다. 나 자신이 원했고, 그래서 그러한 사회의 일원이 될 자격을 얻기 위해 미흡하나마 노력해온 그 세상은 과연 어떤 세상인가? 그것은 '너는 누구 편이냐'고 다그쳐서 인간성과 이성을 파괴하지 않는 세상, 공포를 느끼지 않고도 이견과 주장을 말할 수 있는 세상, 이념과 피부색과 국경을 넘어 정의가 받아들여지는 세상, 전쟁 없는 세상, 가난과 차별이 더 이상 운명이 되지 않는 세상, 나라 일꾼들이 그 주인을 진심으로 두려워하는 세상, 시민의 자발적인 참여와 비판이 변화의 기초가 되는 세상이 아니던가? 확신하건대, 우리가 사는 여기가 부족하나마 민주사회라고 말할 수 있다면, 그것은 아마도 "한방에 갈 수 있다"는 눈 부라림에 주눅 들지 않는 합리적이고 용기 있는 시민들이 존재하기 때문일 것이다.

**이태호** 참여연대 협동사무처장

서재정 미 존스홉킨스대 교수. 서 교수는 "천안함 사건의 진실을 규명하고자 하는 합리적인 문제 제기에 대해 몰아치는 매도와 공격은 곧 이성과 인간성에 대한 공격"이라고 비판한다.

천안함과 한국 사회

## 20 언론

# 인터뷰 논객과 누리꾼에게 부끄럽다

천안함 침몰 사고 발생 6개월 만인 9월 13일 정부의 조사 결과 최종보고서가 발표됐지만 여전히 어떤 원인에 의해 1,200t급 초계함인 천안함이 침몰했는지 규명되지 않고 있다. 군이 5월 20일 천안함을 쐈다는 북한 어뢰를 들이대자 한때 '그런가 보다' 했던 국민들도 정부 발표에 대한 신뢰를 점점 잃으면서 사건의 실체가 점차 미궁으로 빠져들고 있다. 사고 원인을 밝혀줄 핵심적인 증거들에 대한 군 당국의 설명이 수차례 번복되고, 각종 거짓말과 왜곡을 반복한 것이 '불신'을 낳은 요인이었다. 이런 데에는 정부 발표에 대해 각종 의문과 의혹이 쏟아지는데도 검증하고 감시해야 할 언론이 본연의 역할을 방기한 책임이 매우 크다.

### 조중동과 한국방송 등 보수 언론의 여론 몰아가기

사건 초기 갖가지 추측과 추정, 가설에 주목했던 언론들은 군 내부에서 흘러나오는 북한 어뢰설에 주목하다, 한국지질자원연구소가 3월 말

사고 당시 진도 1.5 규모의 지진파가 감지됐다고 발표하자 북풍몰이를 시작했다.

여기에 가장 앞장선 곳은 조중동(〈조선일보〉〈중앙일보〉〈동아일보〉)을 비롯한 보수 언론과 공영방송인 한국방송(KBS)이었다. 인간어뢰(〈조선일보〉 4월 22일자), 사출기뢰(어뢰처럼 목표를 추적해 공격할 수 있는 어뢰식 기뢰·〈중앙일보〉 4월 15일자)가 천안함을 두 동강 냈다는 '황당한' 주장뿐 아니라 하루가 멀다 하고 모든 어뢰 종류를 나열한 리포트(KBS)도 있었다.

〈중앙일보〉는 4월 15일자 1면 머리기사 '천안함 좌현이 맞았다'를 통해 "함미를 조사한 결과 물속에 잠긴 천안함의 선체 좌측(좌현)에 충격이 있었던 것으로 파악됐다"며 "이 외부 충격이 강력한 폭발력을 동원해 선체를 뚫었으며 '버블제트(Bubble Jet)' 현상에 의해 천안함이 아래-위쪽으로 꺾이면서 선체가 두 동강 난 것으로 보인다"고 보도했다. 〈중앙일보〉는 "이번 사건처럼 함정을 두 동강 낼 정도로 강력한 충격을 줄 수 있는 것은

노종면 '언론 3단체 천안함 조사결과 언론보도 검증위원회' 위원이 10월 12일 국회 헌정기념관에서 '초병이 목격한 섬광 발생 위치'와 '국방부가 추정한 폭발 원점'이 다르게 발표된 것을 지도로 보여주며 종합보고서 결과를 발표하고 있다. 노 위원은 이날 천안함에서 나온 흡착물질을 정밀검사한 결과, 폭발물질이 아니라 상온에서 형성되는 바스알루미나이트 성분임이 밝혀졌다고 주장했다.

입력 : 2010.04.22 08:03 / 수정 : 2010.04.22 08:14

북한 인간어뢰 개념도

탄두(폭발물)

스크루(추진기)

바다에서 어뢰처럼 생긴 수중 침투장비 앞부분에 폭발물을 싣고 사람이 직접 조종해 목표물에 접근, 충돌하는 일종의 자폭(自爆)부대.

직접 어뢰를 갖고 기습적으로 돌진해 적함을 터뜨리는 경우도 있고, 기뢰나 폭탄을 설치한 뒤 터질 때까지 기다리기도 하는데, 북한은 동·서해에 각각 1개 여단씩 편성한 것으로 알려졌다.

〈조선일보〉가 4월 22일 보도한 인간어뢰 개념도. "별도 추진기를 단 뒤 특공대원들이 목표물에 접근해, 폭파시키는 것"이라고 주장했다. 〈조선일보〉는 '황당해 보이는' 이런 주장으로 '북한 어뢰설'이 사회에 퍼져나가는 데 지대한 역할을 했다.

어뢰나 어뢰를 원통 속에 넣어 개량한 사출형 기뢰 등"이라고 주장했다.

〈조선일보〉는 일주일 뒤인 같은 달 22일자 1면 '"북 인간어뢰 조심하라" 해군 올초 통보받았다'라는 기사에서 "군 정보사령부는 올해 초 '북한이 보복 공격을 다짐하고 있으며 인간어뢰가 공격해올 수 있으니 대비해야 한다'는 취지의 지침을 해군에 전달했던 것으로 21일 알려졌다"고 보도했다. 〈조선일보〉는 "인간어뢰는 어뢰에 모터 등 별도 추진기를 단 뒤 특공대원들이 직접 조종해서 목표물로 접근, 자폭하거나 별도 추진기에 기뢰 등을 싣고 가 목표 함정을 폭파시키는 것"이라며 "인간어뢰는 2차 대전 말기 일본의 바다 속 가미카제였던 '가이텐'에서 비롯됐다"고 설명했다. 북한 특공대원이 어뢰를 직접 조종해 일종의 자살폭탄 테러를 가했을 가능성이 있다는 주장이었다.

방송에서의 '북풍몰이'는 KBS가 주도했다. KBS는 사고 원인이 규명되지 않은 상황에서 4월 한 달 동안에만 네 차례 천안함 희생 장병들에 대

한국방송은 4월 24일 〈뉴스9〉에서 천안함 공격 어뢰가 러시아제 중어뢰일 가능성이 높다고 추정했다. 한국방송은 4월 1일부터 5월 18일까지 〈KBS 뉴스9〉에서 '어뢰 공격' 가능성이 높다는 리포트를 무려 34건이나 내보냈다.

한 모금행사를 특별생방송으로 내보내 안팎의 반발을 샀다.

무엇보다 시청자들의 여론에 지대한 영향을 주는 저녁 메인뉴스(〈KBS 뉴스9〉)에서는 '북한 소행 가능성' '어뢰 가능성'을 언급하는 리포트를 매일같이 방송했다. 4월 1일부터 합조단의 중간 조사 결과 발표 전인 5월 18일까지 〈KBS 뉴스9〉에서는 '어뢰 공격'의 가능성이 높다는 의미의 리포트만 무려 34건을 내보냈다. 북한의 소행임을 연결 짓는 보도 역시 모두 16건을 방송했다. '천안함 사태=어뢰·북한'이라는 인상을 주는 뉴스만 무려 50건이나 전파를 탄 셈이다. 어뢰 폭발설로 설명하기 힘든 여러 가지 의문점이나 다른 사고 원인은 이 기간 동안 일체 배제된 채 '직격어뢰' '감응·식어뢰' '3~4km서 발사한 중어뢰' '음향어뢰 근접 폭발' '근접신관어뢰' 등 수많은 어뢰의 종류가 나열됐다. 그러면서 자연스럽게 북한 소행일 것이라는 보도가 뒤를 이었다. 대부분의 뉴스에선 '어뢰라면'이라는 가정법을 달아 '북한 소행일 것'이라는 결론을 내렸다. 4월 11일엔 기자가

〈뉴스9〉 스튜디오에 출연해 아예 △북한의 비대칭 전투 능력에 대비해야 하고 △한국군의 대잠수함 능력에 문제를 드러냈으며 △심리전을 강화해야 한다는 등 아예 북한에 의한 피격으로 단정한 채 집중 리포트를 방송하기도 했다. KBS의 한 기자는 "어뢰 가능성이 높다고 판단하더라도 다른 가능성이나 의문점 등도 함께 제시하면서 접근해야 하는데 이렇게 일방적으로 '천안함=어뢰·북한'으로 몰아가는 것은 우려스럽다"고 지적했다.

이후 5월 20일 민군합동조사단이 천안함 침몰 사건 조사 결과 발표에서 발표 직전 사고 해역에서 건져 올렸다는 북한산 어뢰 'CHT-02D' 잔해물을 제시하면서 천안함 침몰 원인은 북한 어뢰의 공격에 의한 것이라는 결론을 내놓자 많은 언론은 이 발표를 적극 인용 보도했다. 이에 반해 어뢰 잔해물에 적힌 '1번' 잉크의 원료, 어뢰 설계도의 진실 여부, 물기둥의 존재 여부, 두 달 만에 그렇게 심각한 부식 상태가 나타날 수 있는지 여부, 천안함 선체와 어뢰 잔해물에 붙어 있는 흡착물질의 성분이 폭발에 의한 것인지 여부 등 발표 내용에 대한 의문점을 검증한 것은 찾아보기 어려웠다. 〈한겨레〉 〈경향신문〉 〈오마이뉴스〉 〈프레시안〉 〈미디어오늘〉 〈민중의소리〉 등 극히 일부 매체 외에 많은 언론에선 대체로 천안함 침몰 원인 규명이 끝난 것처럼 보도했다. 이어 정부가 대북 제재, 유엔 안보리 회부 등 외교 문제로 곧장 이어가자 언론 역시 '북한 소행에 의한 천안함 침몰'을 기정사실화한 채 정부 대응에 휩쓸려갔다. 대형 신문사들은 천안함 논쟁이 끝난 듯 몰아갔고, 방송은 정부 발표를 전하기에 급급했다.

하지만 의혹은 꼬리에 꼬리를 물고 이어졌다. 합조단 발표 직후 정부는 국민의 30%만이 정부 발표를 불신한다는 여론조사를 내놓았지만, 인터넷 여론은 정부 발표를 거의 믿지 않는 분위기였다. 특히 어뢰에 '1번'이라는 글씨가 있다고 북한 것이라는 정부 주장과 사고 당시 물기둥을 본

천안함 등 사회적 이슈에 대한
언론의 보도가 친정부적으로
흐르고 있음을 비판한 카툰.

생존 장병과 백령도 초병이 아무도 없는데도 버블제트 효과로 물기둥이
100m가량 솟구쳤다는 군의 주장은 불신을 넘어 희화화되기까지 했다.
이어 서재정 미 존스홉킨스대 교수, 이승헌 버지니아대 교수, 양판석 캐나
다 매니토바대 교수 등 학계에서 천안함 선체와 어뢰에 묻어 있는 알루미
늄 흡착물질의 성분에 대한 합조단 발표를 정면으로 뒤집는 과학적 문제
제기를 잇따라 내놓으면서 정부의 '북 어뢰설'은 설득력을 잃어갔다. 특히
천안함이 어디에서 어떻게 기동했는지에 대한 설명이 부재한 상태에서,
백령도 초병이 폭발 당시 목격했다는 백색 섬광의 위치를 허위로 왜곡해
주요 증언으로 삼았다는 사실이 밝혀져 군은 여론과 정치권의 매서운 질

타를 받아야 했다. 조중동을 비롯한 보수 언론과 KBS를 포함한 지상파 방송사들은 이런 의혹이 수없이 제기돼도 외면하기 일쑤였다. 특히 국민의 수신료로 운영되는 KBS가 적지 않은 국민들이 의혹을 제기하는 상황에서 이를 뉴스에서 제대로 검증하지 않았다는 것은 공영방송으로서 과연 제 기능을 했는지 근본적인 회의를 품게 했다.

### 인터넷 논객과 누리꾼보다 못한 보수 언론

또한 이런 북풍몰이는 6·2 지방선거용이라는 비판을 받았다. 합조단의 조사 결과 중간 발표가 무리하게 5월 20일 잡혔고, 발표 이후 정부가 일사불란하게 외교적 대북 제재 조치에 나서자 보수 언론과 KBS 등은 연일 대서특필하거나 톱뉴스로 소개했다. 그러나 예상과 달리 선거 결과는 여당의 완패로 끝났다. 이를 두고 국회 천안함특위 소속 최문순 민주당 의원은 선거 직후 〈미디어오늘〉과 한 인터뷰에서 "중립성과 공정성을 엄격히 지켜야 하는 공영방송(KBS)의 기능을 완전히 포기한 보도와 방송들이었다"며 "영국 BBC의 경우 자국과 아르헨티나가 포클랜드 전쟁을 할 때 영국군을 '아군'이라 부르지 않을 정도로 객관성을 갖추려 했는데 KBS는 어떠했나. 애국주의와 선정주의, 각종 이념적 잣대로 이 사건에 접근했으며, (모금방송 등의 경우) 70년대식으로 정부에 충성하는 행태를 보였다"고 혹평했다.

최 의원은 다른 언론에 대해서도 "(천안함 관련 보도들은) 사실상 허위 보도에 가까웠다. 언론이라면 무언가 중대 사항이 발표됐을 때 하나하나 검증해야 했지만 오히려 이런 발표 내용을 나서서 뒷받침해주고, 확대 증폭시키는 역할을 했다"며 "정부와 언론의 합작품이며, 언론은 바람잡이 노릇을 한 것"이라고 주장했다.

최 의원은 "우선 천안함 진상에 대한 접근이 차단되면서 어느 순간 완전히 통제 상태에 들어갔는데 이때 항적 공개나 생존자 및 함장 인터뷰를 할 수 있도록 더 강하게 촉구했어야 했다"며 "그러나 초동 단계에서 이런 것을 제대로 검증하지 못한 채 다음 단계로 갔고, 그때부터는 대부분 받아쓰기 이상을 하기 어려워진 것"이라고 진단했다. 최 의원은 "천안함 관련 보도는 언론 기능 상실을 뛰어넘어 나팔수·왜곡·허위·편파 보도의 종합판이 된 것으로 언론은 석고대죄해야 한다"고 주장했다.

이런 비판과 의혹이 6개월 내내 이어졌지만 국방부 민군합조단이 9월 13일 최종 조사 결과라며 내놓은 보고서에서는 갖가지 의혹과 비판 여론을 일체 수용하지 않았다. 고성능 폭약 250kg급 어뢰가 폭발했다면서 정작 어뢰 잔해에선 화약 성분을 전혀 검출하지 못했고, 어뢰추진체에 쓰인 '1번' 글씨 성분이 북한산인지도 밝혀내지 못했다. 함미 우현 프로펠러가 안쪽으로 휘어진 이유도 군은 과학적으로 전혀 설명하지 못했다. 백령도 초병의 섬광 목격 장소의 경우 숫자까지 조작해 최종보고서에 기재하는 대담함을 보이기도 했다.

이런 부실투성이 보고서에 대해 국내 보수 언론들은 과학적 증거가 충분히 확보됐으니 더 이상의 의문과 의혹은 접자고 주장했다. 〈동아일보〉는 14일자 사설 "천안함 '정략적 의혹제기' 끝낼 때"에서 조사의 허점과 부실함에 대해 "천안함 폭침은 기습적으로 물속에서 이뤄진 데다 공격자들의 신병이 확보되지 않아 조사에 한계가 있을 수밖에 없다"고 평가하면서 "그럼에도 우리는 사건의 범인으로 지목된 북한에 대해 유죄 판결을 내리기에 충분한 과학적 증거가 확보됐다고 평가한다"고 주장했다. 〈동아일보〉는 합조단이 설명하지 못한 의혹과 관련해서는 "그렇다고 이런 한계가 세계 최고 수준의 전문가들이 과학적으로 입증한 결론을 부정하는 근거가 될 수 없다"고 군을 두둔했다.

그러면서 〈동아일보〉는 합조단 발표를 불신하는 여론에 대해 "우리 사회에서 천안함 폭침이 북한의 소행임을 믿지 않는 사람들이 늘어난 것은 북한에 면죄부를 주려 하거나 혹은 정략적으로 제기한 무책임한 의혹들이 크게 영향을 미쳤다"며 "이념적 이유 때문에 조사 결과를 믿고 싶지 않은 사람들을 과학적 조사 결과를 토대로 설득하기는 어렵다"고 주장했다.

〈중앙일보〉역시 마찬가지였다. 〈중앙일보〉는 같은 날짜 사설에서 "어뢰추진체에 적힌 '1번'의 잉크가 북한제인지 여부를 밝히지 못한 점 등 일부 지엽적 내용을 빼고는 완벽에 가깝다는 평가"라면서 "명백한 진실에도 불구, 의혹이 커진 건 홍보 미숙 등 정부가 제대로 대응하지 못한 탓이 크다"고 애꿎은 '홍보' 탓을 했다. 이어 〈중앙일보〉는 "그렇다고 천안함이 북한 어뢰에 폭침됐다는 객관적 내용 자체가 달라지는 것은 아니다"라며 "이쯤에서 쓸데없는 의혹 제기는 접어야 한다. 더 이상의 논란은 북한의 만행을 비호하고 결과적으로 국가 안보를 크게 해칠 뿐"이라고 했다. 이해할 수 없는 발표를 못 믿겠다고 하면 친북인사로 몰고 가겠다는 전형적인 색깔론식 엄포다.

이에 반해 〈조선일보〉는 그나마 솔직하기라도 했다. 같은 날짜 사설에서 〈조선일보〉는 정부 발표 불신의 이유에 대해 합조단 조사가 과학적으로 완벽했다는 동아·중앙과 달리 "정부의 초기 접근이 정치적으로 무신경했고, 군의 세부 사항에 대한 잇따른 발표 실수가 의혹을 확대 재생산한 탓이 크다"고 평가했다. △6·2 지방선거를 앞둔 시점에 발표한 점 △TOD 동영상 은폐 △설계도 바꿔치기 등 군이 불신을 자초한 측면이 컸다는 것이다.

〈조선일보〉는 "정부의 무신경과 여론 결정 요인에 대한 무지, 군의 무사려가 복합적으로 만들어낸 천안함 조사 결과에 대한 불신 분위기를 반전시키려면 두 번 열리고 활동을 마감한 국회 천안함조사특위를 즉시 재

가동해 국정조사에 버금가는 강도로 이 최종보고서에 대해 토론하고 검증하는 것도 방법"이라고 제안해 군의 최종 조사 결과가 원인 규명에 실패했음을 사실상 인정했다.

이런 모습을 보면서, 언론이 천안함 사건 발생 이후 각종 의혹과 쟁점에 대해 그때그때 검증하고 파헤치려는 노력을 벌였어도 정부가 이처럼 허점투성이 조사 결과를 최종보고서로 내놓았겠느냐는 문제 제기가 일어나는 것은 지극히 자연스러워 보인다. 노종면 언론 3단체 천안함 조사 결과 언론보도검증위 연구위원은 9월 15일 열린 토론회에서 "언론인들은 하나같이 다 반성해야 한다"며 "오히려 인터넷 상에서 꾸준히 의혹을 제기하고 검증하려는 노력을 벌였던 여러 논객과 누리꾼에게 경의를 표한다"고 평가했다.

**조현호** 〈미디어오늘〉 기자

# 3부

# 천안함 취재기 및
# 사건 일지

천안함 사건 취재에 뛰어들었던 〈한겨레〉 기자들의 취재기와 연표를 실었다. 국방부가 내린 '북한 어뢰설'이라는 가설에 누군가 문제 제기를 하거나 날카로운 눈으로 진실파악에 나서지 않았다면, 어쩌면 천안함의 진실은 지금보다 훨씬 단단한 '은폐의 껍질' 속에 들어가 있을지도 모른다. 천안함의 진실에 다가가고자 했던 많은 이들처럼 이 책의 필자들도 남들보다 한걸음 앞서 천안함에 다가가고, 비판적인 질문을 던졌다.

진실에 다가가고자 하는 그들의 마음은 때로는 천안함 생존자들이 머물고 있는 국군수도병원에 몰래 들어가게 만들기도 하고, 백령도 바다 위에서 울렁거림을 참으며 무엇이 건져올려질지 기다리게 만들기도 한다.

한편, 〈한겨레〉 데이터베이스팀이 작성한 천안함 사건 일지는 천안함을 둘러싼 갖가지 일들을 파노라마처럼 보여줄 것이다.

# 승조원들 표정이 단서,
# "혹시 사고가 아닐까?"

시사주간지 〈한겨레21〉로 발령이 난 것은 지난 3월 마지막 주였다. 〈한겨레〉 문화부(방송담당)에서 〈한겨레21〉 사회팀으로 배속된 것이다. 하지만 이때는 천안함 침몰 사건 직후이기도 했다. 사회 부문을 취재하는 것은 1년 반 만이었다. 적응이 필요했다. 그런데 천안함 사건 취재 지시가 내려왔다.

첫 번째 주어진 임무는 승조원 인터뷰였다. 함장을 포함한 어떤 승조원도 개인적인 인터뷰가 금지돼 있었다. 주어진 정보는 국군수도병원에 그들이 있다는 것 외에는 아무것도 없었다. 무작정 수도병원에 찾아가는 수밖에 없었다. 상황은 아득했다. 100여 명에 달하는 취재진이 이미 진을 치고 있었다. 그들은 국방부에서 마련해준 일종의 프레스룸인 야외 천막에서 취재와 기사송고를 하고 있었다. 우선 가장 쉬운 방법을 찾기로 했다. 면회를 하는 것이다. 결론부터 말하자면 언론이 아닌 면회객의 눈으로 생존 장병들을 본 유일한 기자가 됐다. 설마하고 아무도 시도해보지 않았던 방법이 성과를 올린 것이었다. 대체로 얼굴이 밝았다. 같은 층에 있는 도서관에 책을 읽으러 가거나, 동료와 잡담을 나누고, 일부는 면회온 가족들을 만나는 등 그 구역을 벗어나지 않는 범위 내에서는 자유롭게 활동하고 있었다. 부상자도 별로 보이지 않았다. 아니 부상자들의 얼굴도 어둡지 않았다. 취재는 이렇게 시작됐다. 사건을 겪은 지 불과 일주일이 되지 않은 승조원들의 표정을 직접 목격한 느낌, 그것은 '사고가 아닐까' 하는 의심이었다.

〈한겨레21〉부의 김보협 팀장과 팀을 이뤄 기뢰 폭발 의혹, 해군전술지휘통제시스템(KNTDS) 좌표 의혹부터 '1번 어뢰'를 둘러싼 갖가지 의혹까지 취재가 이어졌다. 그 과정에서 개인적으로는 천안함 사건이 단순사고일 가능성이 높다는 의문으로 가득했는데, 정부는 5월 20일 천안함 사건을 북한 어뢰에 의한 피침이라고 결론지었다.

사고의 가능성에 대한 의심은 지나친 군의 기밀주의, 말 바꾸기 때문이었다. 떳떳하다면 숨길 것도 없었다. 그런데 합조단의 공식발표 이후 대부분의 언론은 천안함 사건에 대해 침묵했다. 그런 탓인지 계속되는 보도에도 국방부는 '흔들리지 않았다.' 보다 본질적인 부분을 파고드는 계기가 필요했다. 원점으로 다시 돌아가 생각해보기로 했다.

## 백령도 현장에서 '피격당할 장소인가' 의문 가져

우선 백령도를 찾았다. 국방부가 주장하는 어뢰 폭발 원점에서 침몰 지점, 함수·함미 발견 지점 등을 두루 돌았다. 최문순 민주당 의원과 동행했던 백령도 취재에서 기사화할 만한 소재를 찾지는 못했다. 하지만 성과가 아주 없는 것은 아니었다. 국방부가 발표한 대표적인 사건 지점들이 일관된 논리로 설명이 되지 않는다는 것을 다시 한 번 확인했다. 그곳이 과연 피격을 당할 만한 장소였는가에 대한 의문이 생겼다.

회사로 복귀한 뒤 가장 먼저 떠오른 것은 폭발을 부정한 이승헌·서재정 두 교수의 〈한겨레〉 기고였다. 두 교수의 기고 내용은 천안함 선체에서 나온 물질, 어뢰에서 나온 물질, 합조단 자체 실험에서 나온 물질 등을 비교한 합조단의 분석에 오류가 있다는 것이었다. 재검증이 시행되면 폭발이 없었다는 것을 방증할 수 있다는 내용이 담겨 있었다. 곧바로 수화기를 들었다. 국내에 들어와 있는 서재정 교수는 연락이 닿지 않았다. 주저없이 일본으로 전화를 돌렸다. 이승헌 교수와의 통화를 위해서였다. 수화기를 들자마자 이 교수는 "일본으로 올 수 있겠느냐"고 물었다. 그날은 수요일 오전이었다. 목요일에 마감을 해야 하는 주간지의 특성상 결단을 내려야 했다. 어떤 결과물을 들고 올지 알 수 없었다. 하지만 시간도 없었다. "시간이 되는 대로 넘어가라. 대신 내일 최대한 빨리 돌아와라." 고민은 깊었지만 〈한겨레21〉 편집장의 지시는 즉각적으로 이뤄졌다.

이 교수는 우선 사진을 요구했다. 본인 확인이 필요하다는 이유였다. 그리고 본인이 알려주는 방법으로 자신을 찾아올 것을 부탁했다. 기고 이후에 불안을 느끼고 있는 듯했다. 정말 〈한겨레21〉 기자가 자신을 취재하기 위해 일본으로 오는지에 대한 확인이 필요했던 것이다.

취재를 시작한 지 한나절이 지난 뒤 일본 도쿄 나리타 공항에 내렸다. 해가 지고 있었다. 원래 계획대로라면 직접 인터뷰도 가능한 시간이었다. 이 교수는 "한두 시간만으로는 내가 하는 말이 무슨 말인지 이해를 하지 못한다"며 "기고한 글을 미리 숙지하고 다시 내일 오전 통화하자"는 말과 함께 일방적으로 전화를 끊었다. 일본에 온 이상 어쩔 수 없었다. 이 교수의 말대로 나리타 공항 인근에 숙소를 잡고 1박을 할 수밖에 없었다.

다음날 오전 7시, 전화가 먼저 걸려왔다. 도쿄의 한 장소에서 만나자는 내용이었다. 지하철을 이용하면 30분이면 도착할 수 있는 거리였다. 이 교수는 버스를 이용해줄 것을 요구했다. 그리고 한 시간 반을 달려 이 교수가 머물고 있는 도쿄의 한적한 도심에 도착했다. 저 멀리서 손짓을 하는 한 중년, 바로 이승헌 교수였다. 버스에서 내린 사람들의 얼굴을 일일이 확인한 다음 말을 걸어온 것이다. 버스 정류장에서 내리자마자 또 20여 분을 택시로 이동했다. 이 교수의 결벽에 가까운 완벽한 보안은 오히려 취재기자에게는 안심이 됐다.

## 일본에서 듣게 된 천안함 흡착물 강의

강의가 시작됐다. 3시간에 걸쳐 왜 합조단의 실험이 오류를 갖고 있는지를 설명했다. 분자식부터 합조단의 실험도구의 원리에 대한 것까지 일반 독자들이 이해할 수 있는 지점까지 질문하고 답을 들었다. 하지만 설명이라면 한국에서도 들을 수 있다는 생각에 집중이 잘 되질 않았다. 점심은 도시락으로 때웠다.

"설명이라면 전화로도 들을 수 있었을 것 같습니다. 좀 아쉽습니다."

기다렸다는 듯, 이 교수는 2교시를 시작했다. 자신이 직접 실험을 진행했다는 이야기를 하기 시작한 것이다. 전화로는 하지 못했던 얘기였다. 이어 직접 진행한 실험 내용을 단독으로 제공하겠다고 약속을 했다. 이 교수는 "실험은 학자적 양심을 걸고 진행했다"고 몇 번이고 강조했다. 2시간여 동안의 강의가 끝난 뒤 실험 과정을 재차 확인했다(그 시각 국방부가 이 교수의 주장을 수긍하는 내용의 해명 –'알루미늄 산화물이 극소량 검출됐다'– 을 하기도 했다). 이 교수는 "이 정도면 나로서는 할 수 있는 모든 것을 다 한 것"이라고 말했다. 그는 웃고 있었다. 그리고 올 때와는 달리 편안한 모습으로 공항 인근까지 배웅을 나왔다.

일본에서 한국으로 가는 시간이 아까웠다. 마감이 다가오고 있었다. 공항에서 내리니 밤 11시 30분. 편집장 이하

이승헌 버지니아대 물리학과 교수. "학자적 양심을 걸고 실험을 진행했다"는 이 교수는 과학적으로 합조단의 오류를 조목조목 지적한다.

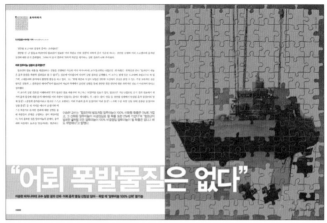

'1번 어뢰' 추진체에서 발견된 흡착물이 폭발물질이 아니라는 이승헌 교수의 주장을 실은 〈한겨레21〉 제815호 표지와 표지 이야기 지면.

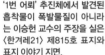

천안함 취재데스크인 김보협 정치팀장, 안수찬 사회팀장이 퇴근하지 않고 기다리고 있었다. 곧바로 회의가 열렸다. 최선은 최대한 쉽고 간명하게 설명하는 것이었다. 20여 분 뒤 결론은 내려졌다.

"이번호 〈한겨레21〉의 표지를 바꿉니다. 제목은 '어뢰 폭발물질은 없다'입니다. 하어영 씨는 최대한 빠르게 마감해주세요."

거의 모든 기사가 마감된 금요일 자정, 전격적인 결정이었다. 그때부터 마감을 향한 시간과의 싸움이 시작됐다. 꼬박 날을 샜다. 마감과 동시에 대기하고 있던 교열·편집 등의 인력이 기사를 출고해갔다. 그리고 제815호 표지 이야기가 나왔다. '합조단 데이터로는 폭발 입증 못한다는 실험 결과 단독입수'라는 부제가 붙었다.

**숨겨진 진실, 취재는 계속되어야 한다**

기사가 나가고 응원메일도 많이 받았지만 가장 큰 소득은 후속보도를 위한 제보였다. 캐나다 매니토바대 지질과학과 분석실장인 양판석 박사가 보고서를 작성해 연락을 해왔다. 단독으로 전화 인터뷰가 성사되기도 했다. 이 교수에 이어 양 박사까지 폭발물질에 대한 논란에 힘을 실으면서 익명을 전제로 했지만 국내 교수들도 두 과학자의 의견에 동의한다는 연락을 해오기도 했다. 2006년 황우석 사건 당시 활약했던 '브릭'(BRIC·bric.postech.ac.kr)이라는 과학자 모임 사이트에서도 논의가 시작됐다. 양 박사가 직접 참여하는 논의에 낮밤을 이어가며 진지한 토론이 계속됐다.

천안함 논쟁으로 뜨거운 브릭 홈페이지.

한 가지 아쉬운 건 이런 열기가 오래가지는 못했다는 것이다. 뜻하지 않은 복병을 만나면서 논란이 수그러들기 시작한 것이었다. 바로 월드컵과 민간인 사찰이었다. 16강 진출의 성과에 묻혀 모든 시사이슈들은 후순위로 밀려났다. 천안함도 예외는 아니었다. 7월에는 민간인 사찰 사건이 터져나오면서 또 후순위로 밀렸다. 책임자 입장에서 보자면 악재가 악재를 덮어버리는 꼴이었다.

그리고 9월 13일. 7월부터 두 달을 미뤄오던 정부의 최종보고서가 나왔다. 취재기를 쓰는 지금 최종보고서를 물끄러미 들여다보고 있다. 국방부가 펴낸 천안함 관련 만화 속엔 "훅 간다"며 기자를 겁박하는 듯한 발언 내용이 담겨져 있다. 그러면서도 정작 해명했어야 할 의혹은 보이지 않는다. 제기된 의혹들이 해명되지 않은 보고서. 정부는 국민의 물음에 답해야 할 의무가 있다는 것을 잊고 있는 게 분명하다. 최종보고서는 물음에 대한 답이 아니다. 해명도 아니다. 국방부는 왜 그랬을까. 왜 변명만 가득한 최종보고서를 내놓았을까. 스스로 오류가 가득한 것을 알면서 왜.

국방부의 한 장교가 했던 한마디를 기억한다. "북한이 서해를 우회해서 중어뢰를 발사할 능력이 된다고 믿지는 않는다. 그리고 우리가 그것을 막을 수 없었다고 믿지도 않는다. 하지만 결론은 났다. 이제부터는 믿느냐, 안 믿느냐만 남았다."

그렇다면, 취재는 계속되어야 한다.

**하어영** 〈한겨레〉 한겨레21부 기자

# 정체불명의 침몰 선박,
# 왜 군은 끝까지 은폐했나

2010년 8월 4일 최문순 민주당 의원과 이종인 알파잠수기술공사 대표가 주축이 된 '천안함 사고 현장 조사단'이 백령도로 향했다. 정부가 일찌감치 배제해버린 '좌초 가능성'에 대한 단초를 찾기 위해서다. 조사단은 첫날 폭발 원점 근처에서 정체불명의 선박이 침몰해 있는 것을 확인했다. 조사단은 일정을 늦추면서까지 정부에서도 규명하려 하지 않는 침선의 정체를 끝까지 확인했다. 이들은 빠른 조류와 흐린 시계 속에서도 8월 7일까지 4일 동안 수차례에 걸쳐 잠수를 시도한 끝에 침선을 동영상으로 촬영하는 데 성공했다. 이 과정에서 사람 키보다 높이 쌓여 있는 그물 더미도 발견했다. 현장 조사단은 침선의 존재를 확인하고 7일 오후 백령도를 떠났다.

**천안함 사고 해역서 2,000t급 정체불명 침몰선 발견**

조사단은 첫날 백령도에 도착하자마자 오후 2시 55분쯤 바다로 나갔다. 파도와 바람은 그다지 세지 않았다. 수평선 근처는 연무로 가려 잘 보이지 않았지만, 가시거리는 약 10km 이상 되는 듯했다. 물 위에 떠 있는 부표들이 드문드문 눈에 들어왔다. 천안함 함수가 떠내려온 용트림 바위를 지나, 중화동 앞바다를 지날 때쯤 잠수사들이 잠수복을 입고 오리발을 매만지며 잠수 채비를 했다.

8월 4일 백령도 앞바다에서 천안함 사건의 단서를 찾기 위해 잠수하는 알파잠수기술공사 잠수부들.
이들은 이날 2,000t급의 정체불명 선박이 국방부가 천안함 사건이 일어났다고 주장하는 곳에서 불과 250m 떨어진 곳에 침몰해 있는 것을 발견했다.

조사단을 태운 어선이 천안함 폭발 원점 부근을 위성항법장치(GPS)와 어군탐지기(소나)로 탐색했다. 천안함 사고가 발생한 지점과 불과 200m 남짓 떨어진 곳에서 2,000t급 정도로 추정되는 정체불명의 선박이 침몰해 있는 것을 확인했다. 함미가 발견된 지점에서는 북서쪽으로 250m 정도 떨어진 곳이다. 수심은 45m 정도였다. 수심 측정을 위해 어선에서 해저로 내렸던 자석에는 침선의 잔해로 보이는 금속 파편이 끌려 올라왔다. 누렇게 녹이 슬어 부식 상태가 심한 것으로 보였다. 어선에 탑재된 어군탐지기로 침몰 선박을 관찰한 결과 선수가 북서쪽을 향해 있고 선체가 기울어지지 않은 채로 가라앉아 있는 것으로 확인됐다.

이종인 알파잠수기공 대표는 "소나에 나타난 침선의 돌출 상태를 보면 해저면에서 8~10m 정도 위로 나와 있어 선체 높이는 10m 정도로 보이고, 형태로 봐서는 2,000t급의 상선으로 추정된다"고 말했다. 또 "이 정도 선박이 침몰돼 있었다면 쌍끌이어선이 천안함을 수색하는 과정에서 그물이 침몰 선체에 걸릴 수 있어 상당한 불편을 겪었을 것"이라고 말했다. 어선을 몰고 가던 선장도 "이전부터 사고 해역 근처에서 낚시를 하던 낚시꾼들 중에 더러 침선의 존재를 알고 있는 사람이 있었지만, 이 정도로 큰 배일 줄은 몰랐다"고 말했다.

이 선박이 발견된 지점은 합조단이 발표한 폭발 원점과 함미 위치, '1번 어뢰'의 잔해물을 수거한 위치에서 반경 400m 인근 지점이다. 또 침몰선과 폭발 원점, 함미 발견 지점은 북서쪽으로 일직선상에 위치해 있다. 최문순 의원은 "당시 쌍끌이어선 선장이 이 침선을 피해서 천안함 잔해 수색 작업을 하느라고 애를 먹었다는 말을 들었다"고 전했다.

정체불명의 침선이 있는 것을 확인한 조사단은 이날 일정을 마치고 장촌항으로 돌아왔다. 오후 5시가 훨씬 지난 시각이었다. 조사단은 다음날인 8월 5일 사고 해역에서 잠수사를 투입해 침몰 선박의 정체를 직접 확인하려 했지만, 기상 상황이 악화돼 바다로 나가지 못했다.

### 침선 부근에서 사람 키보다 높은 그물 더미 발견

그 다음날인 8월 6일 아침 8시가 채 되기도 전에 침선의 정체를 확인하러 사고 해역으로 나갔다. 시원하게 바다를 가르며 달리는 뱃전에 간간이 파도가 부딪혀 배 위로 튀어 올랐다. 북쪽을 바라보니 두무진 포구 옆으로 튀어나온 듯 북한 땅인 장산곶이 보였다. 파도는 잔잔했고, 하늘에는 흰 구름이 떠 다녔다. 날씨는 화창했다. 해안에 있는 군 초소와 바다 위에 드문드문 놓여 있는 부표들이 또렷하게 보였다. 아침 해살을 받은 물살이 은어의 비늘처럼 일렁거렸다.

네 번째 백령도를 찾은 최문순 의원은 "지금껏 봐온 날씨 중 오늘이 제일 좋다"고 한마디 한다. 물 밖 날씨는 화창했지만, 폭발 원점에 가까워지자 높이 2~3m 정도 되는 너울성 파도가 계속 밀려왔다.

오전 9시 25분 침선이 있는 지점에 도착해 본격적인 선박 확인 작업에 들어갔다. 9시 38분쯤 침선 바로 위에서 추를 내렸다. 아뿔싸! 줄이 엉켰다. 추를 다시 롤러로 끌어올렸다. 다시 추를 내리고 부표를 던졌다. 파도가 잔잔해지는 정조 시간은 오전 11시, 지금 시각은 10시 20분이다. 입수하려면 40분을 더 기다려야 했다. 수평선 근처에 있는 배들이 아주 가깝게 보였다. 저 멀리 행정지도선이 지나가고 있었다.

오전 11시 14분. 이종인 대표와 함께 온 김재만 잠수사는 같이 입수하는 동료에게 "이상하면 그냥 올라와라"고 주의를 줬다. 잠수사가 침선의 선박 종류와 상태를 확인하기 위해 드디어 잠수를 했다. 잠수사들은 13분 정도 수중을 탐색하고 물 위로 올라왔다. 김 잠수사는 "침선에 착지하지 못했다"고 짧게 말했다. 이어 "수심은 32m 정도였고, 어제보다 시야가 좋아 1.5m 앞까지 볼 수 있었다"고 물속 상황을 설명했다. 김 잠수사는 침선에 착지하지 못했지만 침선 주변 뻘이 있는 해저에서 커다란 그물 더미를 발견했다. 김 잠수사는 "내 키(175cm)보다 더 높이 쌓여 있었다"며 "가로 세로 폭이 어느 정도 되는지는 확인할 수 없었다"고 말했다. 김 잠수사가 수중 카메라로 찍은 영상을 확인해보니 흰색의 그물이 뻘 위로 길게 뻗어 있었다. 이종인 대표는 "그물 상태로 봐서는 좀 오래된 것처럼 보인다"고 말했다.

조사단이 탑승한 어선의 선장은 "까나리 그물은 얕은 곳은 6~7m 정도

국방부가 천안함 사건 발생 장소라고 주장하는 곳과 250m 떨어진 곳에서 발견된 침선의 그물더미(왼쪽)와 부식된 침선 우현 외판(오른쪽).

에 설치하지만, 깊은 곳일 경우 25m 지점까지 설치한다"면서 "수심으로 봐서는 까나리 그물은 아닌 것 같다"고 말했다. 그는 이어 "중국 어선에서 나온 것일 수도 있고, 예전에 놓은 그물을 상선들이 지나가다가 반 토막 내는 경우가 있는데, 이런 수거되지 않은 그물들이 조류에 따라 움직였을 것"이라고 추측했다. 잠수사들은 침선 위치에서 잠수를 3차례 시도했다. 2차 시도는 오전 11시 48분에 입수해 55분에 나왔다. 착지한 곳은 47m 정도 되는 바닥이었다. 3차 시도는 낮 12시 12분에 입수해, 22분에 나왔다. 역시 44m 정도 되는 바닥에 착지해 침선 확인이 불가능했다.

8월 7일에는 아침부터 서둘렀다. 새벽 6시 30분에 배를 타고 침선이 있는 곳으로 향했다. 구름이 끼었지만, 파도는 잔잔했다. 이종인 알파잠수기공 대표는 "입수하기에 딱 좋은 상태"라고 말했다. 어제 실패한 원인도 분석했다. 추를 침선 위치에 내리는 방법을 썼는데, 추가 강한 조류에 떠밀려 다른 곳에 닿아 실패한 것으로 진단했다. 이날은 닻을 내린 뒤 배로 끌어서 침선을 걸어보자는 의견이 나왔다. 닻을 내리고 배를 움직였다. 뭔가 걸린 느낌이다. 7시 30분에 1차 입수를 시도했다. 10분 정도 잠수를 마치고 올라온 잠수사가 "바닥에 걸렸다"고 말했다. 닻을 선체에 걸려고 했는데, 바닥에 걸린 줄 모르고 내려갔던 것이다. 8시 10분에 2차 입수를 시도했다. 물속에 들어간 지 5분도 채 안 돼 잠수사들이 나왔다. "물살이 너무 빨라요." 조류가 너무 세서 잠수사가 해저까지 내려갈 수가 없었다. 2차 시도도 역시 실패로 끝났다.

### 침선은 침몰된 지 60년 된 상선으로 추정

조사단은 이대로 접고 가야 할지 아니면 한 번 더 잠수를 할지 선택의 기로에 놓였다. 마지막 한 번만 더 해보자는 의견이 나왔다. 조류가 잔잔해지는 정조 시간이 낮 12시라는 선장의 말에 따라 그때까지 기다렸다.

4시간 20여 분을 기다린 뒤 12시 31분에 드디어 3차 입수를 시도했다. 잠수사가 입수한 지 5분이 지나도록 나오지 않는 것을 보니 조류가 세지 않은 모양이다. 13분 정도 지난 12시 44분에 잠수사가 올라왔다. "침선 확인했습니다." 잠수사는 "철선이고 상선으로 추정된다"며 "자세한 것은 영상을 보고 확인해봐야 알 수 있다"고 덧붙였다. 수중 카메라로 찍은 영상을 확인해본 이종인 대표는 "부식된 정도나 해초가 엉켜 있는 것을 봐서 침몰한 지 60년은 돼 보인다"며 "침몰 원인은 알 수 없지만, 영상을 면밀히 조사해보면 알 수 있을 것 같다"고 말했다. 최문순 의원은 "쌍끌이어선이 침선을 피해 다니면서 제대로 수색을 했는지 의문"이라면서 "그런데도 1번 어뢰를 건진 것이 석연찮다"고 말했다. 이종인 대표는 "민간 차원에서도 이 정도 수준으로 조사를 하는데, 정부가 웬만한 것은 숨기고 배제해버린다"며 "정부가 얼마나 국민을 속이고 우습게보는지 알 수 있다"고 불만을 토로했다.

침선 발견 기사가 나가자 국방부는 "침선은 해도상 표기돼 있지 않은 침선으로 침몰 시기 및 종류는 미상"이라며 "천안함 침몰에 영향을 미치는 장애물은 아닌 것으로 확인했다"고 해명했다. 침선이 좌초에 의한 것인지 밝혀진 것은 없지만 합조단이 발표한 천안함 폭발 원점과 가깝다면, 정부가 모든 가능성을 열어놓고 면밀하게 조사하는 것이 순리다. 하지만 정부는 이미 침선의 존재를 파악하고 있었으면서도 민간에 의해 이 침선의 존재 사실이 알려질 때까지 이를 은폐했다. 천안함 침몰 사건과 관련한 군의 자의적인 판단과 정보 통제가 얼마나 심각한 수준인지를 잘 보여주는 대목이다.

**이충신** 〈한겨레〉 e-뉴스부 기자

# 팩트 찾아 60일,
# 25분 영상에 담다

7월 초, 휴가가 끝나자마자 천안함 티에프(TF)에 합류하라는 지시가 떨어졌다. 필자가 속해 있던 〈한겨레〉 하니TV부 보도영상팀장은 충분한 취재 시간을 주겠다고 말했다. 같은 팀 소속이자 동기인 권오성 기자도 함께였다. 팀장 빼고 다섯 명인 팀에서 두 명을 두 달 동안 배치한 것은 너무나 큰 투자다. 대신 뭔가 작품을 만들어보라는 뜻이다. 막막하기만 했다.

우선 사건 현장부터 보기로 했다. 최문순 민주당 의원이 백령도 해안 초병을 면담하러 간다는 소식을 듣고 냉큼 따라 나섰다. 지난 3월 26일 사건이 터졌을 때 다른 팀에 있었던 탓에 사건 현장을 당시까지 한 번도 보지 못했다. 사적으로든 공적으로든 백령도 자체를 방문해본 적도 없다. 영상을 다루는 사람은 항상 눈에 보이는 그림이 있어야 감이 온다. 가능하면 국방부가 '공식 폭발 원점'이라고 주장하는 백령도 앞바다 물속까지 들여다보고 싶었다.

최 의원이 만나려는 초병 두 명은 천안함 외부에서 사건을 목격한 유일

천안함 함수의 인양 작업이 재
개된 4월 20일 백령도 용기포
선착장에 희생자들을 위로하
는 조기가 걸려 있다.

한 증인이다. 이들은 당일 밤 같은 초소에서 근무하다 '섬광'을 목격했다. 합조단은 이들이 본 섬광이 어뢰 폭발에 의한 물기둥이라고 주장했다. 그런데 최 의원이 보여준 진술서를 보니 둘 다 낙뢰로 추정했고 물기둥은 못 봤다고 증언했다. 게다가 섬광 목격 지점이 국방부가 주장하는 폭발 원점보다 훨씬 북쪽에 있었다. 군은 북쪽에서 목격된 섬광을 남쪽에 위치한 '폭발 원점'의 물기둥으로 해석한 것이다. 노종면 언론 3단체 언론보도검증위 연구위원은 이를 두고 '조작'이라고 표현했다.

그뿐이 아니다. 박아무개 초병은 진술서 하단에 '좌초된 PCC(초계함)를 구조했고'라고 썼다. 좌초? 그는 왜 이런 표현을 썼을까? 그런데 그 구조했다는 위치가 섬광 목격 지점과도 공식 폭발 원점과도 다른 엉뚱한 곳이다. 초소 기준 170도 방향으로 2km 지점이다. 그 시각은 9시 30분이라고 했다.

최 의원은 이런 진술에 대한 의문을 해소하고자 이곳에 온 것이다. 예

8월 9일 백령도 두무진에 관광객들이 올라가 있다. 백령도 초병은 이 두무진 쪽에서 백색 섬광을 봤다고 진술했다.

상대로 나는 최 의원과 함께 초소 안으로 들어갈 수 없었다. 최 의원이 초병을 면담하는 사이에 백령도 주민들을 만나러 이동하면서 지도를 뒤져봤다. 박아무개 초병이 지목한 지점은 해안에서 매우 가깝고 수심도 얕은 곳이었다.

백령도 주민들의 반응은 대단히 '까칠'했다. 길에서 얻어 탄 관광버스 운전기사는 손님들의 뜻과는 달리 나를 쫓아내려 했다. "언론 때문에 육지 사람들이 백령도에 혐오감을 갖게 돼 관광을 안 온다"는 것이다. 한 어민은 기자를 패대기친 것을 자랑 삼아 얘기하기도 했다. 천안함 사건 이후 이곳에서는 카메라를 들고 다니는 것 자체가 취재를 포기하는 것이나 다름없이 되었다.

숙소에 도착하니 최 의원이 돌아와 있다. 최 의원에 따르면 초병들은 자신들의 진술에 대해 전혀 번복하지 않았다고 한다. 좌초라는 표현에 대해서는 "상황실로부터 좌초라는 말을 들었기 때문"에 그렇게 썼다고 한다.

### 술 마시던 백령도 주민 "다 조작이라 생각한다"

저녁 때 한 어민과 술을 마셨다. 처음에는 경계하던 그도 술이 들어가자 한두 마디 이야기가 나온다. 그는 "섬 사람들이 말을 안 해서 그렇지 다들 조작이라고 생각한다"고 말했다. 이게 무슨 소리인가? 그는 "당시 조류의 흐름상 함수가 그렇게 떠내려올 수 없는데, 이에 대해 질문하면 군에서 아무 말도 못할 것"이라며 연신 술을 들이켰다. 우리는 보다 자세한 설명을 해달라고 졸랐지만 그는 끝내 그 이상 아무 말도 하지 않았다.

다음날, 최 의원과 함께 유람선을 탔다. 관광객이 없어 운행하지 않으려던 것을 최 의원이 추가로 요금을 지불해주고 배를 띄운 것이다. 당연히 사고 해역을 살펴보기 위해서다. 이곳에서는 군의 허락 없이는 함부로 배를 띄울 수 없다.

유람선은 백령도 남쪽에서부터 북쪽까지 반 바퀴를 돌았다. 박아

백령도 어민이 장촌포구에서 4월 9일 까나리 그물을 손질하고 있다.

무개 초병이 지목한 지점을 비롯해 곳곳에서 해도에 나오지 않는 암초와 사구를 확인할 수 있었다. 최 의원이 좌초설을 주장하는 데에는 이유가 있어 보였다.

서울에 돌아온 뒤 선배인 이충신 e-뉴스부 기자와 함께 조류 취재에 나섰다. 당시 함수는 공식 폭발 원점으로부터 남동쪽으로 떠내려온 것으로 알려졌다. 그런데 당일 밤의 조류 상황을 체크해보니 밤 12시를 기점으로 조류의 방향이 북서쪽으로 역류한다. 여러 가지 방법으로 시뮬레이션해봤지만 함수가 폭발 원점에서 인양 지점까지 떠내려오기는 불가능해 보였다.

보다 정밀한 취재를 위해서는 관련 기관 및 전문가의 도움이 절실했다. 수소문 끝에 한 국책기관의 전문가가 사고 당일 밤부터 군의 요청으로 조류 시뮬레이션을 했다는 사실을 알아냈다. 그러나 그는 "윗사람에게 취재에 협조해도 좋은지 물어보겠다"고 하더니 그 이후 전화도 잘 받지 않고 어렵사리 통화가 돼도 "밝힐 수 있는 것이 없다"고만 했다. 결국 조류 문제는 의혹은 짙으나 관련 증언 확보나 시뮬레이션을 하지 못해 기사화하기는 힘들다는 결론을 내릴 수밖에 없었다.

이후 〈한겨레〉 천안함 티에프팀은 수많은 취재 포인트를 공략했으나 대부분 조류 취재와 비슷한 결론으로 끝나고 말았다. 의혹이 가는 점은 많았지만, 결정적 증언이 나오지 않거나 정보가 확인이 되지 않기 일쑤였기 때문이다. 전문가 멘트 한마디 따기가 하늘의 별 따기였다. 산전수전 다 겪은 고참 기자인 〈한겨레〉 정치 부문 이용인 선배도 "이렇게 어려운 취재는 드물다"고 말했다. 그 와중에 한 달이 지났다. 티에프팀에 주어진 시간이 벌써 절반이 지났다. 머리가 빠지고 어깨가 쑤신다.

### 멘트 한마디 따기가 하늘의 별 따기

8월 초 다시 백령도로 출장을 갔다. 백령도뿐 아니라 대청도까지 샅샅이 뒤졌고 수많은 사람을 만났지만 유의미한 단서를 찾지 못했다. 출장 마지막 날에는 사고 해역 조사를 위해 8시간, 백령도에서 인천항으로 돌아오느라 4시간, 꼬박 12시간 동안 배를 탔다. 멀미 안 한 것이 신기했는데 정작 집에 돌아와 잠 좀 자려고 자리에 누우니 갑자기 세상이 물결치기 시작했다. 대신 유용한 자료를 하나 얻었다. 최문순 의원과 함께 천안함 진실을 파헤치기 위해 동분서주하고 있는 이종인 알파잠수기술공사 대표로부터 사고 해역 인근의 수중 촬영 영상을 제공받은 것이다. 이로써 현장 물속까지 들여다보고 싶은 욕구는 조금 채워진 셈이다.

오랫동안 벽을 두드리는 듯했던 우리의 취재도 8월이 되면서 탄력을 받기 시작했다. 몇 가지 지점에서 유의미한 팩트가 입수되기 시작한 것이다. 나는 충격파와 시시티브이 두 가지 포인트를 중심으로 공략했다. 충격파 취재 결과 어뢰에 맞았다면 천안함의 승조원들이 그토록 멀쩡할 수는 없다는 전문가의 지적을 받아냈다. 시시티브이와 관련된 정보를 분석한 결과 군이 해당 정보를 왜곡·은폐했다는 것을 알아냈다. 다른 팀원들도 모두 중요한 정보들을 캐냈다.

심층 리포트

*천안함 사건
5대 미스터리*

백령도 해안 초병의 증언

백령도 해안 초병의 증언

**노종면** 언론노조 민주언론실천위원회 위원장
합조단이 임의로 북쪽에서 본 것을 남쪽에 있는 폭발원점의
물기둥을 본 것으로 해석해 버렸어요. 그건 조작입니다.

스크루 논란

스크루의 이중 휨 현상과 파손 형태가 좌초라면 모를까 폭발로는 설명이
되지 않는다는 것. 현재까지도 합조단은 명확한 해명을 못하고 있음.

하니TV가 만든 심층리포트 '천
안함 사건 5대 미스터리'의 캡
처 화면. 백령도 초병의 근무위
치(두 번째 사진)와 증언을 물
기둥의 증거로 내세운 국방부
의 최종보고서에 대해 '조작'이
라고 밝히는 노종면 천안함 조
사결과 검증위원장의 모습(세
번째 사진).

그러나 침몰 원인에 대해서는 아직도 오리무중이었다. 취재가 진행될수록 의문은 오히려 깊어졌다. '사고 장소가 공식 폭발 원점이 아니라면 실제로는 어디란 말인가?' '사고 시각이 공식적으로 밝힌 22분이 아니라면 15분인가? 아니면 25분인가?' '수중 폭발은 정말 있었는가? 아니면 어뢰 폭발이 아닌 보다 약한 다른 폭발이 있었는가?' 밝혀낸 것이 있으면 의문은 점점 사라져야 하는데 오히려 점점 늘어나니 팀원들의 피로감은 풀릴 줄을 몰랐다.

8월 중후반에 들어서자 나와 권오성 기자는 티에프팀이 취재한 팩트를 바탕으로 본격적인 영상 작업에 들어갔다. 권 기자는 나를 믿고 연출·편집을 맡겨줬고 추가 촬영 및 자료 영상 확보 작업을 해줬다.

이종인 대표로부터 입수한 수중 영상을 첫 장면에 배치했다. 시청자의 호기심을 자극하며 강한 인상을 줄 수 있으리라. 스크루·흡착물 등 기존에 알려졌던 의혹들은 1분 정도로 짧게 요약했다. 인터넷에서 배포할 영상이니 절대로 지루해서는 안 된다. 티브이 방송용 영상은 지루하면 채널이 돌아간다는데 인터넷에서는 클릭 한 번으로 창을 닫아버리니 방송용보다 훨씬 몰입도도 높고 지루하지 않게 구성해야 한다. 때문에 다소 빠른 호흡으로 편집했다. 어려운 내용인데 제대로 전달이 될지 걱정스러워하면서.

편집 마무리 시점에 새로운 팩트가 나왔다. 이를 반영해 편집을 수정해가면서 작업해야 했다. 어느 순간부터 머리가 돌아가지 않기 시작했다. 편집 툴을 실행시켜놓고 10분씩 멍하니 앉아 있기도 했다.

9월 10일 우리는 합조단이 국회의원 보좌관들을 대상으로 연 설명회에서 쓴 자료를 입수해 검토했다. 아마도 9월 13일 발표할 최종보고서를 요약한 내용일 것이라고 판단했기 때문이다. 느낌은, 뭐랄까. 실망스러웠다. 그만큼 미루고 미뤘으면 보다 견고한 보고서를 만들었어야 하는 것 아닌가? 티엔티 폭발량을 크게 늘려 시뮬레이션을 한 것 등 몇 가지를 제외하고는 5월 20일 발표 때와 별 차이가 없었다. 한편으로는, 편집된 영상을 크게 수정할 필요가 없다는 생각에 안도감이 밀려왔다.

## 천안함 진실 위해 언제나 편집기 만질 준비돼 있어

9월 13일 드디어 합조단 최종보고서가 나왔다. 이는 다시 말해 우리 작업의 1차분이 끝났다는 것을 의미하기도 한다. 최종적으로 편집을 완료했다. 영상을 본 데스크는 다행히 만족스러운 기색이다. 영상은 다음날 아침부터 공개됐다. 여러 가지 시스템 여건상 발표 당일 바로 인터넷에 올리지 못한 부분은 못내 아쉽다. 그럼에도 불구하고 반응은 좋았다. 며칠 만에 조회 수는 37만이 넘었고 내외부에서도 호평이다.

이번 작업을 하며 천안함과 관련한 탐사보도 및 심층취재 영상물이 거의 없다는 것을 알게 됐다. 우리가 천안함의 진실에 대해 얼마나 근접해 있는지는 알 수 없다. 그러나 이런 영상물을 만들었다는 점만으로도 우리의 두 달이 가치 있었다고 확신한다. 하지만 그것으로 끝은 아니다. 언제든 천안함에 대한 새로운 진실이 밝혀진다면, 곧 다시 영상편집기를 만져야 할 것이기 때문이다.

**김도성** 〈한겨레〉 하니TV부 PD

# 러시아 천안함 보고서 요약본

러시아 해군 전문가 그룹은 2010년 5월 30일부터 6월 7일까지 한국에 머물면서 한국 민군합동조사단의 조사 결과를 접하고 분석과 실험을 위해 필요한 자료를 수집하였다.

러시아 전문가들에게 제시된 자료를 분석하고 실험한 결과는 다음과 같다.

첫째, 천안함 폭발은 접촉에 의하지 않은 함선 하부의 수중 폭발로 분류된다.

둘째, 한국 측에서 공식적으로 발표한 천안함 침몰 사건의 조사 결과는 다음과 같은 이유 때문에 실제로 일어난 사건과 들어맞지 않는다.

● 한국 측에서 공식적으로 언급한 폭발 시각(21시 21분 58초)은 보유 자료들에 비춰본 실제의 예상 폭발 시각이나 사건 당일에 함선 안의 전류가 끊어져 마지막으로 찍힌 동영상의 촬영 시간(21시 17분 3초)과 일치하지 않는다. 천안함에 탑승해 있던 승조원이 탑승 승조원들이 부상당했다고 해안 통신병에게 핸드폰으로 알린 시각이 21시 12분 3초로서, 이 첫 통화 시간 기록은 한국 측이 공식적으로 언급한 것과 일치하지 않는다.

● 천안함은 해당 참사가 일어나기 전부터 해저면에 접촉되어 오른쪽 스크루 날개 모두와 왼쪽 스크루 날개 두 개가 손상을 받았으며, 훼손된 스크루를 광택이 나도록 심하게 깎아 스크루의 넓은 범위에 걸쳐 마찰로 인한 손상 부위가 있었던 것이 조사 결과 감지되었다는 점이 확인된다. 앞서 언급한 스크루 날개의 몸체 쪽과 끝 쪽이 늘어나 있다. 오른쪽 스크루 날개 중 한 개의 가장자리에 금속 균열이 발견되었으며, 이는 "함선 오른쪽 프로펠러축이 순간적으로 멈추면서 생겨난 관성작용에 의해 프로펠러 날개의 변형이 발생하였다"는 한국 민군합동조사단 측의 의견과 일치하지 않는다.

● 피해 함선에서 프로펠러축의 오른쪽 라인에 엉켜져 있는 어선 그물의 잔해가 발견되었다. 이

는 "기동지역 내에 어로 구역이 존재하지 않는다"는 한국 측 주장과 일치하지 않는다.

● 제시된 어뢰의 파편이 북한에서 제작된 것일 수는 있으나, 잉크로 쓰인 표시는 일반적인 표준(위치, 표기 방법)에 들어맞지 않는다. 제시된 어뢰의 파편을 육안으로 분석해볼 때, 파편이 6개월 이상 수중에 있었다고 볼 수 있다.

● 함선의 피해 지역에는 기뢰 위험이 존재하며 이는 한반도 서해안에서 정박 및 항해 장소를 제한하고 있다는 사실로도 간접적으로 입증된다.


러시아 전문가들이 조사한 결론은 다음과 같다.

첫째, 천안함의 사고 원인이 접촉에 의하지 않은 외부의 수중 폭발이라는 주장이 확인되었다.

둘째, 천안함은 침몰 전에 오른쪽 해저부에 접촉하고 그물이 오른쪽 프로펠러와 축의 오른쪽 라인과 엉키면서 프로펠러 날개가 손상됐을 가능성이 매우 높다.
그물이 오른쪽 프로펠러와 축의 오른쪽 라인과 엉키면서 천안함이 항해 속도와 기동성에 제약을 받았을 것이다.
함선이 해안과 인접한 수심 낮은 해역을 항해하다가 우연히 프로펠러가 그물에 감겼으며, 수심 깊은 해역으로 빠져나오는 동안에 함선 아랫부분이 수뢰(水雷) 안테나를 건드려 기폭장치를 작동시켜 폭발이 일어났다.
또한, 다른 해석으로는 함선이 내비게이션의 오작동 아니면 기동성의 제약 상태에서 항해하다가 우연히 자국의 어뢰로 폭발됐을 가능성이 있다.

셋째, 한국 측에서 제시한 어뢰 파편은 구경 533mm 전기 어뢰로 추측된다. 하지만 이 어뢰가 천안함에 적용됐다는 최종 결론을 내리지 않고 있다.

# 천안함 사건 일지

| | |
|---|---|
| **2010. 03. 26** | 천안함 침몰. |
| **2010. 03. 26** | 사고 직후 필립 크라울리 미국 국무부 공보담당 차관보, 정례 브리핑에서 "북한이 연루됐을 가능성은 아직 발견되지 않은 상태"라고 발표. |
| **2010. 03. 26** | 사고 발생 2시간 뒤 합동참모본부, 사고 발생 시각 밤 9시 45분으로 발표. "알 수 없는 원인으로 배 밑바닥이 파공(충격으로 구멍이 뚫림)돼 침수했다" "레이더에 잡힌 미확인 물체에 대해 공중 경고 사격을 했지만 새 떼로 추정된다"고 해명. |
| **2010. 03. 26** | 이명박 대통령, 해군 초계함 침수 사건을 보고받고 사건 발생 15분 뒤인 이날 밤 10시께 긴급 안보관계장관회의를 소집 새벽 1시께 종료. |
| **2010. 03. 27** | 최원일 천안함 함장, 실종자 가족들을 만나 "순식간에 두 동강이 났고 (5분쯤 뒤) 함장실에서 나와 보니 선미 부분이 보이지 않았다"고 설명. |
| **2010. 03. 27** | 이기식 합참 정보작전처장 국회 보고, "북한 함정이 포착되지 않고 사고 해역에 접근할 가능성은 없다." |
| **2010. 03. 27** | 합동참모본부 사고 발생 시각 밤 9시 30분으로 수정. |
| **2010. 03. 28** | 이명박 대통령 네 번째 안보관계장관회의서 "초동 대응 잘됐다"고 격려. |
| **2010. 03. 29** | 김태영 국방부장관 국회국방위에서 "북한이 어떤 짓을 해놓고 그것을 감추기 위해서 (침묵)할 수도 있고, 또 오해를 안 받기 위한 행동이거나 도발 효과를 극대화하기 위한 것일 수도 있다"고 대답. |
| **2010. 03. 29** | 미국 제임스 스타인버그 국무부 부장관, "선체 자체 이외의 다른 요인이 있었다는 사실을 파악했다고 생각지 않는다"며 시종일관 '북한 개입' 일축. |
| **2010. 03. 29** | 원태재 국방부 대변인 오전 브리핑, "국방부는 북 개입 가능성에 대해 어떤 입장도 밝힌 바 없다." "암초가 있는지 없는지 확인된 바 없다." |
| **2010. 03. 29** | 조갑제 씨 자신의 블로그에 "이명박 정권이 좌경 언론과 야합해 침몰 책임을 국군에 전가하고 북한 정권에 면죄부를 주려 한다"는 글 게재. |
| **2010. 03. 30** | 박선규 청와대 대변인, "현재까지는 북한과 관련됐다는 게 나와 있는 게 없다." |
| **2010. 03. 30** | 고영재 501호함 함장 새벽 1시 기자회견, "26일 밤 9시 34분 해경으로부터 해군 초계함이 백령도 남서쪽 1.2마일 해상에서 좌초되고 있으니 신속히 이동해 구조 |

하라는 지시를 받았다."

**2010.03.30** 이기식 합동참모본부 정보작전처장 열상감시장비(TOD) 동영상 1차 공개, 26일 밤 9시 33분 31초부터 시작된 사고 당시 40분짜리 영상을 1분 20초로 편집. "사고 당일 밤 9시 33분 이전 동영상은 없다"고 밝힘. 그는 40분이 넘는 TOD 동영상 전체 분량 가운데 1분 20초만 편집 공개한 이유에 대해 "정부에서 (편집)했기 때문에……"라며 말을 흐림.

**2010.03.30** 이명박 대통령, 천안함이 침몰한 백령도 인근 현장 방문.

**2010.03.30** 제임스 스타인버그 미 국무부 부장관, "천안함 침몰 북한 개입 근거 없다." 확인.

**2010.03.30** 해군 초계함 구조 활동을 벌이던 해군 UDT 요원 한주호 준위 사망.

**2010.04.01** 이기식 합동참모본부 정보작전처장, 국방부 천안함 침몰 관련 입장 발표. "천안함 사고 발생 시각 3월 26일 밤 9시 22분께로 판단." 1주일 새 3차례 발생 시각 바뀜. TOD 영상(밤 9시 26분 27초)도 이날 새로 공개.

**2010.04.01** 이명박 대통령, "내가 배 만들어봐 아는데…… 북 개입 증거 없어"라고 말함.

**2010.04.01** 한국지질자원연구원, "천안함이 침몰한 때와 비슷한 시점인 지난 26일 밤 9시 21분 58초에 백령도 인근에서 리히터 규모 1.5의 지진파가 감지됐다"고 밝힘.

**2010.04.02** 금양호, 천안함 수색 참여 뒤 귀항 중 침몰. 선원 9명 사망.

**2010.04.03** 한주호 준위 영결식.

**2010.04.05** 이명박 대통령 라디오 연설, "원인 규명, 국제사회 납득할 수 있어야."

**2010.04.06** 원세훈 국가정보원장 북한 연계 가능성 부인. "김정일 위원장 승인 있었다고 보기 어렵다."

**2010.04.07** 생존자들 국군수도병원 기자회견, "두 차례 '쾅'…… 화약 냄새는 없었다"고 진술.

**2010.04.07** 월터 샤프 한미연합사령관과 캐서린 스티븐스 주한 미국대사, 백령도 바다 위 독도함을 방문 해군해난구조대(SSU) 격려.

**2010.04.07** 이명박 대통령, "적당하게 원인을 조사해서 발표하면 죄를 지은 사람들이 인정 안 할지도 모른다"고 말함.

**2010.04.07** 합조단, 중간 조사 결과 발표 및 함수와 함미가 분리된 장면(9시 24분 18초~9시 25분 19초), 함수 침몰 장면(9시 25분 20초~10시 9분 3초) 등이 포함된 TOD 새 영상 공개.

**2010.04.08** 천안함 침몰 사고 생존 장병 39명, 실종자 가족 59명과 만남.

**2010.04.11** 국방부, 합동조사단의 민간 조사단장에 윤덕용 한국과학기술원 명예교수 위촉.

**2010.04.15** 천안함 함미 인양 주검 36구 수습.

**2010.04.16** 미국 조사단, 애초 8명에서 15명으로 확대돼 합동조사단에 합류.

**2010.04.16** 천안함 민군합동조사단, '함미 인양에 따른 현장 조사 결과 발표'를 통해 사고 원인 버블제트로 잠정 결론.

| | |
|---|---|
| 2010.04.17 | 북한 〈조선중앙통신〉 천안함 침몰 '북한 관련설'은 "날조"라고 첫 공식 반응. |
| 2010.04.18 | 정부와 한나라당, 천안함 침몰로 순국한 장병들에게 전사자에 준하는 최고의 예우를 해주기로 함. |
| 2010.04.19 | 이명박 대통령 '천안함 희생 장병 추모 라디오·인터넷 연설'에서 천안함 희생 장병들의 이름을 하나하나 부르면서 눈물을 흘림. |
| 2010.04.20 | 유족, "일부 주검 화상·골절…… 군 발표와 달라" 진상 조사 의문 제기. |
| 2010.04.21 | 원태재 국방부 대변인, "합조단 명단 등은 공개하기 어렵다"고 밝힘. |
| 2010.04.23 | 류우익 주중 대사, "천안함은 공격당한 것"이라고 주장. |
| 2010.04.23 | 여야 '천안함특위' 합의. |
| 2010.04.24 | 합동조사단 함수 인양, 현장 조사 결과 발표. "가스터빈실 아래서 수중 비접촉 폭발" 잠정 결론. |
| 2010.04.27 | 김태영 국방부장관, 박선원 전 청와대 통일안보전략비서관 천안함 침몰과 관련한 방송 인터뷰 내용을 문제 삼아 소송. |
| 2010.04.28 | 국회 본회의, 천안함 침몰 사건 진상조사특별위원회 구성결의안 처리. |
| 2010.04.28 | 대검찰청 천안함 침몰 사고와 관련해 "인터넷 유언비어 처벌" 발표. |
| 2010.04.28 | 안규백 민주당 의원, "천안함–2함대 9시 15~22분 교신 기록 없다"고 주장. |
| 2010.04.29 | 해군 천안함 침몰 사고로 숨진 장병 46명 영결식과 안장식. |
| 2010.04.30 | 이명박–후진타오 한중 정상회담, 중국 천안함 협력 요청 외면. |
| 2010.05.03 | 감사원, 천안함 침몰 사건 대응 실태와 관련해 직무감사 시작. |
| 2010.05.04 | 이명박 대통령 전군주요지휘관회의에서 "천안함은 단순한 사고로 침몰하지 않았다"고 말함. |
| 2010.05.04 | 현인택 통일부장관, 장신썬 중국대사 접견 자리서 김정일 방중 때 미리 정보를 주지 않은 데 항의하면서 "우리는 '천안문 사태'에 직면" 실언. |
| 2010.05.06 | 금양호 선원, 주검 없는 영결식. |
| 2010.05.07 | 검찰, 천안함 은폐 의혹 제기해 김태영 국방장관에게 명예훼손으로 고소당한 박선원 씨 사건을 공안 사건 전담하는 서울중앙지검 공안1부(이진한)에 배당. |
| 2010.05.09 | 김태영 국방장관, "천안함 연돌과 절단면, 해저 등에서 소량의 고폭약(RDX) 성분과 알루미늄 합금 파편을 검출"했다고 발표. |
| 2010.05.11 | 서울중앙지검(위재천) 천안함 허위 사실 유포자 첫 기소. |
| 2010.05.11 | 유인촌 장관, 중국에 "금강산 관광 자제" 요청. |
| 2010.05.11 | 통일부, 대북 위탁가공업체에 전화해 "원자재 반출 말라" 사업 중단 압력. |
| 2010.05.13 | 국방부는 민주당 추천으로 민군합동조사단에 참여한 신상철 위원을 교체해줄 것을 국회에 공식 요청. |
| 2010.05.16 | 경주에서 열린 한–일 외교장관 회담에서 유명환 외교통상부장관, 유엔 안보리에 |

서 대북 제재에 협력해달라고 오카다 가쓰야 일본 외상에게 요청.

**2010. 05. 17** 야 4당+시민·종교단체 회견, "천안함 조사 발표 선거 뒤 해야, 군 지휘라인부터 즉각 해임을."

**2010. 05. 17** 장신썬 중국대사, "북, 천안함 사건과 무관하다고 말해."

**2010. 05. 18** 청와대, 이 대통령–오바마 통화 '천안함 공조' 약속

**2010. 05. 19** 미국 백악관 대변인 성명, "국제조사단 보고서는 객관적이고 과학적인 검토를 통해 북한에 책임이 있다는 결론을 강력히 알려준다."

**2010. 05. 19** 이명박 대통령 하토야마 일본 총리와 전화통화. "내일(20일) 천안함 사태 조사 결과 발표 때 세계 어느 나라, 어느 누구도 부인할 수 없는 분명하고 확실한 물증이 제시될 것"이라고 설명.

**2010. 05. 19** 이정희 민주노동당 의원, 국회 본회의 5분 발언. "군 고위층, 사고 순간 TOD 동영상 봤다."

**2010. 05. 20** 천안함 침몰 사건을 조사한 민군합동조사단은 '북한의 연어급 잠수정(130t)이 쏜 어뢰에 피격돼 두 동강 나 침몰했다'는 조사 결과 공식 발표.

**2010. 05. 20** '천안함 침몰은 북한 소행'이라는 발표와 관련, 북한 "검열단 보내겠다"고 대응.

**2010. 05. 20** 맹형규 행정안전부장관, "조사 결과 근거 없는 비방 엄단." 경고.

**2010. 05. 20** 일본 하토야마 총리, "북한의 행동은 용서하기 어려운 일로, 국제사회와 함께 강력 비난한다"고 성토.

**2010. 05. 21** 검찰, '좌초설 제기' 신상철 위원 사건 서울중앙지검 공안1부(이진한)에 배당.

**2010. 05. 21** 국방부, '검열단'(조사단) 보내겠다는 북한 국방위원회의 전날 제안에 대해 북한–유엔군사령부 장성급회담에서 천안함 문제를 논의하자고 역제안.

**2010. 05. 21** 북한 조국평화통일위원회, "이 시각부터 현 사태를 전쟁 국면으로 간주하고 북남관계에서 제기되는 모든 문제들을 그에 맞게 단호히 대처해나갈 것." 천명.

**2010. 05. 21** 이명박 대통령, "(북한의) 군사적 도발 행위이며 유엔헌장과 정전협정, 남북기본합의서를 위반한 것이다"라고 주장.

**2010. 05. 21** 힐러리 클린턴 미국 국무장관, "북한의 도발 행위는 값을 치르게 될 것." 주장.

**2010. 05. 23** 도올 김용옥, 봉은사 법회에서 천안함 사건 조사 발표에 대해 "0.001%도 설득이 안 된다"고 강연.

**2010. 05. 24** 국회 천안함특위서 박영선 민주당 의원, KNTDS상 천안함이 정부가 발표한 사고 발생 지점(북위 37도 55분 45초·동경 124도 36분 02초)이 아니라, 북서쪽으로 600m 떨어진 곳(북위 37도 56분 01초·동경 124도 35분 47초)에서 밤 9시 25분에 사라졌다며 의혹 제기.

**2010. 05. 24** 오바마 "북한 추가 공격 대비" 지시.

**2010. 05. 24** 외교·통일·국방장관 합동기자회견, "개성공단 생산 유지·인원 축소." 주장.

| 2010.05.24 | 원불교사회개혁교무단·전국목회자정의평화협의회·전국실천불교승가회·천주교정의구현전국사제단 '합조단의 천안함 사고 발표에 대한 종교인의 입장' 발표. "천안함 선거 이용 말라." 주장. |
|---|---|
| 2010.05.24 | 유명환 외교통상부장관 천안함 관계 부처 장관 합동기자회견에서, 안보리 회부 방침 공식 천명. |
| 2010.05.24 | 이명박 대통령, 전쟁기념관에서 대국민 담화. "대한민국은 앞으로 북한의 어떠한 도발도 용납하지 않고 적극적 억제 원칙을 견지할 것." 개성공단 이외 남북경협 중단, 북한 선박 남한 해협 통과 금지, 휴전선 일대 대북 심리전 스피커 재설치 등 제재 내용 발표. |
| 2010.05.24 | 제2차 미-중 전략·경제대화 개막, 미국 천안함 "제재 공조"-중국 "냉정 대응" 이견. |
| 2010.05.24 | 통일부, 북쪽에서 들여오는 물품을 통관시키지 말라고 인천세관에 통보. |
| 2010.05.24 | 하토야마 유키오 일본 총리, "독자적 제재 검토." 주장. |
| 2010.05.25 | '라이트 코리아' '납북자가족모임' '6·25 남침피해유가족회' 등의 보수 단체들, 도올 김용옥 고발. |
| 2010.05.25 | 미국 하원, 대북 규탄 결의안 411 대 3으로 통과. |
| 2010.05.25 | 북쪽 조국평화통일위원회, 남북관계를 모두 단절하고 남쪽의 각 조처에 대해 보복하겠다는 등 8개항 조처 발표. |
| 2010.05.25 | 이정희 의원이 TOD 동영상을 봤다고 지목한 합동참모본부 정보분석처 과장 4명, 정보작전처 과장 3명, 서울중앙지검에 이 의원 고발. |
| 2010.05.25 | 제주해협에 진입하는 북한 상선을 막기 위해 한국형 구축함인 문무대왕함 투입. |
| 2010.05.25 | 코스피지수 전날보다 44.10(2.75%) 내린 1,560.83으로 마감. 원-달러 환율 35.50원 오른 1,250.00원으로 마감. |
| 2010.05.26 | 방한한 힐러리 미국 국무장관, 유명환 외통부장관과 공동기자회견. "용납할 수 없는 북한의 도발이다. 안보리에 회부한다는 한국 정부의 결정을 지지한다"고 주장. |
| 2010.05.26 | 북쪽, 개성공단 안의 남북경제협력협의사무소 폐쇄, 남쪽 관계자 8명 추방. |
| 2010.05.26 | 북한 대남 통지문. "남측이 (대북 심리전) 방송 재개를 위해 전연(군사분계선) 일대에 확성기까지 설치한다면, 우리 측은 확성기가 설치되는 족족 조준격파사격으로 없애버리기 위한 군사적 조치를 취하게 될 것." |
| 2010.05.26 | 야 5당과 시민·사회단체, 종교단체 '한반도 평화를 위한 시국선언문' 채택. |
| 2010.05.26 | 중국, 군사정전위원회 차원 "남·북·미·중 천안함 공동 조사" 제안. |
| 2010.05.27 | 북한 인민군 총참모부 7개 항 '실제적인 중대 조치' 중대 통고문 발표. |
| 2010.05.27 | 서울중앙지검, 도올 김용옥 씨 사건과 민주노동당 이정희 의원 사건을 형사1부(부장검사 오정돈)에 배당. |

| | |
|---|---|
| 2010.05.27 | 한나라당, 국회 천안함 진상조사특위 회의 일방적 취소 |
| 2010.05.27 | 해군 서해에서 2함대 소속 초계함 3척과 고속정 6척, 한국형 구축함(3,500t급) 등 군함 10여 척을 동원한 해상 기동훈련. |
| 2010.05.28 | 러시아 주한대사, "드미트리 메드베데프 대통령이 파견한 전문가들이 조사 결과를 검토한 이후 그 결과에 따라 러시아는 천안함 문제의 안보리 회부에 대한 입장을 밝힐 것"이라고 천명. |
| 2010.05.28 | 북한 국방위원회 박림수 정책국장, "우리에게는 130t 연어급 잠수정이 없다. 우리는 무장장비에 번호를 매길 때 기계로 새긴다"고 주장. |
| 2010.05.28 | 이명박 대통령과 원자바오 중국 총리 정상회담. |
| 2010.05.30 | 북한, "개성공단 개발 노력을 계속하겠다"며 "개성공단 내 기업 재산으로 등록된 설비는 원칙적으로 반출을 불허한다"고 남쪽에 통보. |
| 2010.05.30 | 제3차 한·중·일 정상회의 공동기자회견 "천안함 지속 협의" 발표. |
| 2010.05.31 | 러시아 천안함 조사단 입국. 6월 7일까지 독자적 활동. |
| 2010.06.02 | 한나라당, 지방자치단체장 선거 패배. |
| 2010.06.03 | 이승헌 미국 버지니아대 교수(물리학), 에너지 분광기분석에서는 알루미늄 성분이 나타나지만 엑스선회절기 분석 결과엔 없는 것은 어뢰 폭발의 결정적 증거라는 합조단의 조사 결과와 모순이라는 논문 발표. |
| 2010.06.04 | 박인국 주유엔 대사, 천안함 침몰 사건에 대해 유엔 안전보장이사회에 "북한의 군사적 도발에 엄중하게 대응해달라"는 내용의 서한 보냄. |
| 2010.06.05 | 주한미군, 천안함 침몰 사건 20여 분 전까지 불과 75해상마일(139㎞) 떨어진 곳에서 한국과 미국이 한국 잠수함을 가상적으로 설정해 추적하는 대잠훈련을 했다고 공식 확인. |
| 2010.06.06 | 통일부, 대북교역업체에 "북 임가공 완제품 반입하려면 대금결제 않겠다는 각서 써라" 요구. |
| 2010.06.08 | 러시아 〈인테르팍스 통신〉, "러 전문가팀, 천안함 북 소행 증거 발견 못해." 보도. |
| 2010.06.10 | 감사원, '천안함 침몰 사건 대응 실태' 감사 결과 중간 발표, 25명 징계하라고 통보. 천안함 사고 당시 합참의장 폭탄주 만취, 합참 시간 조작·'어뢰 추정' 보고 누락 등 드러났다고 주장. |
| 2010.06.10 | 참여연대, 안보리 이사국에 '천안함 조사 결과 의문'에 대한 이메일 발송. |
| 2010.06.12 | 조선인민군 총참모부 '중대 포고'를 통해 남한의 대북 심리전 방송용 대형 확성기 설치에 대해 16년 만에 "서울 불바다"를 거론하며 군사적 대응을 경고. |
| 2010.06.14 | 천안함 사건 관련 군 문책인사 단행, 대장 4명 교체. |
| 2010.06.16 | 검찰, 참여연대 서한 사건, 서울중앙지검 공안1부(부장 이진한)에 배당. |
| 2010.06.17 | 보수·진보 5대 종단 종교지도자 성명, "남북 정상 만나 평화 약속을." |

| 2010.06.17 | 대한민국고엽제전우회, "이적단체 박살내자"며 사흘째 격렬 시위. 참여연대 건물로 가스통·시너 싣고 돌진. |
|---|---|
| 2010.06.17 | 주한 미대사관 관계자, 참여연대에 "미국이 천안함 사건을 공동 조사를 한 것은 아니며(not joint investigation) 한국의 요청으로 전문가를 보냈고, 전문가들이 참여한(participate) 것"이라고 밝힘. |
| 2010.06.17 | 유럽의회, 북한 규탄 결의안 채택. |
| 2010.06.18 | 군 관계자, 장교와 부사관 84명 대상으로 천안함 사건과 관련해 대규모 포상을 추진하고 있다고 밝힘. |
| 2010.06.18 | 닷새째 맞는 참여연대 앞 집회에 오물까지 등장. |
| 2010.06.21 | 국방부, 천안함 사건을 계기로 군사력 건설 방향의 1순위를 북한과의 전면전 위협 대비에서 침투·국지 도발 위협 대비로 바꾸기로 했다고 밝힘. |
| 2010.06.22 | 56개 대북지원 민간단체, "인도적 대북 지원 제한 철폐" 호소. |
| 2010.06.23 | 서울중앙지검, 천안함 허위 사실 유포혐의 누리꾼 등 3명 불구속 기소. |
| 2010.06.23 | 천안함 침몰과 관련해 북한에 대한 정부의 군사적 대응 등을 촉구하는 '대북규탄결의안' 민주당 반발 속 국회 국방위원회 통과. |
| 2010.06.24 | 양판석 캐나다 매니토바대 지질과학과 분석실장, 합조단 자료의 산소와 알루미늄 비율은 산화알루미늄과 다르다는 내용의 '천안함 흡착물은 산화알루미늄(Al2O3)인가?'라는 보고서 국내 언론사에 보냄. |
| 2010.06.26 | G8 정상들 공동성명 발표, "우리는 46명이 비극적으로 희생된, 대한민국 군함 천안함의 침몰을 가져온 3월 26일의 공격을 개탄한다." 그러나 러시아의 반대로 북한을 구체적으로 지목 못함. |
| 2010.06.27 | 서재정 교수와 이승헌 교수, 천안함 침몰에 관한 자신들의 조사보고서를 유엔 안보리에 제출. |
| 2010.06.29 | 합조단, 언론 단체 상대로 한 설명회에서 5월 20일 조사 결과 발표 때 공개한 북한 어뢰 실물 크기 설계도가 착오였다며 다른 북한 어뢰 설계도 공개. |
| 2010.06.30 | 이승헌 교수·양판석 박사, "합조단의 폭발물질 분석 그래프는 점토물질인 '깁사이트'와 유사하다"고 주장. |
| 2010.07.05 | 야 4당 국회의원 93명, '천안함 국정조사' 요구서 제출. |
| 2010.07.07 | 중국 인민해방군, 지난 6월 30일부터 7월 5일까지 동중국해에서 벌인 실탄 발사 군사훈련 모습 공개. |
| 2010.07.07 | 합조단, 천안함 종합보고서 공개 안 하지만 조사에 참여한 외국 정부에는 배포 예정이라고 밝힘. |
| 2010.07.08 | 외교소식통, 천안함 조사한 러시아 "1번 어뢰, 침몰과 무관" 결론 냈다고 밝힘. |
| 2010.07.09 | 유엔 안보리, 공격 주체는 명시 안 한 채 '천안함 의장성명' 채택. |

| 2010. 07. 17 | 중국 인민해방군·국가교통전쟁준비판공실 전시 대비 해상 수송훈련 '교전 2010' 실시. |
|---|---|
| 2010. 07. 20 | 김태영 국방장관과 게이츠 미 국방장관, 조지 워싱턴 호(9만 7,000t급) 등 미 항모 전단과 한국 해군의 독도함·구축함·잠수함 등 양국 함정 20여 척, 양국 항공기 200여 대가 참가하는 연합훈련 '불굴의 의지' 훈련 계획 발표. |
| 2010. 07. 21 | 미군 핵항공모함 조지 워싱턴 호 부산항 입항, 7월 말 동해상 한·미 연합훈련 참가 예정. |
| 2010. 07. 24 | 북한 국방위원회 대변인, 한·미 양국의 연쇄 연합훈련에 대해 "필요한 임의의 시기에 핵 억제력에 기초한 우리식의 보복성전을 개시할 것"이라고 성명. |
| 2010. 07. 25 | 천안함 침몰 사건에 대응한 한–미 연합훈련 나흘 일정 시작. |
| 2010. 07. 25 | 아세안지역포럼, 의장성명에 "공격으로 초래된 천안함 침몰 우려" 표현만 넣음. |
| 2010. 07. 26 | 〈한겨레〉, 러시아 천안함 보고서 원문 특정 보도. "침몰 원인 '기뢰' 추정, 어뢰추진체 6개월 이상 녹슨 것" 등 내용. |
| 2010. 07. 26 | 중국 산둥성 칭다오 상공에 인민해방군 북해함대 소속 100여 대 군용기 등장. |
| 2010. 07. 26 | F–22 전투기 한국서 첫 비행. |
| 2010. 07. 27 | 중국, 서해 부근 내륙서 신형 장거리 지대공미사일 발사 훈련을 포함한 대규모 실탄 사격 훈련 실시. |
| 2010. 07. 30 | 천안함 합동조사단 해산. |
| 2010. 08. 02 | 카이스트 송태호 교수, "'1번 글씨', 어뢰 폭발해도 손상 안 된다"고 주장. |
| 2010. 08. 09 | 북한, 서해 NLL 인근에 해안포 130발 발사. |
| 2010. 08. 10 | 합참, "북방한계선 1~2㎞ 이남인 백령도 근처 바다가 북한 해안포의 탄착점이라고 최종 확인했다"고 밝힘. |
| 2010. 08. 10 | 이정희 민주노동당 대표, "북 해안포 발사 남북관계 악화시켜." 주장. |
| 2010. 08. 12 | 시민사회 원로 100인 시국선언 발표, 천안함 국정조사, 4대강 전면 중단과 공안 탄압 중단을 요구. |
| 2010. 08. 16 | 조현오 경찰청장 후보자, 3월 31일의 강연 동영상에서 "(천안함 유족들이) 동물처럼 울부짖고 격한 반응을 보이는 것을 언론이 보도해선 안 된다"고 주장. |
| 2010. 08. 18 | 국방부, 9월 초 서해에서 한–미 연합 대잠수함전훈련 발표. |
| 2010. 08. 20 | 조현오 경찰청장 후보자, 천안함 유족에 사과. |
| 2010. 08. 26 | 검찰, '천안함 좌초설' 신상철 위원 불구속기소. |
| 2010. 08. 30 | 오바마 미국 대통령, 사치품 거래 및 위조밀수 등 불법행위 제재 대상과 기준을 설정한 새 행정명령 서명. 새 행정명령과 대량파괴무기 관련 행정명령 13382호에 따라 개인 4명과 기관 8곳 대북 제재 추가 지정. 새 행정명령에 따른 대상은 북한 노동당 35호실, 천안함 관련됐다고 주장하는 인민무력부 산하 정찰총국, |

무기 수출업체 청송연합 등 국영기관 3개와 김영철 정찰총국장임.

**2010.09.01** 그레그 전 주한 미대사, "러시아 천안함 조사 결과 발표하면 MB 큰 타격." 주장.

**2010.09.03** 남한과 미국, 천안함 후속 조처로 두 번째 한미연합훈련 서해에서 9월 5~9일 실시한다고 발표.

**2010.09.09** 〈한겨레〉, 국방부가 13일 발표할 '1번 어뢰' 폭발력 TNT 250㎏에서 360㎏으로 1.44배로 고친 것 특종보도.

**2010.09.09** 주한미군사령관 샤프, "한-미, 북 안정화 연습 실시" 발언. 주권 침해 우려 탓에 유보한 '개념계획 5029' 구체화 여부 주목.

**2010.09.13** 국방부, 천안함이 북한 소형 잠수함(정)이 쏜 음향유도어뢰(CHT-02D)의 수중 폭발로 침몰했다는 결론을 담은 '천안함 피격 사건 합동조사결과 보고서' 공개.

**2010.09.17** 참여연대, 시민 1,160명과 함께 국방부의 천안함 사건 자료와 감사원 감사 결과에 대한 정보 공개 거부 처분 취소 소송.

**2010.09.21** 러시아, "천안함 보고서 한국에 안 넘길 것"이라고 천명.

**2010.09.24** 한국과 미국, 천안함 후속 조처의 일환으로 대잠수함전 훈련을 27일부터 다음달 1일까지 서해에서 한다고 발표.

**2010.09.27** 국방부, "한미 대잠훈련 비공개" 밝힘.

**2010.09.27** 서울중앙지검 형사1부(부장 신유철), 김용옥 씨 국가보안법 위반 고발사건 각하 처분.

**2010.09.29** 박길연 북한 외무성 부상, 유엔 총회에서 "천안함 사건 이용해 미국과 남한이 대규모 무력으로 군사적 위협하고 있다" 주장.

**2010.09.30** 천안함 사건 뒤 첫 남북 군사회담. 남한 "천안함 공격 사과하라", 북 "남쪽 조사 결과 인정 못한다" 맞서.

**2010.10.10** 서재정 존스홉킨스대 교수, 이승헌 버지니아대 교수, 박선원 브루킹스연구소 초빙연구원 워싱턴에서 기자회견. "천안함 사건은 '어뢰에 의한 근거리 비접촉 폭발'이 아니라, '기뢰에 의한 원거리 비접촉 폭발'에 의해 일어났다"고 주장.

**2010.10.12** 천안함 조사결과 언론보도 검증위원회, "천안함 선체와 어뢰추진체의 프로펠러에서 발견된 흡착물질이, 폭발과 무관하게 상온에서 생성되는 '비결정질 바스알루미나이트'"라고 강조. 검증위는 이에 따라 국정조사 등을 통해 천안함 사건에 대한 재조사가 절실하다고 밝힘.

정리 • 〈한겨레〉 디지털미디어본부 데이터베이스팀